WILFRIED HAGEMANN – MANN DES DIALOGS

# Wilfried Hagemann – Mann des Dialogs

Festschrift zum 80. Geburtstag

Herausgegeben von
Matthias Hembrock und Bernd Aretz

VERLAG NEUE STADT
MÜNCHEN · ZÜRICH · WIEN

Klimaneutral gedruckt. Weil jeder Beitrag zählt.

2018, 1. Auflage
© Alle Rechte bei Verlag Neue Stadt GmbH, München
Umschlaggestaltung und Satz: Neue-Stadt-Grafik
Druck und Bindung: CPI – Clausen & Bosse, Leck
ISBN 978-3-7346-1163-6

www.neuestadt.com

# Inhalt

Einführung .................................................... 9
Grußworte ..................................................... 15

### VERWURZELT IN GOTT

Matthias Hembrock
Wilfried Hagemann – ein Freund Jesu
Persönliche Notizen aus der Priestergemeinschaft ................... 25

Franz Sedlmeier
„Das Wort ist ganz nah bei dir, es ist in deinem Mund
und in deinem Herzen, du kannst es halten." (Dtn 30,14)
Mose als Diener des Wortes ....................................... 31

Sr. M. Ancilla Röttger osc
In Gottes Gegenwart .............................................. 45

Bernhard Körner
Lebensraum Dreifaltigkeit
Zwischen Spiritualität, Theologie und Lebensrealität ............... 53

### PRIESTERSEIN HEUTE

Matthias Sellmann
Was ist „geistliche Lebenskompetenz"? oder: Herausforderungen
an einen priesterlichen Lebensstil für alle im Volk Gottes .......... 65

Gerhard Bauer
  Die Suche nach dem Gleichgewicht –
  eine Herausforderung für den Seelsorger heute ..................... 82

Hubertus Blaumeiser
  Priester in der Fokolar-Bewegung: Weg-bereiter ................... 91

Hans Schalk CSsR
  Geschenk füreinander: Ordensleute und Weltpriester in der Kirche .. 101

## Versöhnt leben

Tonja Deister
  Trinitarisch Leben in der Beichte – eine Spurensuche .............. 113

Matthäus Appesbacher
  Barmherzigkeit schafft Raum zum „Werden" ...................... 122

## Erneuerung der Kirche und ihrer Pastoral

Christian Hennecke
  Eine Pastoral der Auferstehung
  Nachdenken über postmoderne Ansätze kirchlicher Entwicklung .... 131

Christoph Hegge
  Geistgewirkte Communio der hierarchischen und charismatischen
  Gaben. Plädoyer für eine synodale Kirche ........................ 149

Marianne Reiser
  „Ich habe euch ein Beispiel gegeben" – Weggemeinschaft, die bewegt 163

Meinolf Wacker
„Building bridges – go4peace"
Europäische Netzwerkarbeit für den Frieden mit jungen Leuten
von Nord bis Süd und West bis Ost ................................. 172

Jörg Schlüter
Brücken zwischen den Kirchen bauen ........................... 186


## VOM WIRKEN DER KIRCHE IN DER GESELLSCHAFT

Peter Klasvogt
Wer unentwegt lehrt, den belehrt das Leben.
Zum dialektisch-dialogischen Verhältnis von Kirche und Gesellschaft  193

Rita Waschbüsch
Leben ist ein Geschenk ............................................ 202

Friedrich Kronenberg
Hochwürden, Funktionär oder ...?
Wilfried Hagemann – Rektor im Generalsekretariat des ZdK ....... 209

Marc Röbel
Philosophische Emmaus-Wege –
Die Katholische Akademie Stapelfeld als Raum des Fragens ......... 214


Zu den Autoren .................................................. 223
Wilfried Hagemann – Lebenslauf ................................. 227

# Einführung

Dr. Wilfried Hagemann vollendet am 29. August 2018 sein achtzigstes Lebensjahr. Aus diesem Anlass widmen ihm 19 Frauen und Männer mit ihren Beiträgen die vorliegende Festschrift. Alle Autorinnen und Autoren haben den Jubilar im Laufe ihres Lebens persönlich kennen- und schätzen gelernt. Sie haben seine Dialogfähigkeit erlebt und seine Hingabe in der persönlichen Begegnung. Die Gespräche mit dem leidenschaftlichen Priester und Seelsorger öffnen einen Raum, in dem nicht vorgefertigte Meinungen, sondern immer die Aufmerksamkeit und das Wahrnehmen des Anderen wegweisend sind. So, wie es sein Freund Bischof Klaus Hemmerle einmal ausgedrückt hat: „Die Wahrheit ‚ist' nicht, sie begegnet sich." Im Zusammensein mit Wilfried Hagemann lernt man auch sein Herz kennen. Er legt es in die Mitte und liefert sich dem Anderen aus. Daraus entstehen existenzielle Begegnungen, Gespräche und neue Erkenntnisse. Seine Herzlichkeit hat immer auch eine Note von Zärtlichkeit. Eine Note, die für die Zukunft der Kirche notwendig ist. „Der Sohn Gottes hat uns in seiner Inkarnation zur Revolution der zärtlichen Liebe eingeladen", sagte Papst Franziskus 2014. Er habe Angst, „wenn die Christen die Hoffnung verlieren und die Fähigkeit zu umarmen und zu liebkosen". Diese Zärtlichkeit führt dazu, dass der Nächste in der Begegnung sich seiner selbst bewusst und selber kostbar wird.

Die Begegnungen mit Wilfried Hagemann sind ebenso geprägt von seiner Verwurzelung in Jesus Christus, die ein Weggeben aller Unsicherheiten und Mittragen aller Zweifel beinhaltet. Deswegen konnte und kann er auch als Lebensmaxime immer wieder sagen: „Alles darf sein!" Alles kann mitgetragen werden, alles kann seinen Sinn finden. Diese Grundhaltung kommt aus der Orientierung an einem Pauluswort, das ihm einmal von Chiara Lubich zugesprochen wurde: „Ich will mich rühmen im Kreuz unseres Herrn Jesus Christus, durch das mir die Welt gekreuzigt ist und ich der Welt" (Gal 6,14). Wilfried Hagemann lebt, wie er in seinem Buch „Zur Freiheit berufen" schrieb, aus der Gewissheit, dass „alle Wirklichkeit von einer Liebe umfangen ist", wenn „zwischen mir und der Welt, zwischen mir und allen Menschen das Kreuz Christi steht". Das Kreuz Christi trägt die Welt und es trägt den Anderen. Es bildet die Basis für jeden Dialog.

Begegnungen mit anderen Menschen sind *das* Lebenselixier für Wilfried Hagemann. Darin ereignet sich für ihn das „wirkliche Leben", wie es der jüdische Religionsphilosoph Martin Buber einmal erklärt hatte: „Ich werde am Du; Ich werdend spreche ich Du". Das „Werden am Du" kann man mit ihm auch in Konferenzen und Besprechungen erleben. Wie oft hat er dazu beigetragen, dass Fassaden abgebaut wurden und sich die Gesprächspartner vorbehaltlos einbringen konnten. Das „Zwischenmenschliche" konnte sich so für das sonst oft „Unerschlossene" öffnen. Gespräche konnten fruchtbar werden, so, wie es Martin Buber beschrieben hat: „Wo aber das Gespräch sich in seinem Wesen erfüllt, zwischen Partnern, die sich einander in Wahrheit zugewandt haben, sich rückhaltlos äußern und vom Scheinenwollen frei sind, vollzieht sich eine denkwürdige, nirgendwo sonst sich einstellende gemeinschaftliche Fruchtbarkeit." Die Begegnungen mit Wilfried Hagemann haben nicht nur zu dieser Fruchtbarkeit geführt, sondern haben uns eine Zusammengehörigkeit erfahren lassen, wie sie Friedrich Hölderlin in einem Gedicht ausgedrückt hat: „Seit ein Gespräch wir sind und hören voneinander". Wir wünschen uns und Wilfried Hagemann von Herzen, dass dieses Gespräch noch lange weitergeht.

Wir danken allen, die ein Grußwort verfasst haben und den Autorinnen/Autoren für das Geschenk dieser Festschrift. Ihre Beiträge mögen das theologische und pastorale Gespräch beleben und bereichern.

Im ersten Themenbereich geht es um die **Verwurzelung in Gott**. In einem sehr persönlichen Beitrag gibt *Pfarrer Matthias Hembrock* aus Bocholt einen Einblick in die tiefe Freundschaft Wilfried Hagemanns mit Christus. Der Augsburger Alttestamentler *Prof. Dr. Franz Sedlmeier* stellt „Moses als Diener des Wortes" in den Mittelpunkt seiner Überlegungen und beschreibt, wie sehr es die persönliche Antwort der Liebe braucht, um das Wort Gottes zu leben. Das Sein im gegenwärtigen Augenblick beschreibt die Münsteraner Äbtissin *Sr. M. Ancilla Röttger osc* und betont, dass gerade die Achtsamkeit und Entschleunigung die Voraussetzung dafür sind. Der emeritierte Professor für Dogmatik an der Universität Graz, *Prof. Dr. Bernhard Körner*, geht auf das Leben der Dreifaltigkeit ein und knüpft an der Theologie des Bischofs und Religionsphilosophen Klaus Hemmerle an.

Der zweite Themenbereich behandelt das **Priestersein heute.** In seinem Beitrag darüber, was „geistliche Lebenskompetenz" ist, wie ein „priesterlicher Lebensstil für alle im Volk Gottes" aussehen kann, beschreibt der Bochumer Pastoraltheologe *Prof. Dr. Matthias Sellmann* vier Stationen aus dem Leben Jesu, die er mit den folgenden griechischen Worten vorstellt: „Physis, Kenosis, Dynamis und Phronesis". Der Priesterseelsorger *Dr. Gerhard Bauer* aus Friedberg-Ottmaring entwickelt in seinem Beitrag konkrete Vorschläge, wie ein Seelsorger heute persönlich sein körperliches und geistiges Gleichgewicht finden kann. *Dr. Hubertus Blaumeiser*, Mitglied des Studienzentrums der Fokolar-Bewegung in Rocca di Papa (Rom), geht in fünf Punkten darauf ein, welche Impulse Priester aus der Spiritualität der Einheit von Chiara Lubich beziehen können. *Dr. Hans Schalk*, Redemptorist aus München, zeigt in seinem Beitrag auf, wie im Laufe der Jahrhunderte das Ordensleben die Diözesanpriester bereichert hat und umgekehrt auch Diözesanpriester das Ordensleben inspiriert haben.

Im dritten Themenbereich geht es um das Thema **Versöhnt leben.** In ihrem Beitrag „Trinitarisch leben in der Beichte" deutet die Weinheimer Psychologin *Dr. Tonja Deister* die Beichte im Kontext einer gemeinschaftlichen Spiritualität als einen Aufbruch zur Gemeinschaft. *Dr. Matthäus Appesbacher*, emeritierter Bischofsvikar aus Salzburg, setzt sich mit dem Thema Schuldbewältigung auseinander, er fragt, wie ein Mensch zur Vergebung findet und selber seine Schuld annehmen kann.

Der vierte und umfangreichste Themenbereich widmet sich dem Themenfeld **Erneuerung der Kirche und ihrer Pastoral.** *Dr. Christian Hennecke*, Leiter der Hauptabteilung Pastoral im Generalvikariat des Bistums Hildesheim, beschreibt in seinem „Nachdenken über postmoderne Ansätze kirchlicher

Entwicklung" neue Wege und ein neues Kirchenverständnis im Blick auf eine „Pastoral der Auferstehung". Der Münsteraner Weihbischof *Dr. Christoph Hegge* hält in seinem Artikel ein „Plädoyer für eine synodale Kirche". Im Blick auf die Communio der Kirche als pneumatisch-sakramentale und trinitarische Wirklichkeit und deren Entwicklung innerhalb der katholischen Kirche während des Konzils und danach beschreibt er die synodale Dynamik im Volk Gottes als „Zeichen der lebendigen Communio der Kirche". Die Schweizerin *Marianne Reiser*, engagiert in der Züricher Pfarrei Maria Lourdes, berichtet von kleinen „Verhaltensänderungen" in der pastoralen Arbeit, die echte Erneuerungen bewirken. Im Blick auf den gesellschaftlichen Umbruch, der überall zu spüren sei, möchte die Pfarrei als „Macher-Gemeinschaft" ihren kleinen Teil zur großen, weltweiten Transformation beitragen. *Pfarrer Meinolf Wacker* beschreitet seit vielen Jahren neue Wege in der Jugendpastoral. In seinem Artikel beschreibt er, wie er mit Hunderten von Jugendlichen eine Netzwerkarbeit für den Frieden in ganz Europa aufgebaut hat. *Pastor Jörg Schlüter* hat in Norddeutschland jahrelang als evangelischer Pfarrer gewirkt. Während seiner Tätigkeit in Vechta lernte er Wilfried Hagemann kennen. Er erzählt, wie aus der Bekanntschaft eine Freundschaft wurde und zu einem gemeinsamen Brückenbau zwischen den Konfessionen führte.

Im letzten und fünften Themenbereich geht es um das **Wirken der Kirche in der Gesellschaft**. *Dr. Peter Klasvogt*, Direktor des Sozialinstituts Kommende Dortmund und der Katholischen Akademie Schwerte, fordert in seinem Beitrag dazu auf, die Zeichen der Zeit neu zu entdecken und „mit der Sprache der Liebe" den (vielfach verloren gegangenen) Dialog mit der Welt wieder neu zu suchen. *Rita Waschbüsch*, CDU-Politikerin und jahrelange Vorsitzende des Zentralkomitees der deutschen Katholiken (ZdK), beschreibt die Notwendigkeit des gesellschaftlichen und politischen Engagements der christlichen Laien und geht auf den Konflikt um die Schwangerenberatungsstellen in der katholischen Kirche ein. Sie berichtet, wie aus dieser Situation das neue Netz von Beratungsstellen entstand: donum vitae. *Dr. Friedrich Kronenberg*, Generalsekretär des Zentralkomitees der deutschen Katholiken von 1966 bis 1999 in Bonn, schildert in seinem Artikel die Arbeit von Wilfried Hagemann beim ZdK und betont insbesondere dessen „einladende Dialogfähigkeit und geistliche Offenheit". *Dr. Marc Röbel* ist tätig als Geistlicher

Direktor der Katholischen Akademie Stapelfeld und Pfarrer der Heilig-Kreuz-Kirche. Er stellt seine vielfältigen Initiativen zur Vermittlung philosophischer Themen vor, die in der Akademie Stapelfeld ein breites Publikum ansprechen sowie Atheisten und aktive Christen miteinander in einen lebendigen Dialog bringen.

Matthias Hembrock und Bernd Aretz

# Grußworte

## Grußwort von Bischof Dr. Felix Genn aus Münster

Lieber Wilfried,

herzlich grüße ich Dich aus Anlass der Vollendung Deines achtzigsten Lebensjahres und schreibe Dir gerne ein Wort der Verbundenheit in Christus!

Schon viele Jahre bevor irgendjemand daran dachte, dass ich einmal Bischof in Münster sein würde, sind wir uns regelmäßig begegnet aufgrund unserer jeweiligen Leitungsverantwortung als Regens in der Priesterausbildung. Dabei habe ich Dich als Mann des Dialoges kennengelernt, als guten, zuhörenden, geistlichen Gesprächspartner, der in allen großen und kleinen Angelegenheiten des kirchlichen „Tagesgeschäftes" stets den Blick für die geistliche Tiefendimension all unseres Überlegens und Entscheidens bewahrt.

Der heilige Kirchenlehrer Hieronymus, über den Du promoviert hast, ist mir nicht nur deshalb lieb, weil er in Trier das Mönchsleben kennenlernte, sondern er lebte auch viele Jahre in Bethlehem, wo mein Vorgänger Bischof Reinhard Lettmann starb – diesem warst Du viele Jahre hindurch eng verbunden. Hieronymus ist zudem als Bibelübersetzer ein Mann des Wortes Gottes und also der richtige Heilige für Dich, der Du voller Liebe zum Wort Gottes bist.

Diese hast Du sicherlich auch von Klaus Hemmerle, dem früheren Bischof von Aachen, gelernt, mit dem Du in tiefer geistlicher Freundschaft und im Charisma der Einheit verbunden warst, das in der Fokolar-Bewegung lebendig ist. Er stand in lebhaftem Kontakt mit Hans Urs von Balthasar, dem er die Schrift „Thesen zu einer trinitarischen Ontologie" widmete.

„Annuntiamus vobis vitam" (Wir verkünden euch das Leben) – dieses Wort habe ich über meinen bischöflichen Dienst gestellt. Ein Verkünder der

Botschaft vom Gott des Lebens bist Du, Wilfried, immer gewesen und wirst es bleiben. Durch das Wort der Predigt, durch Briefe, Artikel und Bücher, aber vor allem durch Dein vom Wort Gottes durchdrungenes Sein hast Du das Wort des Lebens, das in der Liebe wirksam wird, verkündet und bezeugt. Dafür danke ich Dir und wünsche, dass Du die eine oder andere Frucht der Verkündigung wachsen und reifen siehst – in den Menschen, zu denen Du gesandt warst und bist, aber auch in Deiner eigenen Seele.

Voller Dankbarkeit nenne ich nur stichwortartig einige Deiner Verdienste im Bistum Münster: Du warst Spiritual im Collegium Borromaeum, Gründungsrektor der Heimvolkshochschule Stapelfeld im Offizialatsbezirk Vechta, Regens des Bischöflichen Priesterseminars und Gründungsrektor des Exerzitienhauses Gertrudenstift Bentlage. Unüberschaubar ist die Fülle der geistlichen Begleitungen von Einzelpersonen, die Vielzahl der Leitung von Exerzitien und Einkehrtagen und die Häufigkeit der Vorträge und Seminare, die Du gehalten hast und bis heute fortsetzt. Ich möchte Dir ausdrücklich im Namen all der vielen Priester, Ordensleute und Laien danken, denen Du bis zur Stunde Deine geistliche Begleitung schenkst.

In allem zeigst Du Dich als Priester, der auf der Höhe der Theologie ist und die Tiefe der Spiritualität auslotet. All Dein Tun und Reden geschieht auf festem geistlichem Grund und spiegelt eine große Weite des Herzens und des Geistes. Es ist die Gestalt Jesu Christi, an der Du immer wieder Maß nimmst und von der Du Dich prägen lässt. Es ist auch für Dich die Gestalt desjenigen, der den barmherzigen Vater offenbart, der jedem von uns dann mit offenen Armen begegnet, wenn wir zu verlorenen Söhnen geworden sind.

Ich freue mich, dass Du im 80. Lebensjahr ins Bistum Münster zurückkehrst, und heiße Dich herzlich willkommen! Ad multos annos!

Dein Bischof

✝ Felix

## *Grußwort von Maria Voce*

Rocca di Papa, im August 2018

Lieber Wilfried,

die allerherzlichsten Glückwünsche anlässlich deines achtzigsten Geburtstags! Es ist ein Tag des Dankes.

Getragen von Deinem entschiedenen Ja zum Ruf Jesu hast Du Deine vielfältigen Talente mit Großzügigkeit und Weisheit und stets beseelt von einem echten „marianischen Geist" fruchtbar werden lassen.

Mit dem Charisma, das Gott Chiara Lubich geschenkt hat, wie auch mit ihr persönlich warst Du tief verbunden, sodass Du zu einem leidenschaftlichen Apostel der Einheit geworden bist, ausgerichtet auf die Verwirklichung des „Ut omnes" – „Dass alle eins seien".

Danke für Dein unermüdliches Engagement für die Kirche, nicht zuletzt für Deinen Beitrag, die Spiritualität der Gemeinschaft unter Priestern in Deutschland zu stärken, sowie für Deine unermüdliche Mitarbeit mit dem internationalen Sekretariat für die mit der Fokolar-Bewegung befreundeten Bischöfe.

Besonders wertvoll ist zudem Dein Einsatz, das reiche Vermächtnis des verstorbenen Bischofs Klaus Hemmerle, mit dem Dich eine tiefe Freundschaft und große Wertschätzung verband, zum Wohl der Kirche und Gesellschaft zum Tragen kommen zu lassen.

Möge Maria, die Frau des Magnifikats, Dich weiterhin auf Deinem Weg begleiten, bis Gottes Pläne mit Dir und Deinem Leben voll verwirklicht sind.

Dir, lieber Wilfried, alles Gute! Tief vereint im Gebet.
Im Auferstandenen, der unter uns lebt,

Emmaus
(Maria Voce, Präsidentin der Fokolar-Bewegung)

# Grußwort von Bischof Heinrich Timmerevers

Im Sommer 1972 bin ich als Abiturient dem damaligen Spiritual Dr. Wilfried Hagemann zum ersten Mal eher zufällig bei einem spontanen Besuch im Theologenkonvikt des Collegium Borromaeum in Münster begegnet. Ich war unangemeldet, ich stellte mich ihm vor, und obwohl er keine Zeit hatte – er war gerade im Gespräch – organisierte er unmittelbar einen Studenten des Theologenkonviktes, der mir dann das ganze Haus zeigte. 1972 – in dieser ersten Begegnung – habe ich nicht geahnt, dass Wilfried Hagemann und ich später in unterschiedlichen Aufgaben und verschiedenen Konstellationen über viele Jahre gemeinsam auf dem Weg sein würden. Auch wenn jetzt unsere Lebensorte weit auseinanderliegen, sind wir in tiefer geistlicher Verbundenheit uns nahe geblieben. Dafür bin ich sehr dankbar!

Mit drei Stichwörtern möchte ich Dr. Wilfried Hagemann zu seinem 80. Geburtstag grüßen.

**Verfügbarkeit**

In den vergangenen Jahren habe ich Dr. Wilfried Hagemann als Mensch und Bruder erlebt, der im hohen Maße Verfügbarkeit lebt. Selbstverständlich war für ihn immer die Verfügbarkeit, die er bei seiner Priesterweihe dem Bischof versprochen hat. Diese Verfügbarkeit drückt sich nicht nur in der Bereitschaft aus, sich versetzen zu lassen. Wilfried Hagemann hört mit einer inneren Offenheit auf das Wort des Bischofs, um darin den Ruf Jesu, den Anspruch und den Willen Gottes für sich zu erkennen. Mehr noch: Viele Menschen erleben, wie Wilfried Hagemann in allen Aufgaben und in unterschiedlichen Funktionen, in der geistlichen Begleitung, in Freundschaften und als Mitbruder eine Verfügbarkeit lebt, die den Menschen, mit denen er es zu tun hat, das Gefühl gibt: Ich stehe dir mit meinen Möglichkeiten zu Diensten, zur Verfügung. Diese gelebte Verfügbarkeit ist im Tiefsten eine Verfügbarkeit gegenüber Gottes Plänen und Absichten, eine Verfügbarkeit für Gottes Willen!

## Offenheit

Keiner weiß, nicht einmal Wilfried Hagemann selbst wird es wissen, für wie viele Menschen er in den vergangenen Jahren und Jahrzehnten ein guter Freund, ein geistlicher Begleiter, ein kompetenter Ratgeber, ein Gesprächspartner und Brückenbauer geworden ist. Wilfried Hagemann hat die Gabe, mit Menschen ganz unterschiedlicher Erfahrungs- und Wissenshorizonte, aus anderen Konfessionen und Religionen, Personen mit uns manchmal fremd erscheinenden Weltanschauungen, ins Gespräch zu kommen. Je fremder, umso interessanter werden diese Personen und ihre Ideen für ihn. Dabei wird bei Wilfried Hagemann eine besondere Gabe erkennbar: Er kann sich gut in andere Menschen, in andere Denksysteme und Weltanschauungen hineinversetzen. Er tritt in den Dialog mit ihnen ein, ohne sich selbst in seiner Überzeugung verbiegen zu lassen oder sie gar aufzugeben. Diese Fähigkeit ist vielleicht deshalb so stark bei ihm ausgeprägt, weil er mit seinem Leben und seiner ganzen Existenz von dem Glauben getragen ist, dass Gott Liebe ist, alle Menschen Geschöpfe Gottes sind und jeder Mensch unendlich von diesem Gott gewollt, angenommen und geliebt ist, und dass dieser Mensch ein Geschenk für den anderen werden kann. In der Art und Weise, wie Wilfried Hagemann für die Menschen da ist, können diese etwas von der Größe der Liebe Gottes für sie erahnen.

## Sackgassen öffnen

Mich beeindruckt immer wieder, wie Wilfried Hagemann in der geistlichen Begleitung Menschen Orientierung und Zuversicht vermitteln kann. Im Ohr habe ich sein Wort: „Alles ist gut, alles wird gut, alles darf sein, aber es muss nicht alles so bleiben." Menschen wenden sich an ihn, die sich gewissermaßen in einer „Sackgasse" vorkommen, keinen Ausweg und keine Lösung ihrer Fragen und in ihrer Not sehen. Wilfried Hagemann kann den Menschen immer wieder glaubhaft und authentisch vermitteln, dass keine sich ergebende, vielleicht durch eigenes oder fremdes menschliches Versagen sich auftuende Sackgasse eine bleibende Katastrophe sein muss. Das Geheimnis unseres Glaubens – Christus ist der Gekreuzigte und auch der Auferstandene! – ist für Wilfried Hagemann das Fundament seines Lebens als Christ! Wer in die Lebensgemeinschaft mit diesem Gekreuzigten und Auferstandenen eintritt, findet mit ihm Wege aus den Sackgassen des Alltags, dem öffnen sich neue Lebensperspektiven. Dieses Geheimnis bezeugt Wilfried Hagemann immer wieder mit seinem eigenen Leben. Seine ausstrahlende Zufriedenheit und sein gewinnendes Lächeln und die Lebensfreude entspringen aus dieser Quelle seines Glaubens.

Von Herzen danke ich Dir, lieber Wilfried, im Namen vieler Menschen, für Deine gelebte Verbundenheit, Freundschaft und Mitbrüderlichkeit! Ich wünsche Dir, dass jeder neue Tag Deines Lebens von Gott gesegnet ist und Du ein Segen sein und bleiben kannst für viele Menschen!

Dresden zum 20. August 2018
+ Heinrich Timmerevers
Bischof von Dresden-Meißen

# Grußwort von Dr. h. c. Christian Krause, Landesbischof i. R.

„... und natürlich Wilfried Hagemann"– Als ich mir eben überlegte, wo wir uns während der letzten drei Jahrzehnte überall begegnet sind, merkte ich, dass ich besser fragen sollte, wo wir uns in jener Zeit eigentlich nicht begegnet sind! Zuerst war es die Vielfalt der Treffpunkte zwischen Katholikentag und Evangelischem Kirchentag, in deren Dienst wir hüben und drüben in den Achtzigern standen. Und dann – immer dichter werdend – das weite, ja weltweite Netz der uns immer wieder neu verbindenden Fokolar-Bewegung mit ihren nicht minder vielfältigen Veranstaltungen, Gesprächsrunden und Gottesdiensten. Auf meine Frage, wer hier oder da als Teilnehmer erwartet werde, wurden mir viele Namen genannt – „und natürlich Wilfried Hagemann". Natürlich!

Seine Omnipräsenz hat mich stets besonders beeindruckt, aber auch immer wieder beglückt. Denn Bruder Wilfried ist nicht nur in vielen Zusammenhängen physisch präsent, sondern ist ein Theologe, der auf diesem Hintergrund eben auch in solchen Zusammenhängen und Beziehungen zu denken und zu deuten vermag. Die Gottesbeziehung ist in diesen vielfältigen dialogischen Prozessen kein aufgesetztes, beliebiges Additum, sondern vielmehr die eigentliche Wesensmitte, von der her sich auch unsere Beziehungen untereinander bestimmen. Sein wunderbarer Lehrer Klaus Hemmerle ist allenthalben zu spüren. Wilfried Hagemann hat ihm in Wort und Bild manches Denkmal gesetzt. Dafür bin ich ihm von Herzen dankbar. Denn auch für mich ist die leider nur allzu kurze persönlich erlebte Beziehung zu Bischof Klaus besonders kostbar.

Als mir im Jahre 2006 im Dom zu Aachen der Klaus-Hemmerle-Preis verliehen wurde, sollte mein damaliger, mir freundschaftlich verbundener Nachbarbischof Josef Homeyer die Laudatio halten. Aber er war kurz zuvor so schwer gestürzt, dass er nicht nach Aachen reisen konnte. Wer sollte, wer konnte ihn ersetzen? Im Zeichen der Einheit in Christus und der uns von daher schon damals im Umfeld der Fokolare und in der Beziehung zu Klaus

Hemmerle geschenkten besonderen Verbundenheit konnte es nur einer sein: Wilfried Hagemann. Natürlich! Und er tat es an jenem Abend mit großer Herzenswärme für seinen lutherischen Weggefährten.

Ja, richtig! Fast hätte ich vergessen, dass wir ja hier ein katholischer und dort ein lutherischer Theologe sind! Getrennt auch in unseren gemeinsamen geografischen Wurzeln im Boden des Eichsfeldes, das zunächst mit der Reformation weitgehend lutherisch und dann nach blutiger Gegenreformation wieder vornehmlich katholisch wurde. Er, geboren im katholischen Duderstadt am Westrand des Eichsfeldes, ich nur ein paar Kilometer östlich davon familiär verbunden mit der kleinen evangelischen Enklave rund um den Ort Wintzingerode. Unser jeweiliges Erbe hätte auch für uns Feindschaft bedeuten können. Wir spüren es, wenn wir einander heute bisweilen noch einmal die alten Geschichten aus jener uns gleichermaßen verwandten Region erzählen. Aber wir spüren dann auch in gemeinsamer Dankbarkeit und Freude die uns nun in unserer Lebenszeit zuteil gewordene Gnade Gottes, die wir zusammen mit vielen Anderen in der weltweiten Christenheit in „versöhnter Verschiedenheit" erleben, feiern und genießen dürfen.

In dem allen lebt und webt unser Jubilar. Unermüdlich. Vom Geist Gottes zur Einheit bewegt. Keinem Gespräch ausweichend. Ständig auf Reisen und überall präsent. Vielen zur Freude und Bereicherung des Glaubens und also in Dankbarkeit verbunden.

Möge es ihm und uns so noch viele Jahre geschenkt sein!
Landesbischof i. R. Dr. h.c. Christian Krause

# Grußwort von Bischof Dr. Wilhelm Krautwaschl

Lieber Wilfried!

80 Jahre zu vollenden – noch dazu in so guter Verfassung und mit bleibend großer Ausstrahlungskraft – verdient mehr als ein paar freundliche Glückwünsche. Deiner Person gebührt anlässlich dieses runden Geburtstags Hochachtung, Dankbarkeit und Gebet. Ich wünsche Dir von Herzen alles Gute und viele weitere gesunde Jahre im priesterlichen Dienst für die Menschen, die Dir so sehr am Herzen liegen!

Vor vielen Jahren hast Du gemeinsam mit dem späteren Aachener Bischof Klaus Hemmerle in einem Buch geschrieben, dass es nicht dem Bild des Priesters entspreche, wenn er als Spitze der Pyramide im Wolkendunkel gedacht sei. Der Priester solle „einer unter *allen*" sein, aber so, „dass er einer *unter* allen ist". Und diese Haltung haben viele Menschen an Dir erlebt, nicht nur in Deutschland, sondern viele dankenswerterweise auch in Österreich. Viele haben zu Dir eine tiefe und herzliche Verbindung gefunden. Du warst vielen Priestern sehr nahe gewesen und bist es immer noch durch die persönliche Begleitung, sowie durch geistliche Vorträge und Exerzitien, die Du gehalten hast. Bereits im Jahr 1965, zwei Jahre nach Deiner Priesterweihe, warst Du in Wattens bei Innsbruck auf einem Sommertreffen der Fokolar-Bewegung. Deine ganz persönliche Zuwendung, gepaart mit einer außergewöhnlichen theologischen Kompetenz, hat Dich schon damals zu einem ganz wertvollen Gesprächspartner in kirchlichen und gesellschaftlichen Themen gemacht. Deine Vermittlung in Konflikten aufgrund der Fähigkeit, Deinem Gegenüber eine besondere Wertschätzung zu vermitteln, hat überdies so manche Wunde geheilt.

In dem Buch über Priesterberufung „Zur Freiheit berufen" nimmst Du Bezug auf die Fußwaschung Jesu. Dazu schreibst Du: „Ein Herz haben für die Menschen – das zeichnet das Hirtenamt schon immer aus. [...] Die von Jesus Gesandten, Hirten durch ihn und wie er, haben den Auftrag, den Menschen den Zugang zu Gott zu eröffnen, besonders den Kleinen, den Armen und Bedrängten". In den Tagen vor meiner Bischofsweihe durfte ich dies bei den ganz besonderen Exerzitien bei Dir in Ottmaring „hautnah" erfahren. Der Austausch und die Begegnungen mit den Bewohnern der ökumenischen Siedlung waren besondere geistliche Übungen, die mich zugerüstet haben für meinen heutigen Dienst. Die Haltung, den Menschen Zärtlichkeit zu schenken und ihr Herz zu öffnen, hast Du ein Leben lang vorgelebt. Dafür danke ich Dir und sage aus ganzem Herzen ein großes „Vergelt's Gott"!

In herzlicher Verbundenheit
Dein
+ Wilhelm Krautwaschl
Diözesanbischof der Diözese Graz-Seckau

# Verwurzelt in Gott

Matthias Hembrock

## Wilfried Hagemann – ein Freund Jesu
Persönliche Notizen aus der Priestergemeinschaft

Eine Tante von mir gehört zur Ordensgemeinschaft der „Kleinen Schwestern Jesu", die sich an Charles de Foucauld inspiriert. Als Jugendlicher hat mich sehr beeindruckt, wie die Kleinen Schwestern radikal versuchen, mit den Armen und wie die Armen zu leben. Ich wollte auch radikal sein. Ein verbürgerlichtes Christentum war mir zuwider. Aber wie kann man es schaffen, das Evangelium wirklich zu leben? Der Anspruch schien mir viel zu hoch zu sein.

Kurz nach Beginn des Theologiestudiums lernte ich in der Gemeinschaft der Fokolarpriester Wilfried Hagemann kennen. Ich war fasziniert von seiner Dynamik und von seiner Tiefe. Was er von seinen Begegnungen, Reisen, Kontakten und Aktivitäten berichtete, brachte mich zum (fast ungläubigen) Staunen. Aber mehr noch zog mich in den Bann, wenn er von seiner Freundschaft mit Jesus sprach. Deshalb habe ich sein Büchlein „Freundschaft mit Christus"[1] sofort gekauft und mehrmals gelesen, ja meditiert. So wie er die Beziehung zu Jesus darstellte, verlor das Evangelium den fast unerreichbar hohen Anspruch, der mir so zu schaffen machte. Heute finde ich in unserer Priestergemeinschaft so manches von dem wieder, was Wilfried Hagemann uns vorgelebt hat. Er hat Spuren hinterlassen. Er hat uns in seine Freundschaft mit Jesus hineingenommen. Einige Räume dieser Freundschaft möchte ich im Folgenden abschreiten. Ich kann nur einen kurzen Blick in diesen und jenen Raum werfen. Was ich schreibe, ist subjektiv und deshalb begrenzt. Ich möchte das Haus der Freundschaft mit Jesus als so einladend und schön beschreiben, wie ich es von Wilfried Hagemann gezeigt bekommen habe.

## Gütergemeinschaft

Konsumkritik gab es schon in den Siebzigerjahren des 20. Jahrhunderts. Spätestens seit dem Bericht des Club of Rome zur Lage der Menschheit, „Die Grenzen des Wachstums", aus dem Jahr 1972 war es unter jungen Leuten üblich, Einschränkung und Verzicht zu fordern.

Trotzdem hat es mich überrascht, wie häufig und wie dringlich Wilfried Hagemann von der materiellen Gütergemeinschaft sprach. Die Fokolarpriester praktizieren das, aber nicht in erster Linie um des Verzichtes willen, sondern um der Einheit willen. Was mein ist, ist dein; mein Auto ist dein Auto; wir haben alles gemeinsam; wenn ich bereit bin, das Leben für dich zu geben, dann natürlich auch das Geld – all solche Sätze, die aber nicht nur ausgesprochen, sondern auch gelebt werden, zeigen, dass die materielle Gütergemeinschaft Ausdruck des gemeinsam gelebten Evangeliums ist. Konkret muss es sein, das betonte Wilfried Hagemann immer wieder. Nur Absichtserklärungen sind zu wenig. Man muss das Evangelium wörtlich nehmen und konsequent umsetzen. Das kostet viel – ja alles –, das bringt aber noch mehr ein, nämlich die Freundschaft mit Jesus. Es sind ja seine Worte und seine Weisungen! „Ihr seid meine Freunde, wenn ihr tut, was ich euch auftrage" (Joh 15,14).

## Weite

Als junger Mensch neigt man zur Verbissenheit. Man muss sich schließlich im Supermarkt der Weltanschauungen für eine der vielen Möglichkeiten entscheiden. Deshalb ist es normal, das abzulehnen, was man als falsch erkannt hat. Im besten Fall ist man immerhin tolerant gegenüber den anderen. Toleranz hat allerdings erst dann Sinn, wenn ich mich zuvor entschieden habe: für das eine und gegen das andere. Sonst ist es Beliebigkeit oder schlimmer: Gleichgültigkeit. Toleranz heißt ja auf Deutsch: Ertragen. Ich bleibe also bei der Ablehnung der anderen Position, verzichte aber darauf, sie zu bekämpfen. Ich ertrage den andersdenkenden und anders handelnden Anderen, weil ich in ihm den Mitmenschen sehe, der genau wie ich das Recht hat, zu existieren, und der es genau wie ich als Kind Gottes verdient hat, geliebt – also auch ertragen – zu werden.

„Wir müssen das Herz weit machen nach dem Maß des Herzens Jesu."[2]
Dieses weite Herz habe ich bei Wilfried Hagemann gefunden. Das ist mehr als Toleranz. Es ist eine Weite, die größer ist als das normal Menschliche. Man spürt, dass er durch Jesus in die Weite geführt worden ist. Die ausgebreiteten Arme des Gekreuzigten symbolisieren diese Offenheit. Jesus hat sich nicht gegen seine Peiniger gewehrt. Er hat keine körperliche Gewalt ausgeübt. An ihm hat sich alle Gewalt ausgetobt. Ein für alle Mal. Das ist kaum auszuhalten. Es erscheint absurd. Ein Gott, der sich von der entfesselten Wut der Menschen töten lässt. Der ganz Gute, der beim Zusammenprall mit dem Bösen untergeht. Aber genau der – und nur der – kann zum Schächer sagen: „Heute noch wirst du mit mir im Paradies sein" (Lk 23,43). Ich erinnere mich gut an die Rede, die Wilfried Hagemann in Münster bei der Feier des 40. Jahrestages seiner Priesterweihe gehalten hat. Er zitierte darin Paulus: „Ich will mich allein des Kreuzes Christi rühmen, durch das mir die Welt gekreuzigt ist und ich der Welt" (Gal 6,14). Er führte sehr plastisch aus, dass er sich gleichsam hinter das Kreuz stellt und mit den Augen des Gekreuzigten auf die Welt schaut. Ich glaube, daraus gewinnt er seine beeindruckende Weite. Sie macht ihn manchmal wehrlos und verletzlich. Ganz bewusst unterlässt er jegliches Taktieren und strategisches Vorgehen. Halt findet er bei seinem Freund Jesus, durch den ihm die Welt gekreuzigt ist.

## Staunen

Es ist staunenswert, wie sehr Wilfried Hagemann staunen kann. Seine erstaunten Ausrufe sind ein Markenzeichen von ihm. Das hat ihm durchaus manche spöttische Bemerkung von Priestern eingebracht. Aber neben dem Spott schien mir auch eine Spur Anerkennung und Bewunderung darin zu liegen. Nicht nur weil er Regens war, bekam er bei Priesterratswahlen im Bistum Münster mehrmals die meisten Stimmen. Was ihn staunen macht, ist die Liebe Gottes. Sehr häufig findet er Gottes Liebe im Guten, das Menschen tun, und in Lebensumständen, die sich glücklich fügen. Er schreibt: „Ich kann nicht anders als ihm staunend zu danken."[3] Deshalb ist er im Geiste jung. Er bleibt offen für je neue Begegnungen und Erkenntnisse. Jedem Menschen, dem er begegnet, traut er zu, etwas Überraschendes oder Wertvolles zu äußern. Nichts nimmt er als selbstverständlich an, sondern er fühlt sich immer beschenkt.

Das ist wohl auch der Grund dafür, dass Wilfried Hagemann einen guten Draht zu Jugendlichen hat. Sie spüren, dass er ihnen nicht mit vorgefertigten Meinungen begegnet, sondern neugierig auf sie ist. Er will wissen, was sie denken und wonach sie suchen. Und er begibt sich mit ihnen auf die Suche. Sehr oft schwärmt er von jungen Leuten, die sich engagieren, die Neues wagen, die klar für eine gute Sache eintreten.

**Seelsorge**

Ich glaube, es war im Jahr 1982. Mit einer Gruppe von Theologiestudenten war ich in Cloppenburg-Stapelfeld bei Wilfried Hagemann zu Gast. Dort verlaufen zwei vielbefahrene Bundesstraßen. Sichtlich erschüttert erzählte er, dass er soeben von einem schlimmen Verkehrsunfall zurückkam, wo er die letzten Minuten bei einem Sterbenden war.

Auch aus der kleinen Dorfgemeinde berichtete er uns. Wie er Kranke begleitet, Familien unterstützt, Suchende berät usw. Ich war beeindruckt, dass er neben seiner Tätigkeit als Akademieleiter und seinen vielfältigen Aktivitäten in der Fokolar-Bewegung noch so viel Zeit für die Leute in der Gemeinde hatte. Dadurch ist er mir und anderen zum Vorbild geworden. Solche Seelsorger wie er wollten wir auch werden: Jedem Menschen unbedingt zugewandt, begleitend und unterstützend in allen Lebenssituationen, verlässlich und liebevoll.

Als ich meine erste Pfarrstelle antrat, habe ich mit ihm die Predigt besprochen, die ich beim Einführungsgottesdienst halten wollte. „Du hast die Kranken vergessen", sagte er mir, „sie sind wichtige Säulen der Gemeinde." Da zeigte sich seine quasi übernatürliche Sicht auf Kirche und Welt. Sie sieht, dass im Verborgenen oftmals das Entscheidende geschieht. Es ist die seelsorgliche Sicht, die den Menschen vorbehaltlos annimmt, so wie er ist. Gerade die Kleinen des Evangeliums sind die besonderen Lieblinge Gottes. Gerade das angenommene Leid hat erlösende Kraft.

## Gebet

Wieder eine Episode, die mich nachhaltig geprägt hat. Im letzten Studienjahr hat Wilfried Hagemann meinem Kurs Exerzitien gegeben. In der Messe war er betont ruhig und andächtig. Das hat er in einem Vortrag über die Eucharistie erläutert. Er unterstrich, dass das Geheimnis der Eucharistie unermesslich groß ist. Man spürte seine innere Erschütterung, als er davon sprach. „Wir müssten viel, viel andächtiger sein bei der Messe!", schrieb er uns angehenden Priestern ins Stammbuch. Auch wenn wir das damals zunächst für etwas übertrieben hielten – schließlich hat die Messe ja auch Gemeinschaftscharakter und kann durchaus fröhlich sein –, so blieb es mir doch im Gedächtnis. In der Tat ist die Messe so tief, dass man sie niemals ganz ausloten kann. Sie ist so kraftvoll, dass ihr Potenzial für ein ganzes Leben reicht. Wilfried Hagemann kann beten. Das scheint ein banaler Satz über einen Priester zu sein, aber so ist es nicht. Gerade wer „professionell" viel beten muss, kann schnell abstumpfen und verflachen. Es kann passieren, dass man irgendwann den vorgefertigten Gebetsworten nicht mehr glaubt. Und eigene Gebete fallen einem nicht ein. Beten will gelernt und gepflegt sein. Wenn das Gebet keine ehrliche Zwiesprache mit Gott ist, verliert es schnell seine Kraft.

Viele haben Wilfried Hagemann als Beter erlebt. Sie nehmen es ihm ab, dass er aufrichtig und beharrlich betet. Wer weiß, wie viele Menschen er im Gebet getragen hat und weiterhin trägt? Umgekehrt wird er von vielen im Gebet getragen. Da fließt unterschwellig ein Gebetsstrom, der unerschöpflich ist. Das Gebet ist quasi die Lymphe des Leibes Christi. Es ist das Elixier der Freundschaft mit Jesus. Es ist Anteilhabe am Geist Jesu, der in uns betet (vgl. Röm 8,26).

## Einheit und Freiheit

Das Charisma von Chiara Lubich wird als Charisma der Einheit bezeichnet. Es ist die Einheit der göttlichen Dreifaltigkeit, die sich im Zusammenleben von Menschen widerspiegelt. Logischerweise besteht eine andauernde Spannung zwischen Vielfalt und Einheit. Es muss immer neu austariert werden, ob Unterschiede trennen bzw. ob Einheit einengt.

Der Schlüssel zum rechten Verständnis von Einheit ist die Liebe. Liebe lässt den Einzelnen einerseits frei, verbindet aber andererseits die vielen in Einheit. Unter uns Fokolarpriestern ist das immer wieder Thema. Wir wollen miteinander eins sein, wie der Vater mit dem Sohn eins ist (vgl. Joh 17, 21). Aber jeder hat auch seine Individualität, und das ist gut so. Einheit und Vielfalt müssen in Freiheit zusammenfinden. Das zeigt sich häufig im Leben der Gütergemeinschaft. Einer ist sparsam – ein anderer nicht; einer möchte gerne ein gutes Auto – ein anderer findet das überflüssig. Wenn es ums Geld geht, zeigen sich scheinbar unversöhnliche Unterschiede im persönlichen Lebensstil der Priester. Diese sind noch dazu gewohnt, selbstbestimmt zu leben und Leitung wahrzunehmen.

Wie kann Einheit ohne Zwang gelingen? In vielen Sackgassen hat Wilfried Hagemann uns oft den Ausweg der größeren Liebe gezeigt. Wichtiger als der Kontostand ist die Liebe untereinander. Niemand darf gegen seine Neigung gezwungen werden, auf etwas zu verzichten, das ihm lieb ist. Wenn alles Reden – auch unter vier Augen – kein Ergebnis bringt, dann muss die Gemeinschaft in der Lage sein, Abweichungen auszuhalten und sich zu öffnen. Nur die Liebe darf niemals aufhören. Sie führt in die Freiheit und bewirkt die Einheit. Das ist vielleicht das Wichtigste, das wir durch die Freundschaft mit Wilfried Hagemann gelernt haben.

---

1 Wilfried Hagemann, Freundschaft mit Christus, München, Neuausgabe 2012.
2 Chiara Lubich, Alle sollen eins sein, München 1995, S. 15.
3 Hagemann, Freundschaft, S. 17.

Franz Sedlmeier

# „Das Wort ist ganz nah bei dir, es ist in deinem Mund und in deinem Herzen, du kannst es halten." (Dtn 30,14)

Mose als Diener des Wortes

## 1. Am Ufer des Jordan ...

Welch ein Szenario! Israel, aus Ägypten ausgezogen, vierzig Jahre unterwegs auf verschlungenen Wüstenwegen, lagert an der Grenze zum verheißenen Land. Und: Israel hört! Es lauscht den Worten des Mose. Hierher, in die Gefilde Moabs, hatte er das Volk auf das Geheiß JHWHs geführt. Nun kam die Stunde des Abschieds. Mose wusste es: Er würde das Volk nicht in das Land der Verheißung bringen. Doch dies war ihm noch eine heilige Pflicht: das Volk vorzubereiten, es zuzurüsten für das künftige Leben im Land. Deshalb seine große Abschiedsrede. Das ganze Buch Deuteronomium ist gleichsam das Vermächtnis des Mose an das Volk.

Den Worten, die Mose in werbendem Ton an das Volk richtet, gilt dieser Beitrag. Mit ihm will der Verfasser den Jubilar ehren und würdigen, dessen Leben ganz und gar vom Wort der Schrift geprägt und durchdrungen war und ist. Dazu hat entscheidend seine Begegnung mit der Fokolar-Bewegung beigetragen, in der das Leben nach dem Wort Gottes seit den Anfängen einen besonderen Stellenwert einnimmt. Nicht nur die Lektüre und die Meditation der Heiligen Schrift, sondern das Leben aus ihr, um im Lichte des Wortes die eigene Existenz zu deuten, war für den Jubilar eine prägende Erfahrung schon während seiner Studienzeit in Rom. Die Liebe zum Wort war auch der Grund dafür, dass sich Wilfried Hagemann in seiner Dissertation mit dem Kirchenvater Hieronymus und seiner Theologie des Wortes auseinandersetzte.[1] Er wollte aufzeigen, dass der Kirchenvater von einer Realpräsenz Christi nicht nur in der Eucharistie, sondern auch im Wort Gottes überzeugt war, das Leben nach dem Wort also ähnliche Früchte hervorbringt wie die Feier der Eucharistie. Die lange Weggemeinschaft mit dem Religionsphilosophen und Theologen Klaus Hemmerle, dem 1994 verstorbenen Bischof von Aachen, führte in eine tiefe geistliche Freundschaft zwischen beiden, die ihrerseits ganz vom Leben aus dem Wort Gottes geprägt war,[2] vor allem von der Verheißung Jesu: „Wo zwei oder drei in meinem Namen versammelt sind, da bin ich mitten unter ihnen" (Mt 18,20). Diese Leidenschaft für das Leben aus dem Wort Gottes im Lichte des auferstandenen HERRN fand einen sichtbaren Ausdruck in der vom Jubilar verfassten Biografie über Klaus Hemmerle. Sie trägt den sprechenden Titel: „Verliebt in Gottes Wort".[3]

## 2. Abschieds-Worte

Das fünfte Buch Mose (oder Deuteronomium) trägt in der hebräischen Tradition die Bezeichnung $d^e b\bar{a}r\hat{i}m$, „Worte", oder '$elleh\ had$-$d^e b\bar{a}r\hat{i}m$, „dies sind die Worte". In der Tat kommt darin den Worten des Mose eine besondere Stellung zu. Das ganze Buch präsentiert sich als große Abschiedsrede, die ihrerseits in mehrere Redeabschnitte zerfällt (Dtn 1,1f.;[4] 4,44f.;[5] 28,69;[6] 33,1[7]) und die Mose – so die literarische Fiktion – an seinem Todestag hält.

Diese Moserede ist zugleich in eine Erzählung eingebunden, die die Ereignisse vor dem Tod des Mose narrativ entfaltet. Es ist Mose selbst, der in einer „révision de vie" auf seinen Weg mit Israel zurückblickt. Der lange Weg von Ägypten über die Wüste zum Gottesberg Horeb[8] und weiter bis zur Grenze des verheißenen Landes wird vergegenwärtigt und reflektierend gedeutet. Dennoch ist das Buch Deuteronomium ausgesprochen handlungsarm, denn nahezu alle Ereignisse sind in die erzählende Rede des Mose eingebunden. Die „erzählte Welt", das also, was erzählt wird, umfasst die Ereignisse von Ägypten an bis zum Tod des Mose. Die „Erzählwelt" oder die Erzählgemeinschaft, der Beziehungsraum, auf den hin erzählt wird, ist das Gottesvolk Israel, das von Mose Abschied nimmt und sich bereit macht, den Jordan zu überschreiten, um das verheißene Land in Besitz zu nehmen. Während das, was erzählt wird, sich über 40 Jahre erstreckt, ist für die Erzählung selbst nur ein einziger Tag vorgesehen, der Todestag des Mose.

## 3. „Recollectio":
## Sammlung und Neuorientierung in der Rückschau

Es ist ein aufregender und zugleich ein mühsamer Lebensweg, auf den Mose zurückblickt. Oft war es ihm als Zumutung erschienen, dieses eigensinnige und rebellische Volk aus dem Land der Unterdrückung in das Land der Verheißung zu führen (Dtn 1-3*). Widerstand und Aufbegehren waren an der Tagesordnung und konnten mitunter so massiv werden, dass er um sein Leben fürchten musste. Immer wieder war er dabei an seine Grenzen geführt worden. Und zugleich wusste er: Es war nicht sein, sondern JHWHs Volk, für das er gelitten und gekämpft hatte. Gekämpft und gerungen hatte er auch mit Gott, jener inneren Stimme folgend, die ihm den Weg wies. Und nun lagerten sie am Jordan – er, Mose, und die zwölf Stämme Israels. Nur einen Steinwurf vom Land der Verheißung entfernt. Es lag zum Greifen nahe. Doch gerade dieser Versuchung galt es zu widerstehen. Auch das war ihm auf seinen Wegen immer mehr aufgegangen. Das Land wollte nicht ergriffen, sondern empfangen werden, als Gabe von Gott her. Immer wieder hatte er diese Lektion lernen müssen: Nicht im packenden Zugriff, nicht in herrscherlicher Aneigung und in eigensinniger Vereinnahmung ereignet sich Begegnung mit dem Heiligen, sondern in der Bereitschaft zu hören und zu empfangen. Wie oft hatte er seine eigenen Pläne loslassen und verlieren müssen, um Größeres zu empfangen, als Vorahnung der großen Verheißung, als Prophetie der noch ausstehenden Fülle. So war es schon damals gewesen am brennenden Dornbusch in der Stunde der Berufung (Ex 3,1-4,17),[9] später während des langen und mühsamen Wüstenweges in die Freiheit, dann am Sinai, als Israel die Tora empfing und in den Bund eintrat – alles Gaben des Exodusgottes, der sein Volk einlud, mit ihm einen Weg zu gehen und sein besonderes Eigentum zu werden. Dem äußeren Weg hin zum Land entsprach so auch ein innerer Weg – hinein in eine Hörbereitschaft, um dem Wort des Ewigen Raum zu geben. In diesem Sinne waren auch die anstehende Zukunft und der Einzug ins Land der Verheißung nicht Besitztümer, um sie an sich zu reißen. Das Land war und sollte auch zukünftig immer die Gabe des Exodusgottes bleiben. Und ein Leben im Lande konnte nur gelingen, wenn es zugleich ein Leben aus der Weisung war, die Israel am Gottesberg empfangen hatte. Das war es, was ihm, Mose, auf dem Herzen lag: dass die Seinen nicht vergessen, auf alle Zukunft hin nie vergessen, auch nicht nach seinem Weggang ...

Deshalb hatte er sie lagern lassen am Fuße des Berges, am Fluss Jordan, an der Grenze zwischen dem Land der Verheißung und Moabs Gefilden. Wie einst der große Patriarch Jakob-Israel vor seinem Tod die zwölf Söhne versammelt hatte, um ihnen seinen Segen zu geben (Gen 49), so hatte auch Mose sie alle versammelt – alle Stämme Israels, um ihnen den göttlichen Segen zuzusprechen (Dtn 33). Doch zuvor hielt er seine Abschiedsrede, um sie zuzurüsten für das Leben im Land der Verheißung, um sie hellhörig zu machen und wachsam für die Begegnung mit dem Heiligen.

## 4. Wider das Vergessen!

Vor dem Einzug ins Land, in dieser besonderen Stunde, legt Mose dem Volk ans Herz: Vergiss nicht, was JHWH für dich getan hat. Das Wort *schākah*, „vergessen", ist ein Schlüsselbegriff im Deuteronomium. Denn die Großtaten Gottes zu vergessen hieße zugleich, Gott aus dem Blick zu verlieren. Damit aber verlöre Israel seine Identität.[10] Deshalb wird Mose nicht müde, die Mahnung „Vergiss nicht!" zu wiederholen.

So soll Israel die Gottesbegegnung am Horeb nicht vergessen, jene Begegnung von Feuer, die das Volk zutiefst geprägt hat. Den Bund mit Gott nicht zu vergessen (Dtn 4,23) schließt die Entscheidung mit ein, sich kein Gottesbild zu machen. Denn Gott ist nicht Teil dieser Welt. Nichts – weder im Himmel noch auf der Erde oder unter der Erde – kann ihn adäquat ausdrücken. Nur im Bund mit ihm lässt sich die Spannung aushalten, ganz in der Welt, aber nicht von der Welt zu sein. Mehrfach weist Mose auf die Gefahr hin, angesichts von Reichtum und Wohlstand Gott zu vergessen, über den Gaben den Geber aus dem Blick zu verlieren. „Und wenn der HERR, dein Gott, dich in das Land führt, von dem du weißt: er hat deinen Vätern Abraham, Isaak und Jakob geschworen, es dir zu geben – große und schöne Städte, die du nicht gebaut hast, mit Gütern gefüllte Häuser, die du nicht gefüllt hast, in den Felsen gehauene Zisternen, die du nicht gehauen hast, Weinberge und Ölbäume, die du nicht gepflanzt hast –, wenn du dann isst und satt wirst:

nimm dich in Acht, dass du nicht den HERRN vergisst, der dich aus Ägypten, dem Sklavenhaus, geführt hat!" (Dtn 6,10-12; vgl. auch Dtn 8,10-18).

Ferner mahnt Mose zum wahrhaftigen und ehrlichen Umgang mit der eigenen Lebensgeschichte. Zu ihr gehört auch das Versagen. Deshalb die Mahnung, die Fehler und Sünden nicht zu vergessen (vgl. Dtn 9,7), sondern angesichts der eigenen Schwächen mit umso größerer Wachsamkeit den Weg mit Gott zu gehen.[11] Gottvergessenheit hinterlässt ein Sinnvakuum, das letztlich dazu führt, sich andern Göttern zuzuwenden, d. h. die eigene Existenz mit innerweltlichen Sinnangeboten abzuspeisen. Äußerlich kann die religiöse Praxis durchaus als JHWH-Dienst erscheinen, doch erhält JHWH unter der Hand den Charakter des Baal, wird also zu einem Stück vergötzter Welt. Das Ja zu Gott schließt deshalb immer auch ein entschiedenes Nein zu all dem ein, was von Gott wegführen würde.[12] Mit der Mahnung, nicht zu vergessen, holt Mose das Volk zugleich zurück an den Anfang, an den Gottesberg Horeb, zu seinem geistigen und geistlichen Ursprung.

## 5. Eine Begegnung von Feuer – am Gottesberg

Nicht vergessen soll Israel vor allem die Begegnung mit Gott am Berg der Verheißung, dort, wo es in ein Bundesverhältnis mit dem Ewigen eingetreten ist (Dtn 4,13). Der Berg in Feuer,[13] ein Element der Theophanie, verweist auf die transformierende und läuternde Wirkung der göttlichen Gegenwart. Gottesbegegnung ist nie harmlos, sie belässt die Dinge und Personen nicht beim Alten; sie verändert und erneuert, sie kann auch zerstören. Zugleich bleibt der sich selbst mitteilende Gott unverfügbar. Ausdrücklich hält die Moserede in V. 12 fest, dass sich die Gottesbegegnung nicht in ein festes Bild pressen lässt.[14] In freier Souveränität teilt sich Gott mit und offenbart seine Einzigkeit: „JHWH ist der Gott, kein anderer ist außer ihm" (4,35). Diese Einzigkeit Gottes besteht gerade in seinem barmherzigen Wesen, das sich Israel in der Gottesbegegnung erschließt, wie Dtn 4,31 festhält. „Denn der HERR, dein Gott, ist ein barmherziger Gott. Er lässt dich nicht fallen und gibt dich nicht dem Verderben preis und vergisst nicht den Bund mit deinen Vätern, den er ihnen beschworen hat." – Es ist Gott selbst, der nicht vergisst. Er bleibt seines

Bundes eingedenk und steht auch in Zeiten der Krise (V. 30) zu seinem Volk. In der Begegnung mit Gott geht Israel nicht nur die machtvolle Größe, sondern vor allem die Liebe Gottes auf. Diese wird zum Interpretationsschlüssel, um den eigenen Weg im Lichte der göttlichen Führung lesen und deuten zu können.

## 6. Gottes erwählende Liebe

Die Begegnung am Gottesberg ist eine Begegnung im Feuer: Sie ist eine Erfahrung der verwandelnden Liebe Gottes. Mehrfach kommt Mose in seiner Rede auf diese allem Tun Israels vorausgehende Liebe Gottes zu sprechen. Die folgenden drei Textbeispiele mit ihrer gezielt eingesetzten Begrifflichkeit zeigen auf, wie diese göttliche Liebe zu verstehen ist. Die entscheidenden Ausdrücke sind durch Kursivschreibung hervorgehoben.

(1) „Weil er [Gott] deine Väter *liebgewonnen* hatte, hat er alle Nachkommen eines jeden von ihnen *erwählt* und dich dann in eigener Person durch seine große Kraft *aus Ägypten geführt* ..." (Dtn 4,37).
(2) „Denn du bist ein Volk, das dem HERRN, deinem Gott, *heilig* ist. Dich hat der HERR, dein Gott, *ausgewählt*, damit du unter allen Völkern, die auf der Erde leben, das Volk wirst, das *ihm persönlich gehört*. Nicht weil ihr zahlreicher als die anderen Völker wäret, hat euch der HERR *ins Herz geschlossen* und *ausgewählt*; ihr seid das kleinste unter allen Völkern. Weil der HERR euch *liebt* und weil er auf den Schwur achtet, den er euren Vätern geleistet hat, deshalb hat der HERR euch *mit starker Hand herausgeführt* und euch aus dem Sklavenhaus freigekauft, aus der Hand des Pharao, des Königs von Ägypten" (Dtn 7,6-8).
(3) „Sieh, dem HERRN, deinem Gott, gehören der Himmel, der Himmel über den Himmeln, die Erde und alles, was auf ihr lebt. Doch nur deine Väter hat der HERR *ins Herz geschlossen*, nur sie hat er *geliebt*. Und euch, ihre Nachkommen, hat er später unter allen Völkern *ausgewählt*, wie es sich *heute* zeigt" (Dtn 10,14-15).

*Erwählen (bāḥar)*: Nach der Sicht des Deuteronomiums unterstehen alle Völker der Macht JHWHs. Aus dieser universalen Völkerwelt hat er Israel herausgeholt und erwählt, um es nach seiner Weisung zu formen und mit seinem Volk seinen Plan vor der Völkerwelt zu verwirklichen. Diese Erwählung ging und geht von JHWH aus.[15] Das Handeln Gottes in der Vergangenheit geschah machtvoll, *„mit starker Hand und ausgestrecktem Arm"* (4,34; 5,15; 7,19; 9,20; 11,2; 26,8). Die „Zeichen" und „Wunder", die eigens aufgeführt sind, machen deutlich, dass das göttliche Handeln über rein menschliche Möglichkeiten hinausgeht. Durch dieses göttliche Handeln empfängt Israel von Gott her eine neue Identität.

Erwählung und göttliche Führung haben zur Folge, dass Israels *ein heiliges Volk* (ʿ*am qādôš*) wird. Der Ausdruck „heilig" bezieht sich zunächst auf Gott. Er allein ist heilig, dann aber auch alles, was in seine Nähe kommt. Gottes Heiligkeit „steckt an". Israel ist also nicht deshalb ein heiliges Volk, weil es etwas Besonderes getan oder außerordentliche Verdienste erworben hätte, sondern weil JHWH es in seinen Bereich, in seine Nähe geholt hat. Die Aufgabe Israels besteht vor allem darin, dem Heiligen Raum zu geben und dies zu hüten. Ist diese Bereitschaft gegeben, wird Israels Weg trotz allem Versagen zu einer „heiligen Reise", weil der Heilige in seiner Mitte das Volk vor der Völkerwelt heiligt (vgl. Ez 36,22-28).[16]

Die besondere Nähe Israels zu Gott drückt das Deuteronomium in einem eigenen Bildwort aus. Israel ist JHWHs *Krongut (segullāh)*, also *sein besonderes Eigentum*. Ursprünglich bezieht sich der Ausdruck *segullāh* auf das Privateigentum des Königs. Dieser regiert über das ganze Land, das seiner Leitung unterstellt ist. Darüber hinaus gibt es einen Bereich, der dem König ganz privat gehört. Das ist sein „Krongut", ein spezieller, ihm eigener Königsbesitz (vgl. 1 Kön 29,3; Koh 2,8). Für die Theologie des Deuteronomiums heißt dies: JHWH regiert als König über alle Völker. Israel aber gehört ihm als „Krongut". Es ist ihm in besonderer Weise eigen. Diese besondere Beziehung ist unverwechselbar und nicht austauschbar (vgl. dazu: Dtn 7,6; 14,2; 26,18; Ex 19,5f).

Alle diese verschiedenen Aspekte bilden ein gemeinsames Bedeutungsfeld mit dem Wort *lieben* (ʾ*āhab*). Die Verwendung dieses Wortes geht wahrscheinlich auf den Einfluss des Propheten Hosea zurück. Die Liebe zwischen

Mann und Frau wird zum Bild der Liebe Gottes zu seinem Volk. Auch für die Antwort des Volkes wird das Wort „lieben" gebraucht. Doch kommt der Liebe Gottes sachlich der Vorrang zu. Diese Liebe erschließt sich nicht abstrakt, sondern als Weggeschehen. Dabei begegnet Israel der ungeschuldeten und freien Zuwendung Gottes mit allem, was dazugehört.[17]

*Zusammenfassend* lässt sich die göttliche Liebe so umschreiben: Die Liebe zu den Vätern, die Erwählung aus den Völkern, die Befreiung aus der Knechtschaft, Gottes machtvolles Handeln unter Zeichen und Wundern, den Schwur zum Bund und die Verheißung der Gabe des Landes ..., alles das hat das Volk bereits erfahren. In alldem ist Israel der Liebe seines Gottes begegnet. Nun steht das Volk an der Schwelle zum Land, und Mose rüstet es zu für den Aufbruch in das Land der verheißenen Fülle.

## 7. Das Ziel vor Augen

Die heilvolle Zukunft, die noch aussteht, wird in das Land hineinverlegt, das gleichsam paradiesisch beschrieben ist. Es „fließt von Milch und Honig" (Dtn 6,3; 11,9f; 26,9.15; 27,3). Es ist ein „schönes Land" mit Bächen, Quellen, Fluten ... (Paradiesvorstellungen), ein Land, „in dem es dir an nichts fehlt" (8,9). Diese Lebensfülle, in der nichts mangelt, wird mit dem Wort *menūḥāh*, „Ruhe", ausgedrückt. Dies bedeutet so viel wie: angekommen sein, am endgültigen Ziel, zu Hause sein. Obwohl das Ziel vor Augen liegt, hat Israel es noch nicht erreicht. „Denn ihr seid bis jetzt noch nicht in die Ruhe und in den Erbbesitz eingezogen", heißt es in 12,9. Die „Ruhe" steht für vollendetes Heil in der Zukunft.[18] Die Schau der heilvollen Zukunft will das Volk jedoch nicht aus der Gegenwart entlassen. Im Gegenteil! Im Wissen um die künftige Gabe Gottes soll Israel die Gegenwart je neu und entschieden annehmen und leben.

## 8. Das deuteronomische „Heute" – oder: die Gegenwart leben

Das kleine Wort *haj-jôm*, „heute", ist für das Verständnis des Deuteronomiums und seine Theologie grundlegend. Die vom Verfasser angeredeten Personen werden der ersten Generation beigesellt, die am Horeb bzw. am Sinai mit dabei war. Wer sich auf die Lektüre des fünften Buches Mose einlässt, wer in die Schule des Mose geht, muss die Bereitschaft mitbringen, geistig zum Ursprung zurückzukehren. Mose redet das Volk Israel aller Zeiten an: Die jeweils gegenwärtige Generation, die „heute" lebt, tritt in das „Heute" des Mose ein, und Mose wird im „Heute" der nach ihm lebenden Generationen gegenwärtig.[19] Beispielhaft sei Dtn 5,1-3 angeführt: „Mose rief ganz Israel zusammen. Er sagte zu ihnen: Höre, Israel, die Gesetze und Rechtsvorschriften, die ich euch *heute* vortrage. Ihr sollt sie lernen, auf sie achten und sie halten.2 Der HERR, unser Gott, hat am Horeb einen Bund mit uns geschlossen.3 Nicht mit unseren Vätern hat der HERR diesen Bund geschlossen, sondern mit uns, die wir *heute* hier stehen, mit uns allen, mit den Lebenden."

Dieses „Heute" des Deuteronomiums ist zugleich ein „Zwischen". Israel hat den Anfang des Heils erlebt und ist JHWHs besonderes Eigentum geworden. Doch zugleich geht es der noch ausstehenden Fülle entgegen. Gerade diese Spannung gilt es, im „Heute", in der Gegenwart, zu leben. Doch wie kann Israel diesen Raum der Gegenwart in der Spannung zwischen „schon" und „noch nicht" aushalten, wie ihn mit Leben füllen und so auf der Höhe seiner Berufung bleiben?

## 9. Die Antwort der Liebe geben

Mose verkündet im Buch Deuteronomium den Willen JHWHs mit einer werbenden Sprache. Er führt vor Augen, was Gott für das Volk alles getan hat. Er führt aber auch vor Augen, dass er dem Volk eine große Zukunft bereithält: das Leben im Lande JHWHs, das Leben in seiner Gegenwart. Doch für dieses Leben im Bund mit Gott muss auch Israel seinen Teil tun, indem es auf das vorausgehende Handeln Gottes und auf seine Verheißung antwortet. Doch wie soll Israel antworten? Indem es JHWH liebt. Das erwählende Tun Gottes und seine vorgängige Liebe sind die theologische Begründung für die zentrale Mahnung an das Volk. Diese besteht im Hauptgebot der Liebe. Dieses Hauptgebot findet sich in Dtn 6,4f. Die sich anschließenden Kapitel Dtn 6-11 und die abschließenden Kapitel des Buches (Dtn 30f) sind im Grunde ein Kommentar zum Liebesgebot.[20] Zentrales Anliegen des fünften Buches Mose ist es, Israel zu motivieren, seine Antwort der Liebe zu geben auf die bereits erfahrene Liebe Gottes. Es geht in der Gesetzgebung des Buches also in keiner Weise um nur äußere Gebotserfüllung, es geht um die rechte Gesinnung, die aus dem Herzen kommt. Diese will aber nicht bloße Gesinnung bleiben, sie will zur Tat führen.

Jeden Tag bekennt sich der gläubige Jude dazu, diese Antwort der Liebe zu geben. So heißt es im bekannten Text Dtn 6,4f, dem $š^e ma^c$ Israel: „Höre, Israel! JHWH ist unser Gott, JHWH ist einzig. Darum sollst du den HERRN, deinen Gott, lieben mit ganzem Herzen, mit ganzer Seele und mit ganzer Kraft." Täglich ruft sich so der gläubige Israelit ins Gedächtnis, dass er ein Hörender ist, ein Empfangender. Wer „hört", öffnet sich und sein Inneres für das Wort, das ihn angeht, für das Leben, das sich im Wort schenkt. Menschliches Leben in seiner Tiefe ist zunächst ein Akt des Empfangens, des Hörens. Im Raum der Stille kann der Hörende sich seines Gottes und der Zugehörigkeit zu ihm innewerden. Wenn Gott als „einzig" qualifiziert wird, ist das nicht nur eine numerische Angabe. Das hebräische Wort $'eḥād$ gehört in die Sprache der Liebe. So schwingt im kleinen Wort „einzig" die Erfahrung der Liebe, die Israel von seinem Gott empfangen hat, mit. Und Liebe ruft Liebe hervor. Dass Israel in Freiheit die Antwort der Liebe gibt – mit ganzem Herzen, ganzer Seele und ganzer Kraft –, dem gilt das unermüdliche Werben des Mose. Diese Antwort ist keine bloß innerliche Angelegenheit. Der sich anschließende Abschnitt Dtn 6,6-9 unterstreicht, dass diese Antwort der Liebe den Tagesablauf prägen soll, das Familienleben ebenso wie das Leben in der Öffentlichkeit. Mehr noch. Nach Dtn 6,20-25 soll die Antwort der Liebe die Generationen übergreifen und sie zusammenbinden.

## 10. Gemeinsam Gott lieben – wie geht das?

Nun ist in Dtn 6,4f allerdings nicht der einzelne Israelit angeredet, sondern Israel als Volk: „Höre, Israel!" Was aber bedeutet das? Das Gottesvolk als Ganzes ist angesprochen, sich aus ganzem Herzen, also personal Gott zuzuwenden. Wie eine solche gemeinschaftliche Antwort auf die Liebe Gottes aussehen könnte, konkretisiert sich in den Geboten Dtn 12-26. Wie sich das Licht durch das Prisma in verschiedene Farben bricht, so zeigen die Gebote des deuteronomischen Gesetzeskorpus Aspekte einer Antwort der Liebe, zu der Israel als Kollektiv gerufen ist. Einige davon seien kurz erwähnt.

*Vorrang für die Armen (Dtn 24,17f)*
Das Deuteronomium widmet den Personen am Rande der Gesellschaft, den *personae miserae*, eine besondere Aufmerksamkeit. Hierzu gehören die Fremden, die Waisen und Witwen und die Leviten. Diese Personengruppen haben einen geminderten sozialen Status. Als Benachteiligte gilt ihnen die besondere Sorge und Nähe JHWHs. Die göttliche Fürsorge für die Armen wird zur Aufgabe für Israel, das an seine eigene Geschichte erinnert wird. Die Erfahrung von Benachteiligung und Unterdrückung in Ägypten soll das Kollektiv Israel dazu motivieren, Empathie für die gesellschaftlich Benachteiligten zu entwickeln und ihnen effektiv beizustehen. So formuliert Dtn 24,17f: „Du sollst das Recht von Fremden, die Waisen sind, nicht beugen; du sollst das Kleid einer Witwe nicht als Pfand nehmen. Denk daran: Als du in Ägypten Sklave warst, hat dich der HERR, dein Gott, dort freigekauft. Darum mache ich es dir zur Pflicht, diese Bestimmung einzuhalten."[21]

*Eine Gesellschaft ohne Armut – Güter teilen (Dtn 15)*
Das Buch Deuteronomium entwickelt ein ausgeklügeltes System von Sozialabgaben, um ein soziales Netz zu knüpfen, das extreme Armut auffangen kann. Ob diese Vision einer Gesellschaft ohne Armut, wie Dtn 15 sie entwirft, jemals verwirklicht wurde, wissen wir nicht. Der verheißungsvolle Satz Dtn 15,4, „doch eigentlich sollte es bei dir gar keine Armen geben", wird später vom Verfasser der Apostelgeschichte aufgegriffen und auf die Urgemeinde von Jerusalem bezogen: „Es gab auch keinen unter ihnen, der Not litt. Denn alle, die Grundstücke oder Häuser besaßen, verkauften ihren Besitz, brachten den Erlös und legten ihn den Aposteln zu Füßen. Jedem wurde davon so viel zugeteilt, wie er nötig hatte" (Apg 4,34f). Ein Leben aus dem Licht des auferstandenen Herrn und aus seinem Geist befähigt die Gemeinde zu einer großzügigen Kultur des Gebens, um auf diesem Weg Armut zu überwinden, sodass die alten Verheißungen aus dem Buch Deuteronomium sich erfüllen.

*Die Freude an Gott und die Würde des Menschen (Dtn 16,1-17; 26,1-11)*
Neben Ex 23 und Lev 23 erwähnt auch Dtn 17 die großen Wallfahrtsfeste Pesach, Wochenfest und Laubhüttenfest, zu denen die Gläubigen nach Jerusalem zogen, dem Ort der Gottesnähe. Diese Feste sind erfüllt von Freude und Dankbarkeit über die Ernte. Zur Festfreude gehörte es aber auch, dass alle an der Freude teilhaben konnten: Fremde, Witwen, Waisen und Leviten, Sklavinnen und Sklaven. Bei den großen Festen vor Gottes Angesicht wie bei der wöchentlichen Sabbatfeier (Ex 20,8-12; Dtn 5,12-15) waren die sozialen Schranken für die Tage der Feier aufgehoben. Vor Gottes Angesicht wurde die Würde aller sichtbar, ein sozialer Impuls, den es in der Weise im Alten Orient nicht gab und der eine gesellschaftsverändernde Kraft in sich trug.

*Leitungskompetenz aus dem Wort (Dtn 17,14-20)*
Die Könige in Israel hatten weitgehend versagt (Vgl. Jer 23,1-6; Ez 34,1-10). Der späte Text Dtn 17,14-20 reflektiert dieses Scheitern des Königtums. Statt sich an den Herrschaftsformen der Völker zu orientieren, auf Militär zu setzen (V. 17: „nicht zu viele Pferde") und Macht und Reichtum anzustreben, soll der König sich an der Tora, an der Weisung Gottes orientieren. Das Leben aus dem Wort wird ihm helfen, „sein Herz nicht über die Brüder zu erheben" (V. 20) und nicht vom Lebensweg abzuweichen. Herrschaftsausübung und Volksnähe verbinden sich miteinander, denn die göttliche Weisung schafft einen gesellschaftlichen Grundkonsens, der den König als *primus inter pares* in das Volk einbindet und so einen neuen Stil von Leitung ermöglicht.

## II. Das Wort wird Leben

Der Weg in das Land der Verheißung kann nur dann zur Fülle finden, wenn sich das Leben im Land mit dem Leben aus der Tora verbindet. Deshalb ruft Mose in seiner Rede das Volk Israel in die Situation vor der Landnahme, um das Leben aus dem Wort je neu zu lernen.

Dieses Leben ist keine Überforderung, denn das Wort kommt dem Menschen ganz nahe, wie Dtn 30,11-14 betont: „Dieses Gebot, auf das ich dich heute verpflichte, geht nicht über deine Kraft und ist nicht fern von dir. Es ist nicht im Himmel, sodass du sagen müsstest: Wer steigt für uns in den Himmel hinauf, holt es herunter und verkündet es uns, damit wir es halten können? Es ist auch nicht jenseits des Meeres, sodass du sagen müsstest: Wer fährt für uns über das Meer, holt es herüber und verkündet es uns, damit wir es halten können? Nein, das Wort ist ganz nah bei dir, es ist in deinem Mund und in deinem Herzen, du kannst es halten" (vgl. Röm 10,6-8).

Um das Wort zu leben, braucht es die persönliche Antwort der Liebe, die aus dem Herzen kommt. Und es braucht zugleich einen gesellschaftlichen Willen, die Antwort der Liebe gemeinsam zu geben. Deshalb ruft Mose sein Volk von Generation zu Generation in die Entscheidung, damit Israel aufbricht und sich auf das Projekt Gottes einlässt. „Leben und Tod lege ich dir vor, Segen und Fluch. Wähle also das Leben, damit du lebst, du und deine Nachkommen. Liebe den HERRN, deinen Gott, hör auf seine Stimme, und halte dich an ihm fest; denn er ist dein Leben" (Dtn 30,19f).

Das Wort der Schrift hat den Jubilar ein Leben lang geleitet und begleitet, es hat sein Leben reich und fruchtbar werden lassen, sodass er es ungezählten Menschen weitergeben und erschließen konnte. Dass dieses Wort weiterhin in seinem Mund und seinem Herzen sei und reiche Frucht bringe, dies sei von Herzen gewünscht – „ad multos annos!"

1 W. Hagemann, Wort als Begegnung mit Christus. Die christuszentrische Schriftauslegung des Kirchenvaters Hieronymus (Trierer Theologische Studien 23), Trier 1970.
2 Vgl. hierzu den aussagekräftigen Text von K. Hemmerle aus einem Artikel aus dem Jahr 1975: „Wenn wir einander Gottes Wort zuspielen, es einander schenken, es voneinander lernen, entfaltet es sich, zeigt es seine Mächtigkeit und Tiefe. Der Austausch der Erfahrungen mit dem Wort, die gegenseitige Ermutigung durch das Wort, das gemeinsame Suchen des Weges, wie wir dieses Wort leben können: Das ist die Schwelle, über welche das Wort Gottes treten muss, wenn es das Fleisch dieser Welt annehmen will." (zitiert aus: K. Hemmerle, Gottes Zeit – unsere Zeit: Jahreslesebuch [hg. von E. Strick], München $^4$2004, S. 166).
3 W. Hagemann, Verliebt in Gottes Wort: Leben, Denken und Wirken von Klaus Hemmerle, Bischof von Aachen, Würzburg 2008. Vgl. ferner: W. Bader/W. Hagemann, Klaus Hemmerle. Grundlinien eines Lebens, München 2000.
4 Dtn 1,1f („Dies sind die Worte, die Mose vor ganz Israel gesprochen hat") dient als Buchüberschrift und eröffnet zugleich den ersten Teil des Buches, Kap. 1-4, der einen Rückblick auf den bisherigen Weg bringt und an das Geschehen am Gottesberg Horeb anknüpft.
5 Die Überschrift von Dtn 4,44f („Und das ist die Weisung, die Mose den Israeliten vorgelegt hat. Das sind die Satzungen und Rechtsvorschriften, die Mose den Israeliten vorgelegt hat, als es aus Ägypten auszog.") eröffnet den großen Erzählbogen Dtn 5-28. Dtn 5,1f führt den Leserinnen

und Lesern das vor Mose versammelte Volk vor Augen: „Mose rief ganz Israel zusammen. Er sagte zu ihnen: Höre, Israel, die Gesetze und Rechtsvorschriften, die ich euch heute vortrage. Ihr sollt sie lernen, auf sie achten und sie halten."

6 Dtn 28,69 („Das sind die Worte, mit denen der Bund geschlossen wurde, den Mose im Auftrag des HERRN in Moab mit den Israeliten schloss, zusätzlich zu dem Bund, den er mit ihnen am Horeb geschlossen hatte.") führt die folgenden Bundesworte Dtn 29-32 ein.

7 Mit Dtn 33,1 beginnen die das Buch abschließenden Segenswort: „Und das ist der Segen, mit dem Mose, der Mann Gottes, die Israeliten segnete, bevor er starb."

8 Das Buch Deuteronomium vermeidet die Bezeichnung „Sinai" für den Gottesberg und spricht stattdessen durchgängig vom Gottesberg „Horeb".

9 Vgl. F. Sedlmeier, Die Berufung des Mose (Ex 3,1-4,17) als Durchgang in einen Beziehungsraum. Exegetische Beobachtungen im Anschluss an Klaus Hemmerles Raumdenken, in: Matthias Sellmann (Hg.), Gedankengänge. Klaus Hemmerles Theologie als Projekt beweglichen Denkens, Würzburg 2017, S. 213-239.

10 Neutestamentlich wäre hier an die Anamnese zu erinnern: „Tut dies zu meinem Gedächtnis". Dadurch wahrt die Kirche ihre Identität.

11 Dtn 9,7: „Denk daran, und vergiss nicht, dass du in der Wüste den Unwillen des HERRN, deines Gottes, erregt hast. Von dem Tag an, als du aus Ägypten auszogst, bis zur Ankunft an diesem Ort habt ihr euch dem HERRN ständig widersetzt."

12 Vgl. dazu etwa Dtn 6,13f; 8,19; 11,16; 13,2f; 17,2; 20,18; 28,14.

13 Dtn 4,11: „Ihr wart herangekommen und standet unten am Berg, und der Berg brannte: Feuer, hoch bis in den Himmel hinauf, Finsternis, Wolken und Dunkel."

14 Hinter der Aussage Dtn 4,12 steht das alttestamentliche Bildverbot. Die Begegnung mit Gott ereignet sich vor allem im Wort, durch das Hören: „Der HERR sprach zu euch mitten aus dem Feuer. Ihr hörtet den Donner der Worte. Eine Gestalt habt ihr nicht gesehen. Ihr habt nur den Donner gehört."

15 Neutestamentlich ließe sich hier etwa auf Joh 15,16 verweisen: „Nicht ihr habt mich erwählt, sondern ich habe euch erwählt und dazu bestimmt, dass ihr euch aufmacht und Frucht bringt und dass eure Frucht bleibt."

16 Ähnlich wird auch die Christengemeinde im Neuen Testament als Gemeinde der Heiligen bezeichnet: nicht aufgrund besonderer Leistungen, sondern aufgrund der Zugehörigkeit zu Christus, dem gekreuzigten und auferstandenen Herrn. So etwa in: 1 Petr 1,1f.; Röm 1,7; 1 Kor 1,2; 2 Kor 1,1; Eph 1,1 Phil 1,1; Kol 1,2.

17 Auch hier zeigt sich wieder eine auffällige Entsprechung zwischen der Theologie des Deuteronomiums und den johanneischen Schriften. So unterstreicht 1 Joh 4,10: „Nicht darin besteht die Liebe, dass wir Gott geliebt haben, sondern dass er uns geliebt und seinen Sohn als Sühne für unsere Sünden gesandt hat."

18 Vom deuteronomischen Konzept der „Ruhe" (12,9.15; 25,19) sind auch andere biblische Texte wie Ps 95 und Hebr 3,7-4,13 beeinflusst. In der literarischen Fiktion des Buches Deuteronomium befindet sich Israel mit Mose außerhalb des Landes, vor dem ersten Einzug. De facto war Israel im Land, als das Buch Deuteronomium entstand. Obwohl im Land wird das Volk beim Hören der Botschaft des Mose geistig an den Ursprung zurückgeführt, an den Gottesberg, um das Land je neu als Gabe von Gott her zu empfangen und anzunehmen.

19 Vgl. dazu etwa: 5,1-3; 6,6; 8,1; 9,3; 10,13; 11,26; 26,16-19; 29,2-6.10-14; 30,15-19; ferner: Ex 19,3b-8; Ps 95,7f und Hebr 3,7-14.

20 Vgl. dazu: 6,4f; 10,12; 11,13; 19,9; 30,6.16.

21 Vgl. ferner: Dtn 10,17-19; 16,11; 24,19-22; 27,19.

Sr. M. Ancilla Röttger osc
# In Gottes Gegenwart

„Du bist bei mir": Wie vielen Betern mag dieser Vers aus Psalm 23 im Laufe der Jahrtausende Trost und Halt geschenkt haben! Schon im Buch Exodus gibt Gott diese gleiche Zusage an Mose: „Ich habe das Elend meines Volkes in Ägypten gesehen ... Ich kenne sein Leid. Ich bin herabgestiegen" (Ex 3,7-8). Gott ist da und uns nah. Die Frage ist nur: Wo sind wir? Genau dafür versucht ein Zen-Meister seine Schüler in einer bekannten Weisheitserzählung zu sensibilisieren: Einige Schüler fragten ihren Zen-Meister, warum er so zufrieden und glücklich ist. Der Zen-Meister antwortete:

„Wenn ich stehe, dann stehe ich,
wenn ich gehe, dann gehe ich,
wenn ich sitze, dann sitze ich,
wenn ich esse, dann esse ich,
wenn ich liebe, dann liebe ich ..."
„Das tun wir auch," antworteten seine Schüler, „aber was machst du darüber hinaus?" fragten sie erneut.
Der Meister erwiderte:
„Wenn ich stehe, dann stehe ich,
wenn ich gehe, dann gehe ich,
wenn ich ..."
Wieder sagten seine Schüler: „Aber das tun wir doch auch, Meister!"
Er aber sagte zu seinen Schülern: „Nein – wenn ihr sitzt, dann steht ihr schon, wenn ihr steht, dann lauft ihr schon, wenn ihr lauft, dann seid ihr schon am Ziel."

## Entschleunigung

Auch wenn diese Weisheitserzählung so bekannt ist, dass sie schon fast als Gemeinplatz gilt, hat sie dennoch nichts an ihrer Aktualität und Trefflichkeit eingebüßt. Allerdings stellt sich doch leise die Frage, ob wir uns eine solche Haltung in der heutigen Zeit überhaupt noch leisten können. Haben wir nicht viel zu viel zu tun, als dass wir so beschaulich mit unserer Zeit umgehen könnten? Andererseits gilt natürlich auch: Wenn jemand sich „coachen" lässt, um in seiner Arbeit und seinem Leben effizienter zu sein, muss er genau damit beginnen, sein Leben zu *entschleunigen*, was ja offensichtlich bewirken will, dass wir unsere Aufgaben besser als vorher erfüllen können. Und gerade heute ist die Frage nach Meditation, Stille, nach Kontemplation, so groß wie selten zuvor.

Es geht um die Intensität lebendigen Lebens, nicht um die Quantität verschiedenster Erfahrungen. Dafür entscheidend ist dieser gegenwärtige Augenblick, nicht der von gestern, der vergangen ist, und auch nicht der von morgen, der noch gar nicht da ist. In seinen „Dienstanweisungen an einen Unterteufel" lässt C.S. Lewis den Oberteufel seinem Neffen, dem Unterteufel, raten, auf jeden Fall von der Gegenwart abzulenken, denn die Gegenwart ist der Punkt, der am stärksten von der Ewigkeit durchstrahlt ist.[1] Es geht um diesen Augenblick jetzt, und ihn zu leben bedarf es der Achtsamkeit und Aufmerksamkeit, was unsere konsequente Einübung verlangt.

## Achtsamkeit

Achtsamkeit hat etwas mit gelebter Armut zu tun: den Weg finden in die Wahrnehmung, die losgelöst ist von unseren Vorstellungen, Vorgaben, gezielten Fragen und Analysen. Es hat etwas mit Loslassen von geistigem Gut zu tun, mit Nicht-besitzen-Wollen. Alain, ein Lehrer von Simone Weil, hat es einmal als seine philosophische Marschroute (1904) beschrieben: „Sie haben Systeme, wie man Fallen hat, um etwas einzufangen. So wird jeder Gedanke in einen Käfig gesperrt, und man kann kommen und ihn sich anschauen; wunderbares Schauspiel, lehrreiches Schauspiel für die Kinder, alles ist in Ordnung gebracht in diesen vorbereiteten Käfigen. Jedoch das Wahre spottet dessen. Das Wahre eines Einzeldinges in einem bestimmten Augenblick ist das Universelle keines Augenblicks. Wenn man es sucht, verliert man sein System, wird Mensch; man ist wachsam, bewahrt sich frei, kraftvoll, immer bereit, jedes Ding zu ergreifen, wie es ist, jede Frage zu behandeln, als wäre sie die einzige, als wäre sie die erste, als wäre die Welt gestern entstanden."[2]

Als wäre die Welt gestern entstanden! Um in dieser Achtsamkeit sich dem Augenblick zuzuwenden, braucht es den Mut eines Entdeckers, der sich nicht mit ausgetretenen Wegen zufriedengibt, sondern wagt, Sicherheiten loszulassen und sich auf unbekannten Wegen ganz neu auf die Wirklichkeit einzulassen. Immer wieder suchen wir Geborgenheit und Sicherheit in einer irdischen, vertrauten Heimat. Doch die Herausforderung, die uns gilt, ist, im Unbehaustsein als „Pilger und Fremdlinge" – wie Klara und Franziskus es nennen – unterwegs zu sein. Ein zutiefst eucharistisches Dasein. „An Stelle von Heimat halte ich die Verwandlungen der Welt"[3], nennt es Nelly Sachs in einem Gedicht. Auch dies ein Aspekt der Armut: Mensch werden, nicht einfach nur Imitation eines Vorbildes, sondern die Schöpfungskraft des gegenwärtigen Augenblicks vor Gott zulassen. Ganz fremd, und doch zugleich ganz vertraut, da es zutiefst in uns selbst geschieht.

„Wenn ich stehe, dann stehe ich,
wenn ich gehe, dann gehe ich ..."

Der vietnamesische buddhistische Mönch Thich Nhat Hạnh erinnert sich, wie er als sechzehnjähriger Novize lernte, die Tür mit Aufmerksamkeit zu öffnen und zu schließen. Sein Lehrer bat ihn, ihm etwas zu holen, und da der junge Mönch ihn besonders verehrte, war er auch besonders eifrig und schnell, auf den Auftrag zielgerichtet und nicht auf die einzelnen Schritte dahin. Da rief ihn sein Lehrer zurück und sagte: „Novize, beim nächsten Mal geh' achtsam und schließe die Tür achtsam hinter dir." Hanh erzählt: „Dies war meine erste Lektion in der Praxis der Achtsamkeit. Ab diesem Moment begann ich damit, achtsam zu gehen und mir jedes meiner Schritte bewusst zu sein. Ich berührte mit Achtsamkeit die Türklinke. Ich öffnete achtsam die Tür. Ich ging hinaus und schloss sie achtsam hinter mir. Mein Lehrer musste mich kein zweites Mal lehren, wie eine Tür geschlossen wird."[4]

Es macht keinen Sinn, das Ziel nur zu erreichen und die Schritte dahin zu vernachlässigen. Kontemplativ leben heißt nicht, die Zeit zu vertrödeln, sondern zu tun, was zu tun ist, in der Sehnsucht, in jedem Augenblick für Gott – und damit auch für den Menschen und für sich selbst – offen zu sein. Achtsam sein, das bedeutet: Achtung haben vor allem, was mir begegnet. Die Dinge sind nicht nur Mittel zum Zweck, schnell zum Ziel zu kommen, sondern Hilfe, im Moment da zu sein. Und wie viele gegenseitige Verletzungen aus Nachlässigkeit könnten unter uns vermieden werden, wenn wir diese Sensibilität der Achtsamkeit einübten!

Gott ist Gegenwart – und um bei Ihm zu sein, müssen wir lernen, bei uns selbst zu sein. So lädt Jesus im Evangelium immer wieder ein, bei Ihm zu sein, in Ihm zu bleiben, Ihm in uns Wohnung zu geben. Der hl. Benedikt nennt es „habitare secum" und der hl. Franziskus ruft seine Brüder auf: „Behaltet nichts von euch für euch zurück, damit euch ganz aufnehme, der sich euch ganz hingibt."

**Bewusst atmen**

Gegenwärtig leben hat mit gelebter Hingabe zu tun und Hingabe ist keine reine Angelegenheit der Entscheidung, sondern vor allem auch eine der mühsamen Einübung im alltäglichen Leben. Diese Einübung kann gut beginnen mit der bewussten Wahrnehmung des Atems, ohne den wir nicht leben können. Wir können eine Zeit ohne Nahrung, Wasser und Licht überleben, aber nicht lange ohne Luft. Und das Faszinierende beim Atem ist, dass er eine Verbindung zwischen dem menschlichen Bewusstsein und dem Unbewussten ist. Wir atmen, ohne nachzudenken. So wie das Herz im Schlaf weiterschlägt, atmen wir im Schlaf weiter. Bei körperlicher Anstrengung oder Angst atmen wir schneller, bei einem Schrecken halten wir die Luft an, und wenn wir schlafen, atmen wir langsamer. Doch mit dem Atem können wir „willkürlich beeinflussen, was sonst unwillkürlich geschieht"[5]. Wenn wir bewusst langsamer atmen, bringen wir auch das Herz dazu, langsamer zu schlagen. Gerade wegen dieser Verbindung zwischen Geist und Körper ist das Atmen so geeignet, sich zur Ruhe zu bringen, sich in all den Turbulenzen des Alltags zu konzentrieren und zu sammeln, sich auf den gegenwärtigen Augenblick einzulassen. Dabei ist auch beim Atmen die Haltung der Armut heilsam: Luft holen wir von ganz allein. Das Ausatmen, das Loslassen der Luft ist das Entscheidende. Das bewusste Ausatmen hilft uns, in diesem Augenblick gegenwärtig zu sein.

Die eingeübte Haltung des Gegenwärtig-Seins – so lebt es in unserer Spiritualität als arme Schwestern der heiligen Klara – will einmünden in die Hingabe an den „armen Gekreuzigten". Das klingt sehr konkret. Viele geistliche Lehrer des Mittelalters lehren, dass wir in das verwandelt werden, was wir anschauen. Und wenn die heilige Klara auf dieses Schauen zu sprechen kommt, ist es nicht mit einem Wort getan. Sie schreibt an die heilige Agnes von Prag: „Ihn blicke an, betrachte ihn, schaue auf ihn, in Sehnsucht, ihm ähnlich zu werden!"[6] Im Blick der Liebe geschieht Wandlung. Eines der bekanntesten Worte Klaras schreibt sie in einem weiteren Brief an Agnes:

„Stelle Dein Denken vor den Spiegel der Ewigkeit,
stelle Deine Seele in den Abglanz der Herrlichkeit,
stelle Dein Herz vor das Bild der göttlichen Wesenheit,
und forme Deine ganze Person durch die Beschauung
in das Bild seiner Gottheit um."[7]

## In den Spiegel schauen

Im vierten Brief rät Klara dann ihrer Prager Mitschwester: „In diesen Spiegel [und damit meint sie Christus selbst] schaue täglich und spiegle stets in ihm Dein Angesicht."[8] Kontemplativ zu leben führt nicht an der konkreten Realität des Menschseins vorbei, sondern genau hinein. Dabei haben Spiegel sehr persönliche Eigenschaften, auf die Umberto Eco hinweist: „Müssten wir die Spiegelbilder mit Wörtern vergleichen", schreibt er, „so wären sie dem Personalpronomen ähnlich, zum Beispiel dem Pronomen ‚ich', das, wenn ich es ausspreche, mich meint, und wenn ein anderer es ausspricht, diesen anderen meint."[9] Wenn ich in einen Spiegel schaue, sehe ich also mich selbst, und zwar nur im Augenblick des Schauens; das Bild lässt sich nicht im Spiegel konservieren. Will ich also nun in den Spiegel schauen, der Christus selbst ist, dann schaue ich zum Beispiel in das Evangelium und lege es wie eine Folie auf meinen gelebten Alltag.

Wie konkret das sein kann, erfuhren wir einmal in einem Gespräch über das „Wort des Lebens" mit Wilfried Hagemann, wie er es in seiner Münsteraner Zeit monatlich mit uns führte. Er erzählte, wie er morgens früh das Haus zu seelsorglichem Einsatz verlassen hatte und erst nach Stunden zurückkam. Ein Freund war bei ihm zu Gast. Und als er nach Hause ging, wünschte er sich, dass dieser Freund inzwischen aufgestanden und das Frühstück vorbereitet hätte. Doch als er ankam, musste er registrieren, dass der andere zeitlich so aufgestanden war, dass er bald das von Herrn Hagemann vorbereitete Frühstück mit diesem gemeinsam genießen könnte. Gerade als leiser Ärger in ihm aufsteigen wollte, fiel ihm das Wort Jesu ein: „Alles was ihr wollt, das euch die Menschen tun, das tut auch ihnen. Darin besteht das Gesetz und die Propheten" (Mt 7,12). Also setzte er es konkret um: Das Frühstück, das er vom anderen sich gewünscht hätte, bereitete er jetzt diesem – und auch die leiseste Spur von Ärger war innerem Frieden gewichen.

### Armut als loslassende Liebe

Darin liegt eine Herausforderung des gemeinschaftlichen Lebens nach dem Evangelium. Die Möglichkeiten, die Worte Jesu im Alltag ernst zu nehmen, sind ungezählt. Um sie nicht ungenutzt verstreichen zu lassen, braucht es gerade die zu Anfang erwähnte Achtsamkeit im Augenblick und den beständigen Blick auf den armen Gekreuzigten – persönlich und gemeinschaftlich. Nicht eine allein, sondern die Gemeinschaft findet immer neu den alten Weg in der gegenwärtigen Spur des Evangeliums, wobei der Akzent, den Klara setzt, auf dem gemeinschaftlichen Leben und der gelebten Armut liegt. Auch in der heutigen Zeit, in einer Gesellschaft, in der eine unübersichtliche Vielzahl von Versicherungen für alles Mögliche boomt, besteht die immer neue Herausforderung zum Vertrauen. Bei der Beschreibung der Mönche auf dem Berg Athos zeichnet Erhart Kästner ein sehr sprechendes Bild, das immer noch für jeden gilt, der die Armut in seinem Leben radikal ernst nehmen will. Er schreibt: „Wagnis aller Gewagtheit, sich so hinauszuhalten ins Nichts, so über den Abgrund, aus dem Verzweiflung aus hundert Raubtierschlitzen heraufstarrt. ... Alles als halbe Lösung verschmäht. Völlige Leere, eine gelassene Leere, im Vergleich zu welcher alles andere nur ein bisschen Ausgießen und wieder Dazugießen wäre, wodurch sich denn alles im Kruge verdünnt und vertrübt. ... Wenn Gott nicht in jedem Augenblick zugreift, ist in jedem Augenblick alles verloren. ... Da muss sich doch Fülle erbarmen."[10] Armut nicht als ein gewalttätiger Sog der Leere, sondern ein schier unbändiges Vertrauen in Gott: Wenn Gott nicht in jedem Augenblick zugreift, ist in jedem Augenblick alles verloren. – Da muss sich doch Fülle erbarmen! Armut ist keine asketische Höchstleistung, die wir mit aller Willenskraft fast sportlich anstreben könnten, sondern im Blick auf den armen Gekreuzigten ganz einfach die Haltung sich loslassender Liebe.

Da hängen diese Mönchszellen am steilen Abhang des Berges Athos über dem Abgrund – Ausdruck einer Leere, die in sich Fülle herbeiruft. In seinen Tagebuchaufzeichnungen beschreibt der Tübinger Alttestamentler Fridolin Stier es so: „Das Zimmer war leer! Aber es war voll; voll von dem DA, von nichts als dem DA, von dem DA dieses ... war's eines Jemands DA? Und das Schweigen war Sprache; und die Sprache sprach DA, sprach nichts als schweigendes DA ..."[11] Leere wird zur Fülle der Gegenwart des unbegreiflichen lebendigen Gottes.

Gerade im Alltäglichen finden wir das Heilige und den Heiligen. Armut und Kontemplation in schwesterlicher Gemeinschaft sind Identitätsmerkmale der Klarissen, der armen Schwestern der heiligen Klara. Auf dem gelebten Gebet liegt der Schwerpunkt des alltäglichen Lebens. Die in unserem Alltag gelebte Armut macht uns durchlässig für die Menschen, mit denen wir leben: Freude und Hoffnung, Trauer und Angst der Menschen von heute, besonders der Armen und Bedrängten aller Art, sind zugleich auch Freude und Hoffnung, Trauer und Angst der Jünger(innen) Christi.[12] Die Einübung der Armutshaltung des Gegenwärtig-Seins im Augenblick vor Gott lenkt all dies Erfahrene zu Christus hin, als Mitte dieser Welt, auch wenn sie selbst es so oft nicht weiß.

1 Vgl. C. S. Lewis, Dienstanweisungen an einen Unterteufel.
2 Alain, Sich beobachten heißt sich verändern, Frankfurt am Main 1994, S. 217.
3 Nelly Sachs, Fahrt ins Staublose. Gedichte, Frankfurt a. M. 1988, S. 262.
4 Thich Nhat Hanh, Goldene Regeln der Achtsamkeit, Freiburg i. Br. 2013, S. 72.
5 Diana Laarz, Atem – die Luft zum Leben, in: GEO, Ausgabe 02/ 2017, S. 34-50, hier S. 36.
6 Klara von Assisi, 2. Brief an die hl. Agnes von Prag, v. 20; in: Klara-Quellen. Die Schriften der heiligen Klara, Zeugnisse zu ihrem Leben und ihrer Wirkungsgeschichte, Kevelaer 2013, S. 28.
7 Klara von Assisi, 3. Brief an die hl. Agnes von Prag, vv. 12+13; in: Klara-Quellen, S. 32.
8 Klara von Assisi, 4. Brief an die hl. Agnes von Prag, v. 15; in: Klara-Quellen, S. 38.
9 Umberto Eco, Über Spiegel und andere Phänomene, München 1988, S. 40.
10 Erhart Kästner, Die Stundentrommel vom heiligen Berg Athos, Frankfurt a. M. 1974, S. 266.
11 Fridolin Stier, Vielleicht ist irgendwo Tag. Aufzeichnungen, Freiburg/Heidelberg 1981, S. 24.
12 Vgl. Gaudium et Spes, 1.

Bernhard Körner
# Lebensraum Dreifaltigkeit
Zwischen Spiritualität, Theologie und Lebensrealität

Trinität, Dreifaltigkeit, Dreieinigkeit – Begriffe, die es sicher nicht leichter machen, den christlichen Glauben zu verstehen. Und dann noch: „Lebensraum Dreifaltigkeit". Was verspricht eine solche Überschrift? Oder auch: Was lässt sie befürchten? Frommen Überschwang, der sich in das Innere Gottes vorwagt? Weltfremde Spekulationen für einige theologische Spezialisten? – Auf den folgenden Seiten wird es um etwas anderes gehen. Es soll gezeigt werden, was die Dreifaltigkeit mit dem Leben, dem konkreten gemeinsamen Leben zu tun hat.

Dreifaltigkeit: Seit den ersten Jahrhunderten verstehen die Christen Gott als den „einen Gott in drei Personen". In diesem Bekenntnis ist wie in einer Kurzformel festgehalten, dass der eine Gott des Volkes Israel in Jesus von Nazareth und im Geist, den er gesandt hat, gegenwärtig ist. Gott ist also nicht nur über uns, sondern mitten unter uns. Freilich: Diese einfache Formel hat von Anfang an erhebliche denkerische Probleme mit sich gebracht. Vor allem die Frage, wie denn der eine Gott, von dem das Alte Testament und Jesus von Nazareth gesprochen haben, zugleich drei Personen sein kann, ohne dass die Einheit Gottes aufgegeben wird. – Szenenwechsel:

**„Nur das Eine"**

Jahreswechsel 2017/2018. In der ersten Nummer des neuen Jahres ist in der Wochenzeitung *Die Zeit* die wöchentliche Kolumne von Ulrike Gastmann zu finden, diesmal unter dem Titel „Nur das Eine".[1] Die Verfasserin erzählt, wie sie nach einem Kinobesuch aus unfreundlichem Wetter in eine Kneipe flüchtet. Dort wird sie nicht nur mit einer lärmenden Feierrunde konfrontiert, sondern auch mit ihrer eigenen Unfähigkeit, das auszuhalten. So leid es ihr tut, aber sie vermag dem Anspruch, die Menschen so zu nehmen, wie sie sind, nicht gerecht zu werden. Der Blick der Kolumnistin geht weiter – zu den trostlosen Blicken der Menschen im Wartezimmer eines Arztes und in die vorweihnachtliche Konsumwelt. Das Kaufhaus, an das sie denkt, erscheint ihr wie ein „Denkmal für eine düstere Zukunft. Eine Zukunft, in der man auch weiterhin vorwiegend an eines glauben wird – an Geld. Weil man irgendwie in einem Strudel gefangen ist, der einen dazu zwingt. Wo einem junge Männer aus Afghanistan oder Nigeria die Pizza in den fünften Stock hochtragen oder das Amazon-Paket, in dem von unterirdisch bezahlten Menschen produzierte Waren zwischen der Knisterfolie hin und her rollen, und man diese ihresgleichen suchende ‚Transaktion' im Internet auch noch bewerten soll."

Und die Autorin wechselt von der Erinnerung ins Nachdenken: „Manchmal möchte man ein bisschen verzweifeln ... über die Tendenz, dass der Mitmensch kaum noch gewillt ist, darüber nachzudenken, dass es etwas geben könnte, das nach dem Entschlüsseln einer übertragenen Bedeutung auch für ihn wichtig sein könnte. Oder gar etwas, das größer als unser kleines Dasein ist." Und sie fährt fort: „Nun blickt man in diesen Tagen, in denen der Abreißkalender gefährlich an Umfang verliert, ja ganz gern zurück aufs fast absolvierte Jahr. Auf das Luther-Jahr 2017 immerhin, in dem bei uns, in mitteldeutschen Gefilden, mit Luther und Bibel in Verbindung gebracht wurde, was nicht bei drei auf den Bäumen war. Vielleicht darf man gerade deshalb im heranrollenden Jahr 2018 ruhig öfter einmal aus den Zeilen fallen und deutlich werden: Es geht noch immer einzig um das Eine. Mit Menschen zu sprechen, sie zu sehen, sie zu verstehen, ihre Möglichkeiten auszudehnen. Leben zu ermöglichen eben. Nicht Lebensläufe."

Keine weltpolitische Analyse über die Unfähigkeit zur Zusammenarbeit, keine soziologische Bestandsaufnahme zum Thema Individualismus, keine Anklage. Nur eine Nahaufnahme: Was aus dem Leben wird, wenn Menschen achtlos oder beziehungsunfähig aneinander vorbeileben, wenn der Mensch als Mensch aus dem Blick gerät ... Und am Ende der vorsichtige Hinweis auf ein Einziges, das notwendig ist ... Szenenwechsel:

## „Der Himmel ist zwischen uns"

Ein Buchtitel. Er klingt im ersten Augenblick wie eine Nachricht aus einer anderen Welt. Was hat er mit unserer Welt, in Leipzig und anderswo zu tun? Freilich wird man dem Verfasser, dem Theologen und Bischof Klaus Hemmerle, der das Buch 1977 veröffentlicht hat,[2] kaum Weltfremdheit oder unbegründeten Optimismus unterstellen können. Was aber dann? Ein Gedankenexperiment? Religiöse Romantik? Einspruch gegen die fatale Diagnose von Jean-Paul Sartre: die Hölle – das sind die anderen?

Nein – für Klaus Hemmerle geht es in diesem Buch um den christlichen Glauben, den er auf eine zeitgemäße Art und Weise aufschlüsseln will. Es geht ihm um eine Möglichkeit, die uns als Menschen im christlichen Glauben offensteht – so zu leben, dass wir den Himmel „wischen uns" erfahren. Und das trotz aller Erfahrungen, die eine ganz andere Sprache sprechen. Auf jeden Fall ist der Himmel, so signalisiert der Titel, nicht nur „oben", außerhalb unseres täglichen Lebens zu suchen, sondern mitten im Leben, eben „zwischen uns". Wie kommt Hemmerle auf diese Idee? – Den Angelpunkt für diese Möglichkeit findet er bei Jesus Christus, in seinem Geschick und in seinem Wirken: „Jesus treibt die Dämonen aus, die den Menschen besetzt halten, ihn überfremden, ihm den Zugang zur eigenen Mitte versperren. Jesus geht auf die Aussätzigen zu, die abgeschnitten sind von der menschlichen Gemeinschaft. Die nicht ‚dazugehören' – die Zöllner, die Frauen, die Heiden – spricht er an, holt er heraus aus ihrer Isolierung."[3] So gibt Hemmerle wieder, was er in den Evangelien liest. Es ist die Gotteserfahrung des Neuen Testamentes: Gott bleibt nicht in namenlos ferner Transzendenz, sondern in Jesus von Nazareth, dem Christus, lässt er sich in die Geschichte ein und macht sich zur sichtbaren und wirksamen Mitte der Menschen. Nicht nur das – er geht vor allem zu denen am Rand. Gott, die Mitte kommt zum Rand. Und das bis zum Äußersten, so formuliert es Hemmerle, bis zur Gottverlassenheit Jesu am Kreuz: „Mein Gott, mein Gott, warum hast du mich verlassen?" (Mk 15,34). Das Evangelium ist also kein esoterisches Buch jenseits aller schmerzlichen und dunklen Erfahrungen, mit dem an einem Kreuz sterbenden Erlöser wird das alles ernst genommen, einbezogen und aufgenommen. Noch mehr:

„Gerade in der Gottverlassenheit Jesu ist die ganze Wahrheit des Menschen, der am Rand ist, der seine Mitte verloren hat – die ganze Wahrheit der Welt, die für den Menschen ohne Gott zugleich zur schicksalhaft erdrückenden Übermacht und zur heimatlosen Leere wird – die ganze Wahrheit Gottes, der den Menschen und die Welt nicht allein lässt, sondern bis an den Rand geht."[4]

Und weil Christus auferstanden ist, ist das alles nicht nur eine Lehre, eine Botschaft über die Vergangenheit, sondern Gegenwart. Für die, die sich im Glauben an ihm ausrichten, gilt, dass er ihre Mitte ist: „Wo zwei oder drei in meinem Namen versammelt sind, da bin ich mitten unter ihnen" (Mt 18,20). In diesem Sinn also: Der Himmel ist zwischen uns. Dabei geht es nicht nur um eine fromme Möglichkeit für einige wenige. Es geht um den Sinn der Geschichte, um eine Gesellschaft, die nicht im Nebeneinander verkommt oder sich im Gegeneinander zerstört, sondern zur Einheit findet. Dass alle eins sind – das ist das Anliegen Jesu (vgl. Joh 17,21) und Verpflichtung für die Kirche. Nichts dürfe darüber hinwegtäuschen, dass die Aufgabe der Kirche allein darin besteht, eine Gemeinschaft zu sein und zu werden, in deren Mitte Christus, Gott gegenwärtig ist. Und das nicht als eine in sich abgeschlossene Sekte, sondern als eine Möglichkeit, die allen offensteht:

„Das Ziel der Weltgeschichte und der Kirche, das Ziel auch des Lebens eines jeden Einzelnen ist die vollendete Gemeinschaft mit dem Herrn in der vollkommenen Gemeinschaft mit den anderen, ist der Herr in der Mitte der Gemeinschaft der Heiligen, in der Mitte des Himmlischen Jerusalem, der neuen Schöpfung."[5]

Dass der Himmel zwischen uns gefunden werden kann, das ist für Hemmerle eine Vorwegnahme der menschlichen Bestimmung. Und das nicht als Vertröstung, sondern als eine Möglichkeit, die hier und jetzt schon gelebt werden kann und gelebt wird. Damit aber stellt sich die Frage, was Hemmerle zu dieser nicht ganz selbstverständlichen Sicht des christlichen Glaubens inspiriert hat. Tatsächlich steht dahinter ein längeres theologisches Nachdenken, persönliche Erfahrung und vor allem die Begegnung mit einer Spiritualität, die er als gemeinschaftliche, und zwar als gemeinschaftlich gelebte Spiritualität kennengelernt hat.

## Exkurs: Trinität werden – eine außergewöhnliche Erfahrung

Klaus Hemmerle hat diese Spiritualität in der von Chiara Lubich (1920–2005) gegründeten Fokolar-Bewegung kennengelernt. Noch wenige Tage vor seinem Tod hat er ihre Bedeutung für sein Leben unterstrichen: „Chiara Lubich hat uns in eine Schule des Lebens genommen, aber diese Lebensschule ist zugleich auch eine Schule für die Theologie."[6] Dieser Einsicht entspricht es, dass Klaus Hemmerle maßgeblich am Aufbau einer Studiengruppe beteiligt war, die den Gehalt jener mystisch-geistlichen Ursprungserfahrungen von Chiara Lubich studieren sollte, aus der die Spiritualität der Einheit entstanden ist.[7] Dabei hat sich immer deutlicher das geistliche, theologische und denkerische Potenzial dieser Erfahrungen abgezeichnet. Sie sind vor allem mit dem Jahr 1949 verbunden und über persönliche Aufzeichnungen von Lubich, die sie später selbst kommentiert hat, zugänglich und auf Italienisch teilweise bereits publiziert.[8]

In der „Spiritualität der Gemeinschaft" bzw. „Spiritualität der Einheit" ist Gemeinschaft weniger eine Konsequenz der Spiritualität als vielmehr ihr Ursprung. Den Zugang zu ihren mystischen Erfahrungen hat Lubich bezeichnenderweise nicht in Rückzug und Einsamkeit gefunden, sondern er ist ihr in geistlicher Verbundenheit mit anderen geschenkt worden. Und so heißt es in einem zentralen Text: „Dieses unser Einssein war solcherart, dass es uns nicht nur zum Bild der Trinität machte, nicht nur vereint mit ihr, sondern es ließ uns, in Teilhabe, Trinität sein."[9]

Was Chiara Lubich an dieser Stelle als außergewöhnliche Erfahrung schildert, das benennt sie in der Reflexion mit dem Begriff der „Trinitisierung".[10] Der Begriff ist eine begriffliche Neuschöpfung, die auf das Außergewöhnliche hinweist, das sich mit herkömmlichen Begriffen nicht einordnen lässt.[11] Will man den Begriff verstehen, legt es sich nahe, vom ostkirchlichen Begriff der *Theosis*, der Vergöttlichung, auszugehen. Während dieser Begriff den einzelnen Menschen im Blick hat, bezeichnet der Begriff der Trinitisierung die Vergöttlichung des Menschen mit und in seinen gemeinschaftlichen Bezügen, hineingenommen in das dreifaltige Leben Gottes.

Trinitisierung wird von Chiara Lubich als ein Handeln Gottes verstanden, der sich im gekreuzigten und verlassenen Christus entäußert, sodass gerade in diesem Nichts die vollkommene Fülle Gottes und seiner Liebe für die Menschen zugänglich wird. So kann sich der Mensch auf sie einlassen und ‚in Christus' an der göttlichen – trinitarischen – Liebe teilhaben.[12] Gott handelt also. Der Mensch kann nur Voraussetzungen schaffen, damit das Handeln Gottes bei ihm ‚ankommen' kann. Diese Voraussetzungen benennt Chiara Lubich – anknüpfend an die Erfahrungen von 1949[13] – als drei Kommunionen. Es ist eine dreifache Verbundenheit mit Christus – in der Eucharistie, im Wort Gottes und in der gegenseitigen Liebe.[14]

Was 1949 in einer außergewöhnlichen Erfahrung begonnen hat, wird in den weiteren Jahren zu einem Lebensstil, der nicht nur das kirchliche Leben bereichert, sondern auch in das gesellschaftliche, politische und wirtschaftliche Leben ausstrahlt. Nicht zuletzt eröffnet es auch der Theologie neue Perspektiven.

## „Unser Lebensraum – der dreifaltige Gott"

Mit dieser Überschrift benennt Klaus Hemmerle die theologische Konsequenz, die er der „Gotteserfahrung der Chiara Lubich" verdankt[15]. Das Außergewöhnliche dieser Gottesserfahrung: Sie vermittelt nicht nur eine Einsicht über Gott, sondern sie eröffnet einen Raum, in dem man leben kann. In immer neuen Anläufen hat Hemmerle das über die Jahre – nicht ohne Akzentverschiebungen – theologisch und existenziell zu erschließen versucht. In Vorlesungen, die er 1991 in St. Georgen am Längsee (Kärnten) gehalten hat, wird das noch einmal deutlich.[16]

Hemmerle geht dabei von der Frage nach der Identität aus. Den Angelpunkt seiner Antwort skizziert er so: „Das mir geschenkte und zugleich mir unentrinnbar zugewiesene Ich-Sein ist nur eins in sich, indem es sich als in Beziehung zum anderen, als Einheit mit anderen versteht und vollbringt."[17] Aber welche Einheit ist hier gemeint? Hemmerle formuliert seine Antwort im Rückgriff auf Bonaventura: „Nur im gemeinsamen Einssein von zweien, die – sich verschenkend, aneinander und miteinander – sich in ein Drittes und in einen Dritten übersteigen, erreicht Einheit ihr vollendetes Maß."[18] Und was heißt das konkret? Mit anderen Worten: „Wie entsteht Gemeinschaft aus dem Wesen der Person, und wie zeitigt Gemeinschaft zugleich Personalität, wie konstituiert sie die Einheit nicht nur zwischen den Personen, sondern eben auch der Person selbst?"[19]

Hemmerle antwortet mit fünf Schritten[20]. Er beginnt mit dem biblisch begründeten Imperativ „Liebe deinen Nächsten wie dich selbst!". Daran anschließend heißt der zweite Schritt: „Liebe deinen Nächsten wie den Herrn selbst!", denn im Nächsten begegnet Christus der Herr selbst: „Was ihr für einen meiner geringsten Brüder getan habt, das hat ihr mir getan" (Mt 25,40). Das aber heißt nach Hemmerle: „Alle lieben" – und „immer lieben". Diese Liebe nimmt Maß an Gott selbst: „Den Nächsten lieben, wie Gott ihn liebt" – d. h. zuerst und bis zum Letzten lieben.[21] Alles in allem: „Sich eins machen" – das ist für Hemmerle „im Grunde die Vollendung des gottgleichen, göttlichen Charakters der Liebe".[22]

Wer diese Imperative aus einer rein menschlichen Perspektive liest, wird sie nicht außergewöhnlich finden, wohl aber für eine Überforderung halten. Aber Hemmerle nimmt – und das ist entscheidend – eine strikt theologische Perspektive ein. Und so verschieben sich die Gewichte. Er geht nicht davon aus, was Menschen von sich aus tun sollen oder können, sondern davon, was Gott in Jesus Christus getan hat: In Jesus geht Gott in seiner Liebe bis zum Äußersten, bis zum Kreuz – dorthin, „wo Gott nicht ist", und so wird „die reine Abwesenheit Gottes durch die sie teilende Liebe zur höchsten Nähe Gottes"[23]. Die menschliche Antwort auf diese Liebe ist eine Liebe, in der sich Einheit mit Gott und Einheit untereinander verschränken:

„Gemeinschaft leben heißt ... unsere Grundbeziehung zu Gott leben, so mit Gott allein leben, dass wir darin miteinander leben, so miteinander leben, dass wir darin mit Gott allein leben. Uns in Gott finden, wo wir die anderen suchen, uns unter diesen anderen finden, wo wir Gott suchen, dies ist unauslöschlich das Siegel des Christlichen und, in seine letzte Konsequenz durchbuchstabiert, das Siegel des Göttlichen und des Menschlichen selbst."[24]

Wenn Gemeinschaft in letzter Konsequenz so gelebt und durchbuchstabiert wird, dann wird sie – so Hemmerle – zum „Siegel des Göttlichen und des

Menschlichen". Mit anderen Worten: Eine so gelebte Gemeinschaft besiegelt, d. h. bestätigt und beglaubigt, was in letzter Instanz wahrhaft menschlich ist, und sie beglaubigt und bestätigt, was das Wesen Gottes ist: Sich-Geben in Liebe.

Auf diese Weise erweist sich die gemeinschaftliche Spiritualität „als Nachschrift des trinitarischen Urtextes, der einem neuen Denken und Sein zugrunde liegt".[25] Damit aber erweist sich: Die oben genannten Schritte, die „Momente jenes Liebens, aus dem gegenseitiges Einswerden – Gemeinschaft also – erwächst, sind nicht moralische Imperative, sondern sie beschreiben eine Linie des personalen Seins, die, im Vollzug frei mitgeschrieben und nachgezogen, uns den Weg weisen, wie Personalität und Gemeinschaft, Personalität in Gemeinschaft und Gemeinschaft in Personalität, wachsen können".[26] Mit anderen Worten: Diese Schritte sind nicht auferlegte Verpflichtung, sondern eine unserer Freiheit eröffnete Möglichkeit, „Ich" und „Wir" zu werden.

Aber das ist noch nicht alles. Hemmerle benennt noch die „kühnste Konsequenz", die sich aus „dem unlösbaren Zusammenhang zwischen Personalität und Gemeinschaft"[27] ergibt, den er eben aufgezeigt hat. Diese Konsequenz „betrifft unser Verhältnis zu Gott, das also, was man ein ‚trinitarisches Gottesverhältnis', ja eine trinitarische Mystik nennen könnte".[28] Sie ist gegeben in der realen Verschränkung der Beziehung unter den Menschen mit der Beziehung zu Gott:

„Unser Einssein durch Jesus Christus im Geist mit dem Vater wirkt Einssein miteinander, und dieses Einssein miteinander wird in der umgekehrten Richtung zu einem Bild, zu einem Zeichen, zu – wir müssen es so direkt sagen – einer Präsenz Gottes selbst in der Geschichte. Wir ‚leben' Dreifaltigkeit, und was aus diesem Leben entsteht, das ist wahrhaft ihre Gegenwart, ihr von ihr selber ausgehendes Sich-Bezeugen."[29]

Und Hemmerle fährt fort: „Gott will und kann unter uns aufgehen"[30]. Es geschieht im Zusammenspiel zwischen Gott und den Menschen: Unsere „Liebe, die zwischen dem anderen und mir nichts anderes sucht als ihn, reinigt unsere Gemeinschaft, reinigt unser Selbstsein, sodass sie offen und transparent werden für Gott selbst. In Gott bleiben heißt in der Liebe bleiben, nichts anderes, als dieser Liebe im gegenseitigen Verhältnis Raum geben."[31]

Damit hat Klaus Hemmerle eingelöst, was er als Überschrift für einen anderen Aufsatz auf den Punkt gebracht hat: Der dreifaltige Gott ist unser Lebensraum geworden. Und es kann daher nicht anders sein: Der Himmel ist zwischen uns. Nicht ohne unser Bemühen, aber weit über das hinaus, was aus menschlicher Anstrengung allein möglich ist.

## Nicht nur für Leipzig: im Menschlichsten das Göttlichste

„Es geht noch immer einzig um das Eine. Mit Menschen zu sprechen, sie zu sehen, sie zu verstehen, ihre Möglichkeiten auszudehnen. Leben zu ermöglichen eben." Mit diesen Worten hat Ulrike Gastmann ihre Kolumne mit vorweihnachtlichen Beobachtungen in Leipzig beendet. Und eigentlich scheint damit alles gesagt, was zu sagen ist. Was bleibt, ist mehr als genug: etwas zu tun. Aber ist der Rückgriff auf Glaube, Theologie und mystische Erfahrungen nicht zu viel theologischer Aufwand für etwas, was auch einfacher zu haben ist?

Dazu ist zuerst einmal zu sagen: Es gibt ein Stimmrecht der Tatsachen. So auch der Tatsache, dass einer jungen Italienerin Erfahrungen geschenkt worden sind, die als eine gemeinschaftliche Spiritualität durch das Leben unzähliger Menschen eine beeindruckende Dynamik entfaltet und Einheit ermöglicht hat zwischen Menschen unterschiedlicher Religionen und Weltanschauungen, Kulturen, Rassen … Das ist eine Tatsache. Es wäre leichtsinnig, es nicht zur Kenntnis zu nehmen. Zumal angesichts einer Situation, die auf vielen Ebenen, im Großen und im Kleinen nach Einheit förmlich schreit. Es wäre voreilig, Fragen, die durchaus ihr Recht haben, insgeheim schon als abschlägige Antworten zu verstehen. Dazu kommt: Die Rede vom ‚Lebensraum Dreifaltigkeit' ist in erster Linie Zusage, nicht Aufforderung. Sie verweist auf Mystik, trinitarische Mystik (Klaus Hemmerle), nicht auf Ethik. Sie öffnet den Horizont und zeigt Möglichkeiten auf, die nicht in erster Linie Ergebnis menschlicher Anstrengung sind. Imperative zur Zusammenarbeit, zum Miteinander, zum Dialog usw. gibt es zur Genüge. Und sie konfrontieren oft nur mit der eigenen Unfähigkeit. Wie Ulrike Gastmann schreibt – die lärmende Frau in der Kneipe zeigt ihr „nur einmal mehr meine Grenzen auf". Es scheint kein Zufall zu sein, dass die Autorin daran anschließend Jesus ins Spiel bringt, also – wenn auch sehr verhalten – den Glauben.

Und weiter: Der Einsatz für Beziehung, Gemeinschaft und Einheit darf nicht romantisch missverstanden werden. Das gilt in der großen Politik ebenso wie in den persönlichsten Beziehungen. Und deshalb ist die Spiritualität der Gemeinschaft keine Schönwetter-Spiritualität, auch wenn sie immer wieder zu schönen Erfahrungen verhilft. Aber der Preis der Einheit kann hoch sein. Nicht von ungefähr erinnert diese Spiritualität daran, dass der Weg Gottes zur Einheit über Kreuz und Gottverlassenheit führt.

Und nicht zuletzt: „Lebensraum Dreifaltigkeit" ist Hinweis auf Gott, den Ursprung und das Ziel der Schöpfung und des Lebens. Dieser Hinweis ist nicht entbehrliches Beiwerk, sondern Bestätigung. Er bringt zum Ausdruck, dass es beim Einsatz für Beziehungen, Gemeinschaft und Einheit um etwas Letztgültiges geht, das zudem universale Bedeutung hat. Es geht – wie es in der Kolumne von Ulrike Gastmann heißt – darum, „Leben zu ermöglichen". Die Rede vom „Lebensraum Dreifaltigkeit" weitet den Horizont: Wo immer gegenseitige Liebe gelebt wird, da leuchtet – wenigstens für einen Augenblick – im Allermenschlichsten das Göttlichste auf, Gott selbst, der die Liebe ist. Und deshalb wird dieses Leben, diese Liebe das letzte Wort haben.

1 http://www.zeit.de/2018/01/mitmenschen-lieben-ruf-des-ostens [27.2.2018]
2 Jetzt auch zugänglich in: Klaus Hemmerle, Wie Glauben im Leben geht. Schriften zur Spiritualität, Verlag Neue Stadt, München 1995, S. 127-198.
3 Ibid., S. 141.
4 Ibid., S. 144.
5 Ibid., S. 169.
6 Klaus Hemmerle: „Unser Lebensraum – der Dreifaltige Gott. Die Gotteserfahrung von Chiara Lubich" in: das Prisma, Heft 1/1994, S. 17-23, hier: S. 23.
7 Zu dieser Studiengruppe, die innerhalb der Fokolar-Bewegung als ‚Scuola Abba' bezeichnet wird, vgl.: Stefan Tobler, Jesu Gottverlassenheit als Heilsereignis in der Spiritualität Chiara Lubichs, Walter de Gruyter, Berlin 2002, S. 70-72, 133, 388f.
8 Vgl. z. B. Il Patto del '49 nell'esperienza di Chiara Lubich. Studi della Scuola Abba 1., Città Nuova Editrice, Roma 2012; Come frecciate di luce. Itinerari linguistici e letterari nel racconto del '49 di Chiara Lubich. Studi della Scuola Abbà 2, Città Nuova Editrice, Roma 2013, bes. S. 11-23.
9 Zit. bei: Stefan Ulz, Trinitarische Anthropologie bei Chiara Lubich, 391. Diese Dissertation wurde 2017 angenommen und liegt noch nicht gedruckt vor.
10 Vgl. Stefano Mazzer: "La 'trinitizzazione': per un'ermeneutica teologica", in: Sophia 7/1 (2015), S. 28-43; Ulz, Trinitarische Anthropologie (Anm. 9), S. 393-412.
11 Zur Sprache von Chiara Lubich vgl.: Tobler, Jesu Gottverlassenheit (Anm. 7), S. 88-89, 147; Ulz, Trinitarische Anthropologie (Anm. 9), S. 259-260. Der Begriff der Trinitisierung ist auch zu finden bei Gisbert Greshake, Der dreieine Gott. Eine trinitarische Theologie, Verlag Herder, Freiburg [4]2001, S. 325. Vgl. dazu: Ulz, Trinitarische Anthropologie (Anm. 9), S. 395, Anm. 263.
12 Vgl. Ulz, Trinitarische Anthropologie (Anm. 9), S. 406-407.
13 Vgl. die Schilderung dieser Erfahrung durch Chiara Lubich, übersetzt bei Ulz, Trinitarische Anthropologie (Anm. 9), S. 305-307.
14 Vgl. Ulz, Trinitarische Anthropologie (Anm. 9), S. 396, Anm. 264.
15 Noch einmal der Verweis auf Hemmerles letzten Beitrag – siehe oben Anm. 6.
16 Klaus Hemmerle, Einheit als Lebensstil. Hg. Peter Blättler, Verlag Herder, Freiburg 1995.
17 Ibid., S. 77.
18 Ibid., S. 77.
19 Ibid., S. 79.
20 Vgl. ibid., S. 81-89.
21 Ibid., S. 87.
22 Ibid., S. 89.
23 Ibid., S. 152.
24 Ibid.
25 Ibid., S. 91.
26 Ibid.
27 Ibid., S. 92.
28 Ibid.
29 Ibid., S. 93.
30 Ibid.
31 Ibid., S. 93-94.

# Priestersein

Matthias Sellmann

# Was ist „geistliche Lebenskompetenz"?
oder: Herausforderungen an einen priesterlichen Lebensstil für alle im Volk Gottes

I

Wer die gegenwärtigen Diskussionen rund um die Berufung zum katholischen Priester auch nur rasterhaft überblickt, der erlebt zwei Effekte in verwirrender Gleichzeitigkeit: Ihm (oder ihr) verschwimmen die Details; und es kristallisiert sich eine bestimmte Anforderung an „den" Priester heraus, die genau dadurch zur eigentlichen Hauptsache zu werden scheint.

Richtet man den Fokus auf das Generelle, so verschwimmen die Details: Wenige Lebenslagen sowohl gesellschaftlicher wie kirchlicher Art ergeben ein derart prekäres Bild wie das des katholischen Priesters. Nichts scheint hier klar: Für die einen liegt die Befreiung hin zu einer postvatikanischen Kirche des Volkes Gottes darin, dass die Säule des geweihten Hauptamts schwächelt und damit Platz geschaffen wird für das Priesterliche *aller* Taufberufungen; für die anderen liegt genau in dieser Verwechslung von Tauf- mit Weihegnade das Verhängnis, welches den Weg in diese besondere Berufung (LG 10) gerade verschüttet. Für die einen muss der Priesterberuf als Profession neu entdeckt werden, um ihn aus der unattraktiv gewordenen Komfortzone privilegierten Prestiges herauszuholen und einfach als biografisch erfüllende Tätigkeit erkennbar zu machen; für die anderen wird damit protestantisiert und genau dieser Vergleich zeige (so das sich hier aussprechende Ressentiment), dass man die eine Kraftlosigkeit nicht mit einer anderen austreiben könne. Für die einen ist der katholische Priester freizulegen als Typus einer autoritären Kirche, die nach wie vor mehr über Restriktion als über Attraktion arbeitet; für die anderen ist der Priester eigentlich genau jener freie religiöse Virtuose, nach dem gerade postmoderne Zeiten verlangen.

Die Liste möglicher Oppositionen ließe sich verlängern:[1] viele ausländische Missionspriester oder wenige Diözesanpriester? Verheiratete männliche Priester als viri probati und Leutepriester (Zulehner) oder weibliche Diakoninnen als wichtige Maßnahme (auch) zur Vermehrung der verfügbaren Berufungen? Wenige „Managerpfarrer" als Leiter riesiger Pastoralräume und, von ihnen geleitet, viele „Seelsorgerpriester" in mannigfachen pastoralen Nischen? Die Berufung des Priesters scheint plural-elliptisch aufgeladen, indem sie dauernd zu einem von gleich mehreren Spannungspolen hingezogen und wieder abgestoßen wird. Zum Gesamtbild tragen auch öffentlich reflektierende Priester selber bei: Es ist unverkennbar, wie auflagenstark Bücher, Blogs und Beiträge von Priestern gelesen werden – und man den Eindruck hat, es ist immer auch die spezifische Berufung des Autors, die es spannend macht, die Inhalte zu lesen.[2] Schließlich hat das beeindruckende Projekt der Seelsorgerstudie die Details dieser Lebensform empirisch beleuchtet und so manche Überraschung hervorgearbeitet – zum Beispiel die enorme Lebenszufriedenheit der Priester oder die nach wie vor gegebene Vielfalt der Persönlichkeiten und Rollen.[3]

## II

Man sieht, wie oben skizziert: Wer auf die Verschiebungen im Priesterbild achtet, für den scheint alles in Bewegung und kommt alles Mögliche als Zukunftsoption in Betracht. Wer allerdings im Vielklang der Stimmen auf Grundtöne hört, dem fällt auch etwas auf: Nahezu in jeder Einzelanalyse spricht sich die Hoffnung aus, dass der Priester von morgen als ein Typus gesichert wird, der „geistlich" lebt. Ob Mann oder Frau, verheiratet oder zölibatär, Manager oder Seelsorger, Ausländer oder von hier, nahe am Laien oder ihm gegenüber – der Priester möge bitte jemand sein, von dem wir Nichtpriester so etwas wie „Spiritualität" ablesen und lernen können. Das Prädikat „priesterlich" hängt, wenn ich recht sehe, deutlicher als früher daran, ob jemand aus einer Ressource lebt, deren Kostbarkeit wir mehr und mehr zu schätzen wissen und die kaum adäquat auf den Begriff zu kriegen ist: wir nennen sie „geistlich", „fromm", „spirituell" oder, etwas säkularer, „mental", „motiviert", „fokussiert" oder „authentisch". Gemeint ist immer, dass wenigstens Priester Zugang haben mögen zu Energien, die uns zu kulturellen Wesen machen, die uns Lebenskunst und -weisheit lehren und die uns im Überfluss der Optionen positiv ausrichten und orientieren. Und umgekehrt gilt der als Priester oder eben Priesterin, der/die diesen Zugang zu haben scheint.[4] Priester sollen Sinnstifter/innen sein; sie sollen die kulturelle Funktionsstelle besetzen, die uns daran erinnert, dass wir mehr und tiefer und besser sind als wir zu sein scheinen; sie sollen, paradox genug, öffentliche RepräsentInnen von bestimmten Geheimnissen sein.[5] Priester sollen einblenden, dass man nicht nur das Alte neu, sondern auch „das Neue alt sagen" kann – und sogar sollte. Priester sollen zugänglich machen, dass Innovationen in Traditionen gründen. Und so weiter, im Kern aber immer: Priester/innen mögen bitte „Geistliche" sein.

## III

Kennerinnen und Kenner werden angesichts dieses Befundes schmunzeln: Denn es taucht eine Bezeichnung des Priesters auf, die man lange über Bord geworfen wähnte. Der Priester wurde früher vor allem als „Geistlicher" angesprochen.[6] Sprach man von anreisenden Klerikern, ulkte man gerne über die anrollenden „geistlichen Gefäße" (nach 2 Kor 4,7). An die Qualifizierung als „Geistlicher" banden sich oft seltsame, skurrile Vorstellungen geradezu unkörperlicher Existenz.

So lustig oder befremdlich dies sein mag: Es lohnt sich, dieser Spur zu folgen. Offenbar hat es seismografischen, zeitdiagnostischen Charakter, dass für das allgemeine gesellschaftliche Interesse sekundär sein mag, was amtstheologische, kirchengeschichtliche oder pastoralpragmatische Erkenntnisse normativ vorzugeben scheinen, wenn nur primär gesichert bleibt, dass das „Geistliche" – was immer darunter verstanden wird – an eine professionelle Struktur angebunden wird und somit gesichert bleibt. Die Leitfrage nach dem Priesterlichen als synonym zu der Frage nach dem Geistlichen zu stellen, kann für die Theologie natürlich nicht bedeuten, die amtstheologische, kirchengeschichtliche und pastoralpragmatische Dimension der Frage nach dem Priester heute zu ignorieren. Aber im Vollzug einer abduktiven Pastoraltheologie, deren Programm hier nicht dargelegt werden kann[7], kann doch die Reihenfolge der Traktate daraufhin priorisiert werden, wo im Moment gerade der größte Problemdruck herrscht und somit die deutlichste Relevanz potenziellen Lösungswissens winkt. Und dies scheint, wenn ein Wortspiel erlaubt ist, in der Frage nach dem Geistlichen des Geistlichen zu bestehen.

## IV

Der folgende Beitrag entwirft daher eine Skizze, wie sich christliche Spiritualität heute darstellen, erklären und auslegen könnte. Dabei wäre es naiv, den Begriff „geistlich" oder „spirituell" als bekannt vorauszusetzen oder nur so zu tun, als könnte man ihn missverständnisfrei benutzen. Es sind daher folgende Profilierungen zu machen, die die wichtigsten Fallen rund um die Rede vom „Geistlichen" umgehen wollen. Auch diese können hier aus Platzgründen nur als Postulate vorgetragen und nicht fundamentaltheologisch begründet werden. Trotzdem ist ihre wenigstens skizzenhafte Nennung wichtig, um die typische Qualität und Robustheit des christlichen Verständnisses von „geistlichem Leben" herauszupräparieren.[8] In diesem Sinne sei betont,

– dass die typische Frage nach dem weihepriesterlich Unterscheidendem nicht darin liegen wird, *ob* man geistlich lebt, sondern wie man dies tut; und zwar exakt in seiner spezifischen Berufung und auch Funktionsrolle im Volk Gottes;[9]

– dass christlich gesprochen „Spiritualität" niemals im vordergründigen Sinne gleichzusetzen ist mit „lebenserleichterndem Komfort"; geistliches Leben ist im christlichen Sinn Vollzug und Gestaltung von personaler Freiheit im hohen Maße und darum eher prekär als sicher, eher nüchtern als euphorisch und eher fragend als antwortend;

– dass „geistlich" nicht das Gegenteil von „körperlich" oder „weltlich" und schon gar nicht „politisch" ist; eher ist es das Gegenteil von „ängstlich";

– dass „geistlich" eigentlich gar keine Haltung bezeichnet, also weniger auf Bewusstsein geht als auf Pragmatik, auf Bewährung; nicht der lebt geistlich, der sich so fühlt oder so bezeichnet, sondern der, der dies lebenspraktisch zeigt;

– dass „geistlich" gerade deswegen auch nicht „fromm" im überkommenen Sinn bedeutet; also mit expliziter oder traditioneller Frömmigkeits- und Liturgiepraxis gleichzusetzen ist; es geht um weit mehr als um die Pflege privater oder lokaler Innerlichkeit;

– dass es hier auch nicht einfachhin um Moral geht, schon gar nicht um eine bestimmte milieuspezifische bürgerliche Moral;

– dass mit dem Begriff auch nicht rekrutiert werden kann, schon gar nicht auf sogenannte geistliche Berufungen kurzgeschlossen.

Im Kern: Das Konzept christlicher Spiritualität, das im Folgenden postuliert und entwickelt werden soll, ist weder exklusiv-klerikal noch sentimental, noch welt- oder leibfeindlich, noch vergeistigt, noch mentalistisch, noch irgendwie kirchenpolitisch polar. Es ist vielmehr massenhaft zugänglich, robust, alltagstauglich, treibend und darauf aus, sich in der „Welt" so zu bewähren, dass diese sich verwandelt. Darin ist christliche Spiritualität immer priesterlich, dass sie Welt durch Geist verwandelt.[10] Ja: Der folgende Entwurf will das Adjektiv „geistlich" als *Kompetenz* entdecken und damit herausholen aus der ihn zu oft umgebenden Aura des Mentalen, Introvertierten und Diffus-Harmlosen. Die These lautet: Insofern Christinnen und Christen Geistliche sind, arbeiten sie an einer bestimmten biografischen Kompetenz, einer typischen Mischung also aus Kenntnissen, Fertigkeiten, Motivationen und Dispositionen.[11] Wer diese spezifische Kompetenz kultiviert und sie in ihren Effekten für Andere anbietet, der lebt priesterlich – sei es mit dem typischen Rückenwind der Priesterweihe oder mit anderen Schubkräften innerhalb der Berufungen und Charismen im Volk Gottes.

**V**

Wie wäre diese Kompetenz näher zu profilieren?[12] Um das Modell christlicher Geistlichkeit sofort vom biblischen Zeugnis her zu gewinnen, wähle ich eine Perikope des Neuen Testamentes aus, die in gleich vierfacher Weise geeignet ist: Es handelt sich um einen Spitzentext paulinischer Theologie, um einen der ältesten authentischen Gemeindetexte der Urkirche, um einen in der Theologie-, Liturgie- und auch amtlichen Dokumentengeschichte vielzitierten Beleg und um einen Text, der auch explizit zum Thema macht, worum es hier gehen soll. Gemeint ist der Christushymnus aus dem Brief an die Philipper. Hier heißt es in Kapitel 2, Vers 5-11:

„Solche Gesinnung habt untereinander, wie sie auch in Christus Jesus war. Er war Gott gleich, hielt aber nicht daran fest, wie Gott zu sein, sondern er entäußerte sich und wurde wie ein Sklave und den Menschen gleich. Sein Leben was das eines Menschen; er erniedrigte sich und war gehorsam bis zum Tod, bis zum Tod am Kreuz. Darum hat ihn Gott über alle erhöht und ihm den Namen verliehen, der größer ist als alle Namen, damit alle im Himmel, auf der Erde und unter der Erde ihre Knie beugen vor dem Namen Jesu und jeder Mund bekennt: ‚Jesus Christus ist der Herr' – zur Ehre Gottes des Vaters."

In diesem bekannten Hymnus steckt ein bestimmtes Programm, welches hier als eine Art Kompetenz-Curriculum erschlossen werden soll. Es ist das Programm, das Jesus als geistlichen Menschen qualifiziert. Und wer ihm – also dem Programm – folgt, lebt geistlich. Denn er (oder sie) lebt so, dass der Geist Jesu ihn (bzw. sie) ergreift und erhöht (V. 9). Hier kommen wir an den Kern dessen, was wir lebenspraktisch meinen, wenn wir ‚Evangelium' sagen. Es geht um jene Energiequelle, jene Weisheit, jenen Umweg, jene Frischzellenkur, die wir ‚Christentum' nennen – und die übrigens ja auch denen offensteht, die sich, aus welchen Gründen auch immer, nicht als Christen bezeichnen.

Theologisch wird hier sozusagen ein Weg der Inkarnation von oben nach unten und der Soteriologie von unten nach oben beschrieben. Jesus ist Gott gleich, entäußert sich aber dieser Position und lebt in der Hingabe an die Menschen. Er lebt also das Leben eines Menschen, ein gehorsames Leben, wie es heißt (V. 8). Aus dieser Position wird er dann wieder entäußert, er wird durch den Kreuzestod erhöht, und er erscheint am Ende als die Macht, von der her sich alles, was es gibt, neu organisiert: alle Mächte unter und auf der Erde und im Himmel (V. 10). Theologisch sagen wir: Durch diese Inkarnation und den Tod am Kreuz eröffnet Jesus für jeden eine soteriologische Realität; er wird sozusagen „post-inkarnatorisch" und in aller bleibenden trinitarischen Differenzierung „erneut" Gott gleich – aber diesmal mit uns. Seine Entäußerung ist unsere trinitarische Ein-Innerung, könnte man sagen.

Der Hymnus legt die Jesus-Geschichte wie unter ein Hochleistungsmikroskop; hochgradig verdichtet leuchtet der Weg Jesu auf. Ab dem „Moment" der Inkarnation durchläuft Jesus für uns modellhaft vier Stationen, die ich mit vier griechischen Worten aus dem Text bzw. aus verwandten paulinischen Texten markieren möchte. Denn jeder der vier Labels kann jeder und jedem zum Kompetenz-Modul geistlicher Lebensgestaltung werden.

**PHYSIS**: Sein Leben war das eines Menschen, heißt es in Vers 7. Jesus nimmt die volle Realität, die volle Physis des Menschseins auf sich. Dogmatisch sagen wir: Keine Aussage über Gott geht an Jesu Menschwerdung vorbei. Gott teilt sich restfrei der Welt mit in seinem Sohn, das bedeutet im Umkehrschluss: Jesus hat sich restfrei an die Welt verwiesen. Wer Jesus sieht, sieht nicht nur den Vater – er sieht auch die „Welt".

**KENOSIS**: Die Physis führt Jesus zur Kenosis. Das Verb steht ebenfalls in V. 7. Jesus lebt sein Leben in äußerstem Engagement – heute würden wir sagen: in vollständiger Solidarität mit seinen Zeitgenossen. Mit Thomas Pröpper: Er investiert sich im „Selbsteinsatz innovatorischen Handelns"[13] in das Heil des Anderen. Er geht über sich hinaus, lässt sich los und wird im Kampf um eine zustimmungsfähige Welt zum Menschensohn.

**DYNAMIS**: Die Kenosis führt Jesus zur Dynamis. Gott erhöht ihn, verleiht ihm eine ungekannte Macht, vor der sogar der Tod kapitulieren muss. Jesus wird Träger und Vermittler des Geistes. Sein Name ist höher als alle Namen und alle Mächte. Das Wort *dynamis* steht zwar nicht im Philipper-Hymnus. Paulus verweist aber auf die *dynamis tou theou* (die Kraft Gottes) immer dann, wenn es um jene Mächte und Gewalten geht, die auch in V. 9.10 angesprochen sind.[14]

**PHRONESIS**: Diese drei Elemente Physis, Kenosis und Dynamis bilden die Phronesis, also die Gesinnung Jesu. Sie sind, unvermischt und ungetrennt, sein mentales wie pragmatisches Programm. Das Wort steht in V. 5 und bedeutet so viel wie „Gesinnung", „Mentalität", auch „Klugheit" oder „Verbindung". Bevor Paulus den Hymnus niederschreibt, wünscht er den Philippern in Vers 5 wörtlich: „In Euch möge dieselbe Gesinnung sein, wie sie auch in Christus war." Der Hymnus beschreibt sozusagen, wie Jesus denkt, fühlt und handelt. Insofern ist es das Ziel geistlichen Lebens, in diese Phronesis Jesu einzusteigen, sie zu lernen, sich in sie hinein zu kultivieren und somit in das Leben Gottes mit hineingenommen zu werden. Dieser Vers 5 ist die Bindeklammer zwischen den Ermahnungen des Paulus in den vorangegangenen vier Versen und dem nachfolgenden Hymnus. Vor allem aber ist der Vers die Bindeklammer zwischen Christologie und Ekklesiologie. Kirche entsteht da, wo Menschen in die Phronesis Jesu einsteigen, wo sie, wie er, mit dem Investment ihrer Lebensressourcen in die Konkretionen von Physis, Kenosis und Dynamis einwilligen und diese biografisch kultivieren.

## VI

Um den Gedanken in der angekündigten Kompetenzorientierung zu halten, soll abschließend die Übersetzung in die operative Pragmatik eines Programms präsentiert werden. Was bedeutet es, diese vier Module in Lebensgestalten umzusetzen? Mit Klaus Hemmerle: Wie „geht" Physis, Kenosis, Dynamis als Phronesis? Und was geht los, wenn man so geht? In der für religiöse Sprache typischen Sprachstruktur von Versprechen[15] könnte man versuchsweise mit folgenden Formulierungen arbeiten:

**PHYSIS:** *„Du wirst dich deinen Herausforderungen stellen können."*
Wer geistlich lebt, muss nicht nur keinem Phänomen ausweichen, das ihm als Mensch begegnet. Er kann sich sogar voll in die jeweilige Konstellation hinein investieren. Das Leben, das er sucht, ist nicht jenseits der Phänomene, sondern in ihnen. Nichts Menschliches muss ihm fremd sein (GS 1), und in ihm darf resonant werden, was um ihn herum ist. Christliche Spiritualität ist deswegen mutig, weil sie den gegebenen Dingen nicht ausweicht; weil sie Freiheit als das aushält, was bindet. Kontingenz ist nicht das Gegenteil von Erfüllung, sondern ihr Bewährungsort. So entstehen Paradoxe: Therese von Lisieux kann zur Patronin aller Missionare werden, obwohl sie ihre kleine Zelle im Karmel nie verließ. Von ihrer „großen Schwester", Teresa von Avila, stammt das schöne Bonmot der Heiligung durch Kartoffelschälen. Viele werden zwar nie heiliggesprochen, leben aber heiligmäßig, indem sie im Leben nicht mit

spektakulären Taten auffallen, sondern: Kranke pflegen, Kinder aufnehmen, Lästige aushalten, Armut bekämpfen. PHYSIS bedeutet für eine Kirche, dass die Diakonie ihr Wasserzeichen ist; und dass nicht in erster Linie das gesprochene Credo der Grund für die wahre Mitgliedschaft ist, sondern das am Leben ablesbare.

Das Lebensmodul PHYSIS wird Christinnen und Christen immer verpflichten, Volkskirche zu sein und zu bleiben. Denn zwar hat der Begriff der Volkskirche eine quantitative Dimension und meint dann, dass man kulturprägender Faktor eines Landes ist. Aber dahinter steckt doch eigentlich eine bedeutendere qualitative Aussage: Das, was „des Volkes" ist, soll das sein, was die Kirche umtreibt. Sie will keine anderen Inhalte als die, die für die zentral sind, unter denen die Christen wohnen. Volkskirche bedeutet damit weniger, dass man die Leute prägt, als dass man von den Themen und Belangen der Leute geprägt wird. Pathetisch gesagt: Christinnen und Christen wollen keinen Himmel für sich selbst, wenn in ihm nicht auch Platz ist für die, für die sie sich engagieren.

Sicher trägt jede christliche Theologie diese Signatur der PHYSIS. Manche aber haben den Gedanken in Spitzenaussagen ausformuliert. Als Beispiel mag hier Dietrich Bonhoeffer dienen, der in vielen Passagen die Diesseitigkeit des Christseins betont hat. Dies geht so weit, dass er in einer bestimmten Religionslosigkeit den Unterschied des Christentums zu anderen Religionen identifiziert. Im Gefängnis in Tegel schreibt er: „… und ich möchte von Gott nicht an den Grenzen, sondern in der Mitte, nicht in den Schwächen, sondern in der Kraft, nicht also bei Tod und Schuld, sondern im Leben und im Guten des Menschen sprechen" (135); „… nicht in den ungelösten, sondern in den gelösten Fragen will Gott von uns begriffen sein (…), nicht erst an den Grenzen unserer Möglichkeiten, sondern mitten im Leben muss Gott erkannt sein" (155f). „Gott gibt uns zu wissen, dass wir leben müssen, als solche, die mit dem Leben ohne Gott fertigwerden. Der Gott, der mit uns ist, ist der Gott, der uns verlässt (Markus 15,34!). Der Gott, der uns in der Welt leben lässt ohne die Arbeitshypothese Gott, ist der Gott, vor dem wir dauernd stehen. Vor und mit Gott leben wir ohne Gott" (178).[16]

## VII

**KENOSIS:** *„Du wirst über dich hinauswachsen können."*

Vielleicht der typischste religiöse Handlungs- und Seinsvollzug, der, an dem Andere erkennen, dass es überhaupt um Religion geht, ist der der Aktivierung von Transzendenz. Dieser Vollzug hat viele Facetten: die begeisterte Entgrenzung des Ich auf das „Ganze" hin; die mystische Kontemplation in die Stille; die aufopfernde Hingabe an das Wohl des Anderen; die Selbstvergessenheit in der Pflicht täglicher Aufgaben; die Bereitschaft zum Opfer von Lebensressourcen für das erkannte Ideal – in welcher Konkretion auch immer: Die große These des Religiösen lautet immer, dass da etwas zu finden ist, wenn man sich verliert. Und darin besteht eigentlich der Mut religiöser Menschen: zu kapitulieren, die Selbstzentrierung zu knacken (das „incurvatus in se" bei Augustinus und Luther), biografisch Risiken einzugehen und zuzulassen, dass dieses „Größere als ich" tatsächlich Wirkung zeigt und den Fallenden trägt.

Neueste hermeneutische Forschungen weisen darauf hin, dass dieser Vorgang des Fallens und der nachträglichen Feststellung tragender Mächte eigentlich ein dreifach gekoppelter ist: zum einen eine Art „Leistung" – der Begriff passt nur ungefähr – des Vertrauens als Vollzug von Freiheit und Entscheidung; ein Erlebnis des Aufgehoben- und Getragenseins; und ein Akt der Versprachlichung dieses Erlebens. So zeigt der Sozialphilosoph Hans Joas in konzisen Analysen, dass Religionen sozusagen spezialisiert sind, genau solche Erlebnisse der Selbstvergessenheit zu deuten. Das Religiöse kommt eigentlich noch gar nicht durch die Materie bzw. den Anlass der Selbsttranszendenz zur Darstellung; die Aufgehobenheit in Größerem kann durch Machterlebnisse der Natur, der Kunst, der Intimität, der politischen Rhetorik, der Arbeit, aber auch der Gewalt oder des Zwanges erfolgen. Explizit religiös werden solche Vollzüge durch die Deutung; und hier zeigt sich, dass Religionen sozusagen spezialisiert sind auf die Deutungen von erlebter Selbstvergessenheit. Sie stellen hierfür Sprache bereit, Metaphern, Interpretationstechniken, Traditionsgemeinschaften, aber auch Rituale, Gebäude, Gesten, Praxisratschläge oder Austauschformate.[17]

Wichtig in unserem Zusammenhang: Dieser ganze hermeneutische Prozess hat einen Anfang. Und der besteht in der Kompetenz, sich auf Andere und Anderes hin zu übersteigen. Die Verheißung auch des Christseins besteht darin, dass man bei sich ankommt, wenn man von sich wegkommt. Sicherlich hat das jüdisch-christliche Religionsdesign dabei aber seine besondere Markierung im interreligiösen Vergleich darin, dass die KENOSIS vor allem intersozial verstanden wird. Der andere Mensch, der Nächste und der Fernste, ist sozusagen die entscheidende Macht, auf die hin Christinnen und Christen sich zu entgrenzen suchen – und weniger die Natur, die innere Stille oder das politische Ideal. Wo das „Liebe deinen Nächsten wie dich selbst" als oberstes Gebot neben die Gottesliebe gestellt wird und wo diese Gottesliebe ihr zentrales Bewährungskriterium in der Armutsbekämpfung hat – im: „das habt ihr mir getan" –, da muss man nicht lange am Profil dieser Religiosität herumsuchen. Christsein ist im Wesentlichen die Gottesbegegnung im Leben der Menschenbegegnung; und die Einübung ins Christsein ist die Einübung in den besonderen Mut und die Kompetenz, sich von konkreten Menschen verändern und weiten zu lassen.

Viele geistliche Programme variieren diese Kompetenz. Als Beispiel für ausgeprägte KENOSIS-Spiritualität sei Chiara Lubich zitiert, eine der ausstrahlungsstärksten geistlichen Lehrerinnen des 20. Jahrhunderts, die Gründerin der weltweiten Fokolar-Bewegung. Sie hat Perlen der geistlichen Literatur verfasst, von denen viele sicher erst noch entdeckt werden müssen. Die Prägnanz ihrer Sprache, die Originalität ihrer Metaphern, die Intensität ihrer Christusmystik und die schlichte Pragmatik ihrer Botschaft sind ein Paradebeispiel für die oben kurz skizzierten Deutungssprachen für mutige Selbstüberstiege und suchen ihresgleichen. „Was in der Liebe zählt, ist – lieben!" (65) heißt es in dem bekannten Meditationsband „Bis wir alle eins sein werden".[18] „Wenn du versuchst, aus der Liebe zu leben, wirst du bemerken, dass es dir auf dieser Erde zukommt, deinen Teil zu tun; ob der des anderen jemals getan wird, weißt du nicht; er braucht auch nicht getan werden" (65). „Nichts von dem, was wir tun, hat Wert, wenn sich darin nicht die Liebe zu den Brüdern [und Schwestern] findet" (93). „Ich habe nur einen Bräutigam auf der Erde: den gekreuzigten und verlassenen Jesus; ich habe keinen anderen Gott außer ihm. In ihm ist der ganze Himmel mit der Dreifaltigkeit und die ganze Erde mit der Menschheit. Darum ist mein, was sein ist, und nichts anderes. Und sein ist aller Schmerz und so auch der meine. (...) Mein der Schmerz, der mich im Augenblick streift. Mein der Schmerz der Menschen neben mir. Mein alles, was nicht Friede, Freude, was nicht schön, liebenswürdig, heiter ist ..." (108).

## VIII

**DYNAMIS:** *„Du wirst überraschenden Kraftzuwachs zulassen können."*
Die große Zumutung geistlichen Lebens ist es, der PHYSIS nicht auszuweichen und die KENOSIS zu wagen. Das große Versprechen geistlichen Lebens ist es, dass diese Bereitschaften extern etwas Positives auslösen – dass sich ein Mehr an Wirkung ereignet und sich die eigenen Engagements nicht nur summieren, sondern expotenzieren. Dieses Versprechen muss so stark sein, dass es den Mut auslöst, sich loszulassen auf das Geheimnis hin.

Das Versprechen muss, anders gesagt, in starken Deutungen begegnen, die davon berichten, dass sich eine bestimmte Erfahrungswelt überhaupt erst öffnet, wenn man dieses Wagnis eingeht. Es müssen vor allem Personen sein, die erzählen, dass ihre Ich-Kapitulation versöhnt, ihr existenzielles Fallen getragen und ihr Investment in gute Dividenden verwandelt wurde. Es müssen Deutungsgemeinschaften sein, die diese Erzählerinnen und Erzähler verbünden und verstärken. Und es müssen Organisationen geschaffen werden, die diese kollektiven Deutungen auf Dauer stellen und sozusagen sogar über Einzelberichte hinaus beglaubigen. Dies ist der Grundmechanismus, über den Kirchen ihre vier „notae ecclesiae" erhalten, also „apostolisch" werden, „einig", „heilig" und „katholisch".

Das Versprechen lautet, dass man eine ungeahnte Bereicherung erfährt, in eine eigene Welt einsteigt, wenn man sich dezentriert. Viele Zeugnisse variieren dies und sprechen von „Weitung", „Freude", „Erkenntnis", „Freimut", „Großzügigkeit", „Ekstase", „Weisheit" u. v. m. Je nach Religion wird anderes berichtet. Abstrakt geschieht Dreifaches: eine Versöhnung mit sich selbst – und dies, obwohl der Weg dahin doch der war, sich zu depotenzieren; ein Finden des Anderen; ein Zusammenstimmen mit dem Ganzen, der Gottheit, dem Ideal, der Schöpfung. Im Kern wird von einem tiefen Sinn- und Kohärenzerleben berichtet, das emotionale, kognitive, soziale und mitunter sogar körperliche Dimensionen unterfasst. Es ist nie garantiert; es ist nie verfügbar;

es geht mit dem Ich seinen nie vorhersehbaren Weg; es kann sich entziehen usw. – aber es wirkt.

Dies ist das Kompetenzmodul DYNAMIS. Im Gegensatz zu den mehr aktivischen Modulen der PHYSIS und der KENOSIS ist es passivischer. Es besteht im Zulassen, Kontemplieren, Registrieren, aber auch Warten, Erhoffen, Erbeten, Darauf-Setzen oder sogar Anfordern oder Anklagen. In der christlichen Spiritualität kommt deutlich der Geist in den Blick, das Pneuma, der Paraklet, der begleitet, tröstet, ermahnt, erfrischt, anfeuert, kräftigt, inspiriert, für das Neue sorgt und insgesamt den Mut vorbereitet, den man wiederum für die kommenden Herausforderungen namens PHYSIS und KENOSIS benötigen wird.[19] DYNAMIS ist das, was den ganzen hier beschriebenen Vorgang aus dem Anonymen in das explizit Religiöse hebt – dann jedenfalls, wenn man die erlebbaren Sinn- und Kraftwirkungen dem Göttlichen zuschreibt, es benennt, es feiert, sich dafür bedankt und neu darum bittet. Typisch religiös ist jedenfalls die Deutung, dass diese erlebbare Dynamisierung der eigenen Biografie Geschenk- und Gnadencharakter hat; dass sie gerade nicht erarbeiteter Lohn und sozusagen ausgelöster Effekt der Selbsttranszendenz ist, der einem irgendwie zustünde; sondern dass sie sich ereignet, weil Gott Gott bleibt und seine Treue nie vergisst.

Sucht man eine typische Stimme christlicher Spiritualität mit dieser besonderen Note der DYNAMIS, trifft man zum Beispiel auf Madeleine Delbrêl. Die französische Sozialarbeiterin in Ivry, einer kommunistischen Vorstadt von Paris, ist von einer tiefen Konversionserfahrung geprägt, die sie mit Worten wie „Ergreifung", „Verwandlung", „Aufschwung", sogar „Explosion" oder „gewaltsames Ereignis"[20] beschreibt. Ihre Biografinnen betonen, dass Madeleine Delbrêl zum einen eine ganz auffällige Weltbezogenheit und sozusagen Alltagstauglichkeit gelebt hat, weil sie zum anderen genau in diesen sogenannten Banalitäten vom Geist erfüllt und geradezu mitgerissen wurde. „Das Knäulchen Stopfgarn, der zu schreibende Brief, das aufzunehmende Kind, der zu erheiternde Gatte, die zu öffnende Tür, der abzuhebende Hörer, die auszuhaltende Migräne: lauter Sprungbretter in die Ekstase, lauter Brücken aus unserem armen Leben, unserem Widerwillen, hinüber zum stillen Gestade deines Wohlgefallens."[21] Immer wieder rät Delbrêl dazu, in der Trübe von Alltagsmomenten auf das Licht zu vertrauen, das alles in anderes Licht taucht. Ihre Schriften, aber auch ihre Routinen – wie zum Beispiel ihr enormer Zigarettenkonsum – sind voll von dieser Erfahrung von Ergriffenheit und Verwandlung. So kann „für den, der Gott sucht wie Mose, eine Treppe der Sinai sein".[22]

## IX

PHRONESIS: *„Du wirst geistlich leben können."*
Wer seine biografischen Ziele und Ressourcen in diesen Modulen kultiviert – in PHYSIS, KENOSIS und DYNAMIS – der entwickelt eine bestimmte Gestalt (Hans Urs von Balthasar), einen bestimmten Stil (Christoph Theobald). Es bildet sich eine Spiritualität als Ganze heraus, die das Subjekt umformt und ausprägt.

Um zum Anfang zurückzukehren: Wer so lebt, in dem lebt die Gesinnung Christi. Und er (oder sie) lebt priesterlich. Denn unterstellen wir einmal, dass wir katholisch-theologisch mit dem Priesterlichen vor allem das Eucharistische meinen; und mit dem Eucharistischen das Wandelnde und Verwandelnde – dann kann man nun sagen: Diese drei Module formen eine Biografie um in eine Verwandlerin und einen Verwandler. Schon die PHYSIS wandelt die „Welt" vom Feindlichen ins Angenommene; die KENOSIS wandelt das „Ich" in die Ressource für den Anderen; und die DYNAMIS verwandelt Welt und Subjekt in den Gnaden- und Kraftzusammenhang des Göttlichen. Wer die PHRONESIS Jesu lebt, lebt eucharistisch; er weiht die Welt und sich jenem Gott, von dem er sich alles erwartet – und mehr.

Weitere Bezüge zum Priesterlichen können gezogen werden. Sicher ist schon die latente trinitarische Analogie bewusst geworden, die darin besteht, dass die PHYSIS-Wirkung dem Vater, die KENOSIS-Wirkung dem Sohn und die DYNAMIS-Wirkung dem Geist zuzudeuten wäre. Auch das Kirchenjahr ließe sich über den Gedankengang erschließen. Dann wäre der Weihnachtsfestkreis das große Trainingslager der PHYSIS; der Osterfestkreis das Boot-Camp der KENSOSIS; und Pfingsten die große Feier der DYNAMIS. Auch das Grundschema der Liturgie leuchtet auf, das immer einen katabatischen Ritus der Welt- und Selbstannahme (PHYSIS), einen anabatischen

Ritus der Bezogenheit (KENOSIS) und eine epikletische Bitte um die Geistverwandlung (DYNAMIS) vorhält.

Dies kann hier nicht weiter entfaltet werden. Wichtig ist: Die vier Module sind weder ein Etappenprogramm noch additive Stadien der Vollkommenheit. Jeder, der in die Bewegung einsteigt, von einem Schritt zum nächsten zu kommen, lebt bereits im hier vorgelegten Verständnis geistlich. Wo man anfängt, ist unwichtig. Entscheidend ist nur, immer zum jeweilig nächsten Modul zu kommen, um nicht stillzustehen. Es gibt keine Rangfolge oder Verbesserung. Nie aber darf die PHYSIS fehlen; sie ist sowohl das Wasserzeichen des Ganzen wie die Schutzgarantie vor pathologischem Altruismus. Geistliches Leben hat es an sich, immer basaler zu werden und darin immer tiefer. Die PHRONESIS ist daher nie ein Endzustand, sondern fast synonym mit der nächsten Herausforderung von PHYSIS.

Eine so gefasste priesterliche Spiritualität ist keine präzise Antwort auf die vielfältigen Fragen rund um die neu zu findende Identität des priesterlichen Ordo. Wird unter dem geweihten Priester aber jemand verstanden, der im Volk Gottes, aus ihm heraus und für es die große Deutung des ich- und weltverwandelnden Gottes repräsentieren, interpretieren, sichern und organisieren will, dann wird man sicher sagen können: Wenn nicht das ganze Volk von einer priesterlichen Spiritualität geprägt ist, werden die Einzelnen diese besondere Berufung nur noch missverständlich kultivieren können.

1 Vgl. zum Ganzen nur: Rainer Bucher, Priester des Volkes Gottes. Gefährdungen, Grundlagen, Perspektiven, Würzburg 2010; Andreas Wollbold, Als Priester leben. Ein Leitfaden, Regensburg 2010; Themenheft „Lebendige Seelsorge" 2/2010 „Priester"; Benedikt Jürgens, Raus aus der Beziehungskiste, in Herder-Korrespondenz 10/2016, 21-24; außerdem die lebhafte Debatte um viele Aspekte priesterlichen Lebens und seiner Organisation in folgenden Nummern der Herder-Korrespondenz: 1, 2, 3, 4, 6 und 8/2017.
2 Vgl. nur Thomas Frings, Aus – Amen – Ende. So kann ich nicht mehr Pfarrer sein, Freiburg u. a. 2017; Rainer M. Schießler, Himmel, Herrgott, Sakrament. Auftreten statt austreten, München[12] (!) 2016; Christian Olding, Klartext, bitte! Glauben ohne Geschwätz, Freiburg u. a. 2017. Vgl. aber auch die zahlreichen Bücher von Ordenspriestern wie Abt Notker Wolf, Anselm Grün oder auch bekannten Mönchen wie dem Dalai Lama. Fast drängt sich die Beobachtung auf, dass Kirchenkritik heute vor allem von innen kommt statt wie früher von „Dissidenten" von außen.
3 Klaus Baumann u. a. (Hg.), Zwischen Spirit und Stress: Die Seelsorgenden in den deutschen Diözesen, Freiburg u. a. 2017.
4 Vgl. nur zwei Beispiele über die oft unvermittelte Begegnung mit dem Priesterlichen als dem Geheimnisvollen in der Populärkultur: zum einen die Biografie über den Ex-Chef der US-Notenbank von Justin Martin, Alan Greenspan – Der Hohepriester des Geldes, München 2001; zum anderen das ungemein beliebte Storytelling-Schema der „Quest", also der „Heldenreise" als Bestandteil der großen Filmerfolge der letzten Jahre: immer wird hierbei ein Anti-Held durch einen Eingeweihten, einem Geheimnisträger, auf die Mission gegen einen übermächtig scheinenden Gegner geschickt – etwa in „Herr der Ringe" (Geheimnisträger Gandalf), „Matrix" (Geheimnisträger Morpheus), „Harry Potter" (Geheimnisträger Dumbledore) u.v.m.
5 Wenn ich recht sehe, hat daran auch der Missbrauchskandal rund um kirchlich Schutzbefohlene wenig geändert.
6 Vgl. nur Norbert Mette, Theorie der Praxis, Düsseldorf 1978, 45: „Der engen Bindung dieser Pastoraltheologie an die kirchliche Autorität entsprach ihre ausschließliche Fixierung auf den Geistlichen als alleiniges Subjekt kirchlichen Handelns." Mette behandelt hier die Epoche des 18. und 19. Jahrhunderts, die im Priesterbild weithin mindestens bis zum Vatikanum II normativ prägend war.
7 Vgl. Christian Bauer, Konstellative Pastoraltheologie. Erkundungen zwischen Diskursarchiven und Praxisfeldern, Stuttgart 2017.
8 Vor allem bei der Nennung der folgenden Leitsätze hoffe ich auf die Zustimmung dessen, dem diese Festschrift gewidmet ist: Dr. Wilfried Hagemann. Denn das hier gebotene Kondensat will sich auch auf ihn als Quelle der Gedanken und als Zeugen berufen dürfen. Wer Dr. Hagemann erlebt, der begegnet einem zutiefst geistlich geprägten Menschen, den aber gerade seine Spiritualität aus jedweder Komfortzone heraus- statt hineintreibt. Wer wirklich geistlich lebt – so wie ich Dr. Hagemann erlebe – der lebt im Sinne dessen, der den Geist *am Kreuz* aushaucht – und zwar schreiend (Mk 15, 34 diff zu Lk, Mk, Joh); vgl. die starke Deutung bei Hansjürgen Verweyen, Gottes letztes Wort. Grundriß der Fundamentaltheologie, Regensburg $^3$2000, S. 351-362). In *dieser* Nachfolge wird man geistliches Leben kaum so verstehen können, dass man sich damit das Leid freier Existenz erspart, vertröstet oder auch nur irgendwie vermindert. Wer so lebt und glaubt, der wird weder mehr intellektuell getröstet als „Ungeistliche" (wer soll das eigentlich sein?), noch intensiver von seinen Mitmenschen anerkannt; noch erlebt er mehr romantische Momente mit der Transzendenz; noch werden ihm gesellschaftlich oder innerkirchlich alle Pforten geöffnet; noch bleibt er gesünder oder lebt er befriedigt moralischer. Alles, was geistliches Leben mit solchen Vorteilen begründet, geht an dem vorbei, was jesuanisch mit „Spiritualität" angesprochen

ist. Studiert man die Biografien geistlich lebender Männer und Frauen stößt man eher auf die Überraschung, dass ihre große Liebe sie in deutlich mehr Probleme als Lösungen verwickelt hat und dass ihr Menschsein durch die geistliche Verdopplung komplizierter statt einfacher wurde.
9 Der Beitrag kann daher keine exklusiv auf das Weihepriesteramt hin profilierte Skizze geistlichen Lebens entwickeln und somit auch keine Lösung der hier vielfachen anstehenden amtstheologischen Entscheidungen einbringen.
10 Im Vatikanum II wird diese tiefe theologische Sinnbestimmung christlichen Lebens ausgedrückt über die allgemeine Berufung zur Heiligkeit, über die alle Getauften die Welt sozusagen an Gott zurück weihen; vgl. nur LG 34; ausführlich dazu der instruktive, leider unveröffentlichte Aufsatz von Christian Bauer, Theologie des Surfens? Erkundungen einer Theologie des Heiligen jenseits der Differenz von Sakralem und Profanem (2005).
11 In Anlehnung an den Kompetenzbegriff bei von Rosenstiel; vgl. Ders/John Erpenbeck (Hg.), Handbuch Kompetenzmessung: Erkennen, verstehen und bewerten von Kompetenzen in der betrieblichen, pädagogischen und psychologischen Praxis, Stuttgart[2] 2007.
12 Die folgende These wird gegenwärtig im Rahmen einer größeren Arbeit ausführlicher erarbeitet; hier soll und kann nur der Grundgedanke präsentiert werden.
13 Thomas Pröpper, Erlösungsglaube und Freiheitsgeschichte. Eine Skizze zur Soteriologie, München [2]1988, 106.
14 Vgl. nur das nach wie vor lesenswerte Büchlein von Heinrich Schlier, Mächte und Gewalten im Neuen Testament, Freiburg i. B. 1958.
15 Dazu Johannes Ev. Hafner, Gottes Benutzeroberfläche. Zur Funktion religiöser Versprechen, in: Peter Roth / Stefan Schreiber (Hg.), Die Anwesenheit des Abwesenden, Augsburg 2000, S. 57-82.
16 Dietrich Bonhoeffer, Widerstand und Ergebung. Briefe und Aufzeichnungen aus der Haft. Hg. von Eberhard Bethge, München/Hamburg [2]1965 (in Klammern die Seitenzahlen aus diesem Werk).
17 Vgl. zum Ganzen: Hans Joas, Braucht der Mensch Religion? Über Erfahrungen der Selbsttranszendenz, Freiburg u. a. 2004; sowie Matthias Jung, Erfahrung und Religion. Grundzüge einer hermeneutisch-pragmatischen Religionsphilosophie, Freiburg /München 1999.
18 Chiara Lubich, Bis wir alle eins sein werden, München u. a. [13]1986, (in Klammern die Seitenzahlen aus diesem Werk).
19 Vgl. nur das nach wie vor frische Büchlein von Karl Rahner, Das Dynamische in der Kirche, Freiburg u. a. 1958.
20 Zit. bei Annette Schleinzer, Die Liebe ist unsere einzige Aufgabe. Das Lebenszeugnis von Madeleine Delbrêl, Ostfildern [2]2015, 213; vgl. ebd., S. 169: „(...) ich war von Gott überwältigt worden und bin es noch."
21 Madeleine Delbrêl, Gebet in einem weltlichen Leben, Einsiedeln [7]2013, S. 114.
22 Zit. bei Rosemarie Nürnberg, Ergriffen von Gott. Exerzitien mit Madeleine Delbrêl, München u. a. 2010, S. 55.

Gerhard Bauer
# Die Suche nach dem Gleichgewicht – eine Herausforderung für den Seelsorger heute

Mit Wilfried Hagemann verbinden sich so manche Stationen meiner Lebensgeschichte: das gemeinsame Studium während der Konzilszeit in Rom, Begegnungen innerhalb der Fokolar-Bewegung, gemeinsame Projekte im Generalsekretariat des Zentralkomitees der deutschen Katholiken und die vielen Wanderungen, meist zusammen mit Bischof Klaus Hemmerle in der Eifel und in Urlaubswochen auf Sardinien. Dort nutzten wir die kurzen Auszeiten, um auf die Bedürfnisse des Körpers und Geistes zu hören und somit insgesamt ein ausgeglichenes Leben zu führen.

## Menschlich reifen

Eine Schlüsselerfahrung, auf die Sprache des Körpers zu hören, wurde mir gerade durch meine beiden Begleiter geschenkt. Ich musste mein Büro in Brüssel übergeben, in dem ich mit dem Aufbau des Büros der europäischen Bischofskonferenzen betraut war. Zeitgleich hatte ich mich in eine neue Aufgabe beim Zentralkomitee der deutschen Katholiken in Bonn einzuarbeiten. Diese Doppel-, ja Überbelastung führte mich an meine Grenze, die sich körperlich durch einen massiven Schmerz im Kopf zeigte. Zur Erholung machten wir zu dritt einen Ausflug ins nahe Siebengebirge. Als ich am Morgen über meine bedrohliche Situation klagte, gaben mir die beiden Mitwanderer einen entscheidenden Impuls: „Denke heute nicht an dich! Lebe ganz außerhalb von dir, in der Natur, mit den anderen beim Wandern." Am Abend war ich den Schmerz los, der sechs Wochen lang angehalten hatte.

Ausgeglichen leben als Priester: Das ist ja auch die Zielvorgabe, die verschiedene Bischöfe formulierten, als die ersten Priesterseelsorger in den Bistümern ihren Dienst begannen. „In Freude und menschlicher Integrität" sollten wir unseren Dienst tun, so ein Beitrag des Priesterrates zur Diözesansynode 1990 in Augsburg.[1] Und im Schreiben der Deutschen Bischöfe über den priesterlichen Dienst von 1992 heißt es: „Das letzte Wort heißt Leben, Leben in Fülle, nicht endende Zukunft, in die all unser Tun, auch die Fragmente unseres priesterlichen Bemühens eingebracht und zur Vollendung geführt werden können."[2] Oft gelingt dieser lebenslange Prozess nur bruchstückhaft, manche Seelsorger scheitern oder quälen sich ihr Priesterleben lang. Ich führe hier keine Statistik an, sondern nur einige schlichte Fakten und Rahmenbedingungen. Priester sind wie alle Menschen gefordert, zunächst einmal ihre menschliche Reife zu entwickeln und ihr Leben lang lernfähig zu bleiben. Nicht umsonst ist gerade die menschliche Reife eines der vier Kriterien der Priesterausbildung und die Voraussetzung der Zulassung zur Priesterweihe. Mit welchen Schwierigkeiten sind gerade Seelsorger konfrontiert? Ich nenne nur einige:
– Der Priesterberuf beinhaltet neben vielen anderen Aufgaben auch einen intensiven sozialen Einsatz. Deshalb ist er besonders anfällig für Stress und Burnout.
– Priester stehen in einer Leitungsposition, auf die sie oftmals zu wenig vorbereitet sind. Sie sind mit einem Verwaltungsapparat und der Personalverantwortung für viele Mitarbeiterinnen und Mitarbeiter konfrontiert und häufig überfordert.
– Die zölibatäre Lebensweise stellt vor allem den Priester, der Berufungszweifel erlebt, vor die Frage der Einsamkeit und fehlenden Familie.
– Hinzu kommen Konflikte zwischen kirchlichem Lehramt und pastoraler Sensibilität des Einzelnen, auch dies ist eine Art der Einsamkeit.
– Besonders schmerzlich treffen Seelsorger die Amtsaufgabe so mancher junger Priester und Ordensleute, kontrastiert von immer geringer werdenden Zahlen von Seminaristen und Weihekandidaten.
– Nicht zu übersehen ist auch die Zahl der Priester, die ins zweite Glied zurücktreten möchten, Auszeiten nötig haben oder frühzeitig in den Ruhestand gehen.

## Priotäten setzen

Wie erleben die Priester die gegenwärtige pastorale Situation persönlich? Viele sind besorgt, dass bei der Last der Verwaltung und des Managements die eigentliche Seelsorge zu kurz kommt und die geistliche Kompetenz mehr und mehr erlischt. Die Fixierung auf das unbedingt Notwendige lässt keinen Spielraum mehr für die missionarische Dimension ihrer Sendung. Die verbleibende Kraft sowie die Zeit für Teamarbeit und Begleitung schwindet. Es entsteht ein Einzelkämpfertum, das mancherorts von einem neu entstehenden Klerikalismus begleitet ist. Es gibt nur einen Ausweg aus den genannten Spannungen, die nicht einfach aufgelöst werden können: Priester müssen Prioritäten setzen und dafür die Konsequenzen tragen. Die Auswahl und Entscheidung dafür dürfen Seelsorger nicht aus der Hand geben. Denn sonst wächst die Gefahr, dass der priesterliche Dienst automatisch von außen gesteuert wird, dem unbedingt Notwendigen geopfert wird und nicht von dem geprägt ist, was wirklich dem Reich Gottes dient. Ein Versuch einer solchen Prioritätensetzung ist bereits eine Liste, die der Theologe Wilhelm Breuning und Bischof Klaus Hemmerle für das Informationszentrum Berufe der Kirche in Freiburg 1982 herausgegeben haben. In der Broschüre „Wie wir als Priester heute leben? – Versuch einer geistlichen Orientierung"[3] heißt es u. a.:

„Wichtiger ist, wie ich als Priester lebe, als was ich als Priester tue.
Wichtiger ist, dass ich die Einheit im Presbyterium lebe, als dass ich in meinen Aufgaben allein aufgehe.
Wichtiger ist, die Mitarbeiter geistig zu begleiten, als möglichst viel Arbeit selbst und alleine zu tun.
Wichtiger ist, an wenigen Punkten ganz und ausstrahlend da zu sein, als an allen Punkten eilig und halb.
Wichtiger ist Zusammenarbeit als die eigene Arbeit.
Wichtiger ist Gemeinschaft als Aktion.
Wichtiger ist, dass allen der Glaube bezeugt wird, als dass alle herkömmlichen Ansprüche der Gemeinde befriedigt werden.
Diese Grundsätze verlangen den Mut, NEIN zu sagen, auch wenn es mir und anderen wehtut."

Zugleich sind solche Prioritäten nur möglich und getragen, wenn der Priester ein Umdenken, eine Bekehrung vollzieht, einen echten Paradigmenwechsel. Die Umkehr beginnt mit dem Glauben, dass Gott selbst noch eine Vision mit seiner Kirche hat, auch wenn sie bei mir und in der Kirche schon ganz schwach geworden ist. Es ist wichtig, die Gewissheit zu haben, dass Gott schon da ist, bevor ich bei einem Menschen ankomme. Dass der Geist schon wirkt und es gilt, ihm nachzuspüren. „Ich bin es nicht", sagte Johannes der Täufer auf die Frage „Wer bist du?": „Ich bin nicht der Christus" (vgl. Joh 1,20).

Solch ein Umdenken, nachdem ich es einmal verstanden hatte, begleitete mich bei jedem Hausbesuch: *Er* ist schon da, ich brauche ihn nicht zu bringen, ich darf ohne Rüstung kommen, entwaffnet. Und doch gilt: Gott will uns Menschen brauchen. Im ersten Buch Samuel heißt es: „In jenen Tagen waren Worte des HERRN selten; Visionen waren nicht häufig ... Die Lampe Gottes war noch nicht erloschen und Samuel schlief im Tempel des HERRN, wo die Lade Gottes stand. Da rief der HERR den Samuel, und Samuel antwortete: „Hier bin ich" (1 Sam 3,1-4). Zu dieser befreienden Einsicht, dass Gott handelt, kommt eine tiefe Überzeugung hinzu, dass er mich braucht, dass er mich gerufen hat. Im 2. Timotheus-Brief steht: „Darum rufe ich dir ins Gedächtnis: Entfache die Gnade Gottes wieder, die dir durch die Auflegung meiner Hände zuteil geworden ist" (2 Tim 1,6). Trägt mich meine Berufung, glaube ich an mein ganz persönliches Charisma? Genau da will Gott ansetzen. Welche Möglichkeiten schlummern in mir? In den Mitarbeitern? In der Gemeinde? Gott setzt ja nicht beim Nullpunkt an.

## Mut zur geistlichen Mitte

Was aber hilft mir, meiner Berufung und meinen Gaben ein Leben lang treu zu sein und an das Wachstum des Reiches Gottes in und um uns herum zu glauben? Es braucht einen Ausgleich zwischen den drei konstitutiven Bausteinen von Pastoral, ja von Kirche überhaupt – und damit auch meines Dienstes als Priester: *Mysterium – Communio – Missio*. Bei der Wahl der Zwölf ging Jesus zunächst ins Gebet mit dem Vater; dann rief er „die zu sich, die er selbst wollte und sie kamen zu ihm. Und er setzte zwölf ein, damit sie mit ihm seien und damit er sie aussende, zu verkünden und mit Vollmacht Dämonen auszutreiben" (Mk 3,13-15).

Es geht also zunächst um den Mut zur geistlichen Mitte. Trotz des Andrangs des Volkes und der täglichen Nöte seiner Jünger zog sich Jesus nachts immer wieder ins Gebet mit dem Vater auf den Berg zurück. Als die Jünger ihn eines Morgens suchten, war er an einem einsamen Ort, um zu beten, worauf sie ihm sagten: „Alle suchen dich!" Manchmal sucht und findet man einen Priester im Gebet in der Kirche oder bewusst zurückgezogen in Arbeit und Betrachtung mit dem Sonntagsevangelium, man gönnt ihm den freien Tag und die Exerzitien. Hier wächst er hinein in seine Kernkompetenz, wie es von den Aposteln der Urgemeinde bei der Wahl der Diakone heißt: „Wir aber wollen beim Gebet und beim Dienst am Wort bleiben. Der Vorschlag fand den Beifall der ganzen Gemeinde ..." (Apg 6,4-5).

Es ist für den einzelnen Priester wie auch für Außenstehende nicht zu übersehen, wenn ihm bei der ihm aufgebürdeten Gesamtverantwortung der Organisation und der Verwaltung (auch der Sakramente) keine Zeit zum geistlichen Durchatmen mehr bleibt. Es wird spürbar, wenn seine geistliche Kompetenz im Seelsorgegespräch oder in geistlicher Begleitung immer mehr schwindet und er selbst zunehmend den Eindruck hat, ein Manager Gottes zu sein.

Wo war eigentlich Jesus in den Jahren seines öffentlichen Wirkens daheim, wenn er „keinen Stein hatte", um sein Haupt darauf zu legen? Diese Frage habe ich mir oft gestellt. Wie soeben aufgezeigt, war er bei seinem Vater daheim, auf dessen Nähe er immer wieder verweist. Jesus ging in Treue und Gehorsam zu seinem Vater den Weg hinauf nach Jerusalem. Daheim war er aber auch ganz bei den Menschen, gerade in der ersten Zeit des galiläischen Frühlings, wo die Scharen mit ihm zogen und die Kranken zu ihm gebracht wurden, sodass er und die Jünger nicht einmal mehr essen konnten. Es heißt in Mk 3,21: „Als seine Angehörigen davon hörten, machten sie sich auf den Weg, um ihn mit Gewalt zurückzuholen, denn sie sagten: Er ist von Sinnen."

Selbst Jesus war nicht immer „auf Sendung". Es gab auch die Zeiten, in denen er bei Freunden einkehrte, wie bei Lazarus, Martha und Maria. Nachdem sich die Massen gegen ihn entschieden hatten, zog er sich immer mehr in den Kreis seiner Jünger zurück. Er wollte sie ja, wie es im Bericht über die

Wahl der Zwölf heißt, bei sich haben, und er holte sie immer wieder zu sich, indem er sie einlud: „Kommt mit an einen einsamen Ort, wo wir allein sind, und ruht ein wenig aus! Denn sie fanden nicht einmal Zeit zum Essen, so zahlreich waren die Leute, die kamen und gingen. Sie fuhren also mit dem Boot in eine einsame Gegend, um allein zu sein" (Mk 6,31-32).

Wo Priester ganz in ihrer Arbeit aufgehen – manche erzählen mit Stolz, dass sie sich kaum einen Urlaub oder einen freien Tag gönnen – fehlt die menschliche Beheimatung, die auch der Priester braucht, gerade wenn sein eher einsames zölibatäres Leben gelingen und Freude machen soll. Bernhard von Clairvaux macht sich Sorgen um seinen früheren Mönch und damaligen Papst Eugen III., wenn er ihm schreibt: „Wenn du ganz und gar für alle da sein willst, nach dem Beispiel dessen, der allen alles geworden ist (1 Kor 9-22), lobe ich deine Menschlichkeit, aber nur, wenn sie voll und echt ist. Wie kannst du aber voll und echt Mensch sein, wenn du dich selbst verloren hast? Auch du bist ein Mensch! ... Wenn also alle Menschen ein Recht auf dich haben, dann sei also auch du selbst ein Mensch, der ein Recht auf sich selbst hat. Warum solltest einzig du selbst nichts von dir haben? Ja, wer mit sich selbst schlecht umgeht, wem kann der gut sein? Denk also daran: Gönne dich dir selbst!"[4]

## Auf Gottes Wirken vertrauen

Der Pastoraltheologe Ludwig Mödl weist darauf hin, dass der Priester ein Sabbat-Mensch sein solle. Dazu gehört: Unterbrechung, Erinnerung in Dankbarkeit, Loslassen-Können, um wieder neu zulassen zu können. In einer persönlichen Ansprache vor Priestern und Diakonen sprach Papst Benedikt XVI. in Freising am 14. September 2006 über das Miteinander von Eifer und Demut und die Anerkennung der eigenen Grenzen – so wie er es bei seinem Rücktritt vom Petrusdienst selbst vorgelebt hat. Er sprach: „So muss ich lernen, das zu tun, was ich kann, das andere Gott und den Mitarbeitern zu überlassen, um zu sagen: Am Ende musst es ja du machen, die Kirche ist deine Kirche, und du gibst mir so viel Kraft, wie ich eben brauche [...]. Die Kirche gibt uns die Freiräume vor, die gleichsam Räume des neuen inneren Aus- und Einatmens und zugleich Mittelpunkt und Quellgründe des Dienens sind."[5]

Der Jesuit und Exerzitienmeister Franz Jalics, der viele Menschen in den Weg der Kontemplation eingeführt hat, gibt zum Schluss seines Kurses jeweils fünf Impulse für ein ausgeglichenes Leben mit auf den Weg.[6] Impulse, die in ihrer Reihenfolge auch Prioritäten aufzeigen: Schlaf, Bewegung, Gebet, Gemeinschaft, Arbeit. Nur wenn die ersten vier Elemente gegeben sind, kann die Arbeit auch wirklich fruchtbar werden und nicht zu einem ungesunden Stress oder zum Burnout führen.

Manchmal frage ich mich, warum Franz von Assisi in seinem Sonnengesang nicht auch den Bruder Schlaf aufgenommen hat. Denn ich erfahre dieses Geschenk unserer Geschöpflichkeit als Bruder. Nicht, dass Gott den Seinen alles im Schlaf gibt, aber Körper und Seele regenerieren sich im Schlaf, weshalb es auch gut ist, über eine Sache noch eine Nacht zu schlafen. So manches taucht in den Träumen auf, was uns Licht in den Alltag bringen kann.

Bewegung, körperliche Tätigkeit und Sport, lassen uns wieder neu unseren Körper spüren und machen unseren Kopf frei für Wesentliches. Oft stellen sich gerade in dieser Zeit Ideen, Klarheit ein, ja vielleicht geht einem sogar der Duktus der nächsten Predigt auf. Durch das Loslassen entsteht Raum für das Zulassen. Spricht doch auch der Heilige Geist häufig durch plötzliche Einfälle zu uns. Auch die Esskultur, das richtige Maß und die Freude an den Gaben der Schöpfung gehören dazu.

Die naheliegende Frage, wenn es im Leben eines Priesters kriselt, ist die nach seinem geistlichen Tagesrhythmus und nach der nötigen Zeit für das Gebet. Wie der Jesuit und Widerstandskämpfer im Dritten Reich, Alfred Delp, einmal sagte: „Gott ist als ein Brunnen in uns, zu dem wir zu Gast und Einkehr geladen sind. [...] Von innen her wird uns die Kraft und die geistige Sicherheit und Überlegenheit kommen."[7] Gebet meint hier nicht nur das so kostbare Gerüst des Stundengebetes, an dem sich noch die meisten festhalten, sondern auch die Schriftlesung und das persönliche Gebet, soweit es noch gelingt.

Auch wenn die zölibatäre Lebensweise den Priester in eine bewusst gewählte und deshalb kostbare Einsamkeit mit Gott schickt, braucht er umso mehr Gemeinschaft und Freunde, die ihm ein Zuhause geben, so wie es Jesus mit seinen Jüngern und Freunden erleben konnte. „Wer den Willen Gottes tut, der ist für mich Bruder und Schwester und Mutter", betonte Jesus (Mk 3,35). So soll auch das Zuhause des Priesters ein Ort des Rückzugs und der Geborgenheit sein. Im Pfarrhaushalt oder in einer Priestergemeinschaft, auch wenn sie sich vielleicht nur zu regelmäßigen brüderlichen Zusammenkünften treffen kann. Die Beziehung zur Herkunftsfamilie ist wichtig und wird häufig im Alter stärker – sie kann aber eine eigene Familie nicht ersetzen. Diese Lücke kann auch nicht die Gemeinde ausfüllen, in der ein Priester als Seelsorger wirkt. Umso wichtiger sind gerade dann kostbare Freundschaften. Papst Benedikt unterstrich, dass auch der Dienst des Seelsorgers zu einem geistlichen Tun werden kann und soll. Das erinnert an die Worte des Bischofs bei der Priesterweihe: „Ahmt nach, was ihr verrichtet." In Freising ermutigte Papst Benedikt die Priester, auch die Mühe, Freude und Enttäuschung in der Seelsorge selbst zum Gebet zu machen.[8]

Man könnte die Prioritäten von Franz Jalics nun noch einmal gegenlesen, um festzustellen: Wird eines dieser Elemente auf lange Zeit vernachlässigt, schadet es dem Ganzen. Beim Weg in den Burnout leuchten immer wieder gelbe und rote Signale auf, um nur einige Beispiele zu nennen: Schlaflosigkeit, die Probleme des Alltags begleiten mich durch die Nacht hindurch, Schlappheit und Lustlosigkeit, weil körperliche Betätigung und frische Luft fehlen. Die Zeiten des Gebetes werden immer mehr eingeschränkt, weil keine Zeit mehr dafür bleibt und Trockenheit im Gebet quält. Man zieht sich zurück von Freunden und Priestertreffen, aus dem Bekanntenkreis; jegliche Freude an der Arbeit ist abhandengekommen. Ersatzbefriedigungen drängen sich auf. In einem Interview mit zwei Pfarrern, einem jungen evangelischen und einem älteren katholischen, die einen Burnout hinter sich hatten, vor Jahren ausgestrahlt im SWR, lautete die Frage: „Was hat Ihnen geholfen, aus dem Burnout herauszukommen?" Die Antwort der beiden Seelsorger lautete sinngemäß: Nicht Gott hat mir geholfen, auch nicht die eigene Familie, es waren eher Freunde, die aufmerksam wurden: etwa ein Dienstvorgesetzter, der sich um den Pfarrer Sorgen machte. Hilfreich war auch ein längerer Aufenthalt in einer geistlichen Einrichtung, in der Seelsorger unter guter Begleitung aus der Erschöpfung herausfinden können.

Man kann nur versuchen, als Priester ausgeglichen zu leben, Hinweise dazu gibt es genug, auch Hilfen wie geistliche Begleitung und im Einzelfall auch eine Supervision. Letztlich aber muss jeder Priester sein Leben selber in die Hand nehmen in dem großen Vertrauen, dass Gott einfach da ist und er mich mit meinen Grenzen und Gaben kennt, die er ja geschenkt hat. Die Bitte an den Heiligen Geist könnte lauten, mir jeweils so viel Kraft und Licht zu geben, wie ich für heute brauche. Das „Sakrament des Augenblicks" zu leben ist der Geheimcode für ein ausgeglichenes Leben. „Stress", so Hubertus Brantzen, „entsteht dann und nur dann, wenn jemand mit seiner gegenwärtigen Situation nicht einverstanden ist."[9] Das Motto „nur für heute" ist nicht nur die Devise der Anonymen Alkoholiker, es war auch das Leitmotiv Johannes XXIII. Wenn ich ganz und gar im Hier und Jetzt bin, können auch wieder Visionen für die Zukunft entstehen, die mich beflügeln. Ein Tipp des Psychologen Christoph Jacobs für die Gesundheit von Seelsorgern und Seelsorgerinnen lautet: „Lassen Sie sich niemals und von niemandem die Freude an der Hingabe nehmen. Im Gegenteil, trauen Sie der Verheißung: Wer sein Leben hingibt, wird es empfangen."[10]

---

1 Priesterlicher Dienst in der Situation des Priestermangels, ein Beitrag des Priesterrates der Diözese Augsburg zur Vorbereitung der Diözesansynode 1990, hg, vom Bischöflichen Ordinariat Augsburg 1988 (Vorwort des Bischofs), S. 2.
2 Schreiben der deutschen Bischöfe über den priesterlichen Dienst vom 24.9.1992, hg. vom Sekretariat der Deutschen Bischofskonferenz Nr. 49, S. 34.
3 Wilhelm Breuning/Klaus Hemmerle, Wie als Priester heute leben? Versuch einer geistlichen Orientierung, PWB Sonderdrucke 18, Freiburg 1982.
4 Bernhard von Clairvaux, Gotteserfahrung und Weg in die Welt, hg. von Bernardin Schellenberger, Freiburg 1982, S. 73-77.
5 Papst Benedikt XVI., Apostolische Reise Seiner Heiligkeit Papst Benedikt XVI. nach München ..., hier: Begegnung mit Priestern und Diakonen im Freisinger Mariendom am 14.9.2006 (Verlautbarungen des Apostolischen Stuhls Nr. 74), S. 102-103.
6 Franz Jalics, Kontemplative Exerzitien. Eine Einführung in die kontemplative Lebenshaltung und in das Herz-Jesu-Gebet, Würzburg, $^{3}$1965, S. 364.
7 Alfred Delp, „Gesammelte Schriften" 4, S. 273.
8 Vgl. Papst Benedikt XVI., Apostolische Reise Seiner Heiligkeit Papst Benedikt XVI. nach München ..., hier: Begegnung mit Priestern und Diakonen im Freisinger Mariendom am 14.9.2006.
9 Hubertus Brantzen, Lebenskultur des Priesters, Ideale – Enttäuschungen – Neue Anfänge, Freiburg 1988, S. 108.
10 Christoph Jacobs, Tipps zur Gesundheit für Seelsorger und Seelsorgerinnen, in: Diakonia III, 1998, S. 189.

Hubertus Blaumeiser
# Priester in der Fokolar-Bewegung: Weg-bereiter

Wilfried Hagemann ist und bleibt für mich Wegbereiter. Mit unzähligen Menschen ist er als geistlicher Begleiter – und zugleich als Bruder und Freund – durch dick und dünn einen Weg gegangen. In Exerzitien, Vorträgen, Predigten und Schriften hat er Suchenden Wege erschlossen: zu Gott und zur Kirche, zur Mitte des eigenen Lebens und zu ihren Nächsten oder auch Fernsten. Bei der Gemeinsamen Synode der Bistümer in der Bundesrepublik Deutschland in Würzburg (1971-1975) und bei Katholikentagen, im Zentralkomitee der deutschen Katholiken und bei Kursen und Schulungen hat er aus der Mitte des Evangeliums heraus der Theologie und der Seelsorge Wege ins Heute gebahnt – in leidenschaftlicher, manchmal auch leidender Liebe zur Kirche und ihrer Einheit.

Wegbereiter war Wilfried Hagemann, in jahrelanger Freundschaft und enger Zusammenarbeit mit Klaus Hemmerle, auch in und mit der Fokolar-Bewegung – im kirchlichen Engagement und in der Ökumene, und ganz besonders im Bereich der Priester. Dafür qualifizierte ihn nicht zuletzt die Tatsache, dass er während seiner Studien in Rom das Zweite Vatikanische Konzils aus nächster Nähe miterlebte und gleichzeitig der Spiritualität des Fokolars begegnete. In persönlicher Beziehung mit Chiara Lubich, der Gründerin, Pasquale Foresi, dem Mitbegründer, und mit don Silvano Cola, dem Verantwortlichen der gerade erst entstehenden Priestergemeinschaft des Fokolars, hat er bereits als junger Priester im deutschsprachigen Raum, gemeinsam mit Klaus Hemmerle, Toni Weber, Josef Gleich und anderen, das Charisma der Einheit in seiner Anwendung auf das priesterliche Leben und die Seelsorge geradezu verkörpert. Doch wofür stand und steht dieser nun 80-jährige Priester? Dazu als

Vorspann ein knappes persönliches Zeugnis. Als ich Wilfried Hagemann im Jahr 1974 kennenlernte – er war damals 36, ich 20 – erlebte ich in ihm und seinen Mitbrüdern in der Fokolar-Bewegung Priester, die in beeindruckender Weise *das lebten, was sie verkündeten, und das waren, was sie sakramental feierten*. Ich nahm in ihnen eine Einfachheit und Ganzheitlichkeit wahr, die mich faszinierte und die ich spontan mit Maria in Verbindung brachte. Solchen Priestern begegnet zu sein, war entscheidend für meine Berufung.

## Bewegungen in der Kirche heute

Werfen wir in einem ersten Anlauf einen Blick – nur einen, neben vielen anderen, die möglich wären – auf den heutigen Kontext. Die geistlichen Bewegungen „zeichnen sich im kirchlichen Panorama dadurch aus, dass sie [...] eine besondere Anziehungskraft für das Evangelium zu wecken vermögen und auf einen tendenziell umfassenden christlichen Lebensentwurf abzielen". So ein Brief der Glaubenskongregation an alle Bischöfe der Welt: *Iuvenescit Ecclesia*, erschienen im Juni 2016. Sie sind „erneuerte Formen der Nachfolge Christi", heißt es dort weiter. In ihnen „zeigt sich auch eine besondere Form der Sendung und des Zeugnisses" (Nr. 2). Ausdrücklich wird festgestellt: „Auch geweihte Amtsträger können in der Zugehörigkeit zu einer charismatischen Gemeinschaft einen Aufruf entdecken, den Sinn der eigenen Taufe [...] und auch ihre spezifische Berufung und Sendung zu vertiefen" (Nr. 22b).

Das ist der Ausgangspunkt. Gott verwandelt und erneuert die Kirche und macht sie präsent in den Wunden und Nöten der Welt durch Charismen: unvorhersehbare Gaben, die er schenkt – nicht nur für eine bestimmte Gemeinschaft, sondern für das Volk Gottes als Ganzes und darum auch für die Priester. In diesem Beitrag fragen wir uns also: Was für Impulse beziehen Priester aus dem Charisma von Chiara Lubich und ihrer Spiritualität der Einheit in einer Zeit großer Veränderungen? Welches Profil von Priestersein ergibt sich daraus?

In der gebotenen Kürze möchte ich dazu fünf Koordinaten aufzeigen: Schlaglichter, die etwas aufleuchten lassen, ohne dass wir es hier im Einzelnen ausführen können; nicht theoretische Überlegungen, sondern Erfahrungen, die in den vergangenen 70 Jahren in der Kirche und in der Welt vielfache Früchte getragen haben.

## 1. Priester im Volk Gottes: zuallererst Christsein

Das Zweite Vatikanische Konzil legte den Akzent auf das Volk Gottes. Damit führte es weg von der bis dahin geltenden Sicht von der Kirche als pyramidaler Struktur. Zuallererst sind wir Getaufte, haben alle die gleiche Würde: Wir sind Söhne und Töchter Gottes. Wir sollten uns immer daran erinnern, dass das durch nichts zu überbieten ist. So gesehen steht das Amt mit seiner spezifischen Sendung nicht über dem Volk und auch nicht nur dem Volk gegenüber, sondern hat seinen Ort mitten in der Gemeinschaft der Getauften. Folgerichtig ermahnt Papst Franziskus Bischöfe und Priester, als Hirten der Herde nicht nur voranzugehen, sondern auch mittendrin zu sein und immer wieder auch unter den Letzten zu gehen. In der Fokolar-Bewegung erleben Priester sehr intensiv diese Gemeinschaft aller Getauften. Schon früh fühlten sich Priester von der Radikalität, mit der Fokolarinnen und Fokolare das Evangelium lebten, angesprochen und herausgefordert. Gott an den ersten Platz stellen, Jesus im Bruder und in der Schwester sehen und lieben, dem gekreuzigten und gottverlassenen Christus nachfolgen, mit dem Auferstandenen in unserer Mitte leben: all das, und anderes mehr, beflügelt unser Christsein und Kirchesein und gibt ihm Fundament und Lebendigkeit; eine Authentizität, die für das Priestersein grund-legend ist.

Die entscheidende Frage, auf die das Charisma der Einheit die Priester verweist, ist die des Auferstandenen an Petrus: „Liebst du mich?" (Joh 21). Damit beugt es zahlreichen Krisen vor. Zuallererst Christ sein, dann Priester sein. Zuerst Jünger und Zeugen, dann Lehrer und Verkündiger. Ohne diese Abfolge würden wir früher oder später nur noch funktionieren. Wenn diese Grundlage fehlt oder nur schwach ausgebildet ist, entsteht unter dem priesterlichen Amt ein fataler Hohlraum: ein Mangel an Ganzheitlichkeit, an Glaubwürdigkeit, an echter Autorität. Und die Menschen spüren das.

Bei einem Kongress von 600 Priesteramtskandidaten im Dezember 1989 in Castelgandolfo bei Rom drückte Chiara Lubich das in einer sehr direkten und personalen Frage aus: „Du weißt eine Menge über die Dreifaltigkeit, doch lebst du es? Eine Menge über die Liebe, aber bist du lebendige Liebe? Du weißt viel über die Wahrheit, doch setzt du sie in Leben um?" Es ging ihr dabei um beides: um die Glaubwürdigkeit der Priester und die Wirksamkeit ihres

Dienstes, aber auch um die Krisensicherheit ihrer Berufung. Priester im Volk Gottes, so wie sich das in der Fokolar-Bewegung erleben lässt, bedeutet in der Tat noch ein Zweites. In einer Zeit, in welcher der gewachsene Zusammenhalt des Sozialgefüges zunehmend schwindet, können Priester dort eine *konkrete Geschwisterlichkeit* erfahren, die ihr Leben im Zölibat in einen erfüllenden Horizont stellt und ihnen zugleich Wege weist, um *Kirche als Familie erlebbar zu machen*. Da mag man fragen: Nützen wir das eigentlich schon genug? Und setzen wir es um in unserem Dienst?

## 2. Männer des Dialogs: absichtslos lieben

Als Chiara Lubich im Jahr 1982 in der Audienzhalle des Vatikans zu 7.000 Priestern, Ordensleuten und Seminaristen sprach, charakterisierte sie den Priester als „Mann des Dialogs"[1]. Sie zeichnete damit ein Bild von Kirche und vom Amt, das sich nicht in innerkirchlichen Räumen erschöpft oder gar verschanzt. Als entscheidendes Modell dazu verwies sie auf den gottverlassenen Christus: So wie er sich am Kreuz mit allen – ausnahmslos allen – vereint hat, sind auch wir als Christen und als Priester gerufen, mit allen den Kontakt zu suchen: auch mit denen, die zu einer anderen Kirche gehören, einer anderen Religion anhängen oder von all dem gar nichts wissen wollen. Das führt über die allzu oft auf den Innenraum von Kirche zentrierte Sicht von Kirche hinaus. Pfarrgemeinden und sonstige Gemeinschaften dürfen nicht um sich selber kreisen. Es geht um die Einheit, die Geschwisterlichkeit aller. Aus dieser missionarischen Vision von Kirche und von Priestersein heraus rief Chiara 1987 die Seminaristen bei einem Sommerkurs in der Schweiz dazu auf, ihr Leben von vornherein auf das Wesentliche zu konzentrieren: *Gott an den ersten Platz stellen und alle lieben.* Unter Rückbezug auf ein Wort von Bischof Hemmerle bemerkte sie: Ihr solltet nicht Priester werden, „die hinter ihrer Herde herlaufen, die immer kleiner wird"! Auch das ist Vision des Zweiten Vatikanums. „Niemand ist ihrem [der Kirche] Herzen fremd. Niemanden betrachtet sie, als hätte er mit ihrer Aufgabe nichts zu tun", schrieb Paul VI. in seiner Antrittsenzyklika *Ecclesiam suam* und brachte damit das Kirchenverständnis von *Lumen gentium* auf den Punkt (vgl. insbes. Nr. 13-16).

Ein Missionsbischof in Afrika zog daraus für sich die Konsequenz: „Ich bin Bischof der Pygmäen und der Muslime." Ähnlich sah das auch der vietnamesische Bischof und spätere Kardinal F. X. Nguyen Van Thuan, als er mit vielen anderen Gefangenen – zum größten Teil Buddhisten – im Bauch eines Schiffes von Südvietnam nach Nordvietnam transportiert wurde: „Das ist meine Kathedrale." Auf priesterliche Normalität angewendet: Die Menschen, so wie sie uns auf der Straße und auf den Plätzen über den Weg laufen, wie sie uns im Supermarkt oder auch im Fernsehen oder wo auch immer begegnen, all diese Menschen sind unsere „Pfarrei".

Papst Franziskus nennt das in *Evangelii gaudium* „missionarische Umkehr" (Nr. 30) zu einer Kirche, die nicht mit sich selbst beschäftigt ist, sondern nach draußen geht, ohne Angst um den eigenen Selbsterhalt. Chiara Lubich machte das konkret im *Einmaleins der Liebe* fest, so wie sie es dem Evangelium entnahm: *alle lieben – die Initiative ergreifen – Christus im anderen dienen – uns mit ihm eins machen, bis die Liebe gegenseitig wird*. Priester, die auf diese Weise offen für alle sind und die Menschen absichtslos lieben, werden zu Brückenbauern.

## 3. Das Amt als Dienst: eine auf den Kopf gestellte Pyramide

Chiara Lubich hatte eine Beziehung besonderer Art mit uns Priestern. Das konnten wir bei allen Begegnungen mit ihr spüren. Sie las unsere Berufung im Licht des Wortes Jesu: „Wie mich der Vater gesandt hat, so sende ich euch" (Joh 20, 21). In Verbindung mit dem apostolischen Amt der Bischöfe sind wir Priester in der Tat dazu berufen, Christus als bleibenden Ursprung, als „Haupt" seines Leibes zu vergegenwärtigen. Das ist ein großes Geschenk für die Kirche, ein Charisma – und auch eine Erwählung, eine echte Besonderheit! Dafür hatte Chiara Lubich ein ausgeprägtes Gespür. Doch dieser Ruf und Auftrag ist nach dem Vorbild Christi umzusetzen: als Vollmacht, nicht als Macht! Mehr noch: als Dienst in kenotischer, selbstentäußerter Hingabe (vgl. Phil 2). Chiara brachte das in einem Bild zum Ausdruck, einer biblischen Ikone: *Jesus, der den Jüngern die Füße wäscht*. Eine Darstellung ebendieser Szene schickte sie don Silvano Cola, als er in der Innenstadt von Rom im Jahr

1965 das erste Priesterfokolar begann. Seitdem ist die Fußwaschung das Leitbild der Priester in der Fokolar-Bewegung. Ebendiese Sicht findet sich, interessanterweise, in der Ansprache wieder, die Papst Franziskus am 17. Oktober 2015 zum 50. Jahrestag der Einsetzung der Bischofssynode hielt. Er entwickelte darin eine Vision von Kirche als Weggemeinschaft nicht nur in der Gestalt formaler Synoden, sondern als Stil des Kircheseins auf allen Ebenen. Vor diesem Hintergrund sprach er dann vom hierarchischen Amt:

„Jesus hat die Kirche gegründet und an ihre Spitze das Apostelkollegium gestellt. [...] Doch in dieser Kirche befindet sich der Gipfel wie bei einer auf den Kopf gestellten Pyramide unterhalb der Basis. Darum werden diejenigen, welche die Autorität ausüben, ‚ministri – Diener' genannt, denn im ursprünglichen Sinn des Wortes ‚minister' sind sie die Kleinsten von allen. [...] Vergessen wir das nie!", fuhr er unter Verweis auf die Fußwaschung fort, „... für die Jünger Jesu ist gestern, heute und immer die einzige Autorität die Autorität des Dienstes, die einzige Macht die Macht des Kreuzes."

In diesem Sinn rief Chiara Lubich uns Priester immer wieder zu einem Lebens- und Seelsorgestil auf, der alle nostalgische Anwandlungen und auch ein allzu hoch gestyltes Priesterbild hinter sich lässt. „Jesus war alles andere als klerikal", erklärte sie bei der bereits zitierten Begegnung mit Seminaristen am 17. August 1987: „Er war ausschließlich Dienst, und er war für die Kranken gekommen, nicht für die Gesunden."

Im Herbst 1966 hatte Chiara Lubich gemeinsam mit don Pasquale Foresi und don Silvano Cola die sogenannte „Priesterschule" gegründet, wo seitdem zahlreiche Priester und Theologiestudenten die Spiritualität der Einheit vertiefen konnten. Bei einem ihrer Besuche dort unterstrich sie im Gespräch mit den Teilnehmern, wie wichtig es im heutigen säkularen Kontext ist, allen alles zu werden (vgl. 1 Kor 9, 22). Sie riet den Priestern, sich denen gegenüber, die keinen Glauben haben, „einfach als Menschen zu geben, die das Göttliche in sich verborgen halten", und es ihnen gerade so durch ihre Freundschaft zu vermitteln: „Gott-los werden mit denen, die gott-los sind" – als Weg, um Gott weiterzugeben (21. März 1979). Derart dienende Priester – bemerkte sie einige Jahre darauf, ebenfalls an der Priesterschule – üben auf die Menschen eine spontane Anziehungskraft aus: „Denn alle lieben [ihrerseits], wenn sie sich als geliebt erfahren" (27. Mai 1985). Don Silvano fasste das hin und wieder in das Wort: „Der Priester der Zukunft? Ohne Macht und für alle ein Freund!"

## 4. Anstifter trinitarischen Lebens: Gemeinschaft als Form und als Sendung

In geradezu provozierender Weise heißt es im Grundlagendokument von 1992 über die Priesterausbildung *Pastores dabo vobis*: „Das geweihte Amt hat eine radikale ‚Gemeinschaftsform' und kann nur als ‚*Gemeinschaftswerk*' erfüllt werden"; auf Lateinisch noch stärker: als „opus collectivum" (Nr. 17). Ihre Wurzel hat diese Aussage dem Dokument zufolge in der Tatsache, dass „jede christliche Identität ihren Ursprung in der göttlichen Trinität" hat (Nr. 12). Nur gemeinsam können wir den dreieinen Gott bezeugen! Hier liegt die große Chance der zahlreichen Priesterfokolare und Priesterkreise und der verschiedenen Formen einer *vita comunis* unter Priestern, die sich aus der Inspiration der Fokolar-Bewegung heraus entwickelt haben.

Bischof Hemmerle und mit ihm Wilfried Hagemann wurden nie müde, uns an diese entscheidende Prämisse für alles Kirchesein zu erinnern: Im Sinne des Konzils besteht das Wesen der Kirche darin, *Zeichen und Werkzeug der Einheit* zu sein, ein Volk, das aus der Gemeinschaft des dreieinen Gottes lebt und diese Wirklichkeit in alle Lebensbereiche hineinträgt (vgl. LG 1 und 4). Für den Priester – wie für alle Christen – ist das der Sinn und der Horizont, mit dem all das steht und fällt, was ihm anvertraut und aufgegeben ist. Zuallererst und in allem soll er *Zeuge und Anstifter trinitarischen Lebens sein*.

Gemeinschaft ist demnach nicht nur eine wünschenswerte Lebensform oder lediglich Organisationsstruktur des priesterlichen Dienstes, sondern ist entscheidend für das, was Kirche in der Welt *sein* und *wirken* soll. Das war in der Vergangenheit keineswegs so klar, wie es sich heute in der Lehre der Kirche immer deutlicher abzeichnet. Doch die Herausforderung liegt vor allem in der praktischen Umsetzung in einen durch und durch gemeinschaftlichen Lebens- und Seelsorgestil. Eine dringliche Aufgabe! Denn sonst *ist* die Kirche nicht das, was sie den Menschen *weitergeben* und in der Welt *hervorbringen* soll: Leben aus der Quelle und nach dem Bild des dreifaltigen Gottes.

Chiara Lubich bietet den Priestern dazu mit ihrer Spiritualität der Einheit und Gemeinschaft – samt ihren „Instrumenten" und ihrer Konkretisierung in den „sieben Aspekten der Liebe" – handfeste Hilfestellung. Und auch ein wertvolles Werkzeug: die sogenannte Pfarr- und die Diözesanbewegung, die sich für die Erneuerung der Gemeinden und überhaupt der kirchlichen Strukturen einsetzt. Im Blick auf den Gründonnerstag sah sie die Priester in engstem Zusammenhang nicht nur mit der Eucharistie, sondern auch mit dem neuen Gebot Jesu (Joh 13,24; vgl. 15,12) und seinem Gebet für die Einheit (Joh 17). Erste Adressaten des Gebots der gegenseitigen Liebe, argumentierte sie, waren die Apostel und damit die Priester. Auch die Einheit – so, wie du, Vater, und ich eins sind (vgl. Joh 17,11) – wurde von Jesus zuallererst für die Apostel erbeten und sodann für alle, die durch ihr Wort an ihn glauben (17,20-21).

So führt das Charisma von Chiara an die Wurzel und zur inneren Mitte unserer Berufung: Als Priester sind wir nicht nur zur Verkündigung und zur Spendung der Sakramente da, und auch nicht einfach nur zur Leitung der Gemeinde, sondern vor allem dazu, dass Gottes Leben in den Menschen und unter den Menschen um sich greift und so das Miteinander in allen Bereichen der Gesellschaft stärkt. Doch wie sehr und wie tief prägt das schon das priesterliche Selbstverständnis und Wirken? In welchem Maß brennt es Priestern auf den Nägeln, dass um sie herum *Zellen trinitarischen Lebens* entstehen, in denen die Gegenwart des Auferstandenen, das Reich Gottes, lebendig erfahrbar wird? Zellen, die dazu beitragen, dass die Kirche als Ganze immer mehr – wie Johannes Paul II. in *Novo millennio ineunte* forderte – zum „Haus und zur Schule der Gemeinschaft" wird, um so nicht nur dem Plan Gottes zu entsprechen, sondern auch eine Antwort auf den Hunger unserer Zeit zu sein (vgl. Nr. 43)?

Und wie stark brennt dieses trinitarische Feuer in den verschiedenen Priesterkreisen als Beitrag, damit in den Diözesanpresbyterien reale Gemeinschaft, reale Geschwisterlichkeit und reales Teilen wachsen und zugleich ein *communio*-orientierter Seelsorgestil?

## 5. Mit Maria bei Jesus dem Verlassenen: Zeugen-de sein

Das Charisma der Einheit verweist den Priester allerdings auf eine noch tiefere Dimension.

Chiara Lubich wusste aus eigener tiefer Erfahrung, was es heißt, in den Menschen und unter den Menschen Christus zu zeugen. Vorbild war ihr dabei der gottverlassene Christus am Kreuz. Seinen Schrei der Verlassenheit sah sie als die „Geburtswehen" der Kirche. In ebendieser radikalen Selbstentäußerung hat er den Geist freigesetzt, der dann auf die Jüngergemeinschaft herabkam. Aus dieser Überzeugung heraus schreibt Chiara in einem Text über den priesterlichen Zölibat: „Heute braucht es mehr denn je Priester, die Christus sind. [...] Authentisches Abbild Christi, stets bereit, für alle zu sterben."[2]

Gleichzeitig richtet sie den Blick dabei auf Maria. In einer Betrachtung aus den 60er-Jahren lesen wir: „Maria [...] zeigt uns, dass das Wesen des Christentums Liebe ist, dass auch jeder Priester und Bischof zuerst ganz Christ sein muss: bereit zu lieben, wie Christus uns geliebt hat, als er am Kreuz seine Kirche gründete."[3]

Maria, in ihrem „Stabat" unter dem Kreuz, war in dieses Geschehen mit hineingenommen und wurde eben darin Mutter der Kirche. Mit ihr stand dort Johannes und lernte – zugleich von Jesus in seiner Liebe bis zur Gottverlassenheit und von Maria in ihrer Treue bis zur äußersten Vereinsamung –, was es heißt, Menschen als Söhne und Töchter Gottes und die Kirche als Leib Christi zu „zeugen". Mit Maria und mit Johannes steht auch jeder Priester zu Füßen der vielfachen Situationen, in denen sich das Kreuz Christi widerspiegelt: das Ausbluten der Kirche an vielen Orten und die Überlastung der Seelsorger, die Not so vieler Menschen, die wachsenden Auseinandersetzungen in der Gesellschaft und das Drama der Flüchtlinge, die zunehmend säkulare Welt und vieles andere mehr. In ebendiesen Situationen gilt es zu lernen, nicht nur Zeuge zu sein, sondern „Zeugender", „gewissermaßen ein Priester, der Maria ist, ein Priester, der Mutter ist, weil er nicht nur als Diener Gottes das göttliche Leben in den Gläubigen nährt, sondern sie auch zeugt, indem er stets im Kreuz verankert ist"[4].

So sieht es auf seine Weise auch der Jesuit und Exeget Albert Vanhoye, Spezialist für das Thema Priestertum. Nach Vanhoye bringt das Neue Testament „eine tiefgreifende Veränderung im Verständnis des Gottesdienstes und des Priestertums" mit sich: „Statt die rituelle Ausdrucksform in den Vordergrund zu stellen, richtet sich die Aufmerksamkeit auf die existenziellen Vollzüge. Das Priestertum Christi vollzog sich nicht in einer Zeremonie, sondern in einem Ereignis: der Hingabe seines eigenen Lebens." Vanhoye zieht daraus den Schluss: „Das Priestertum der Kirche besteht nicht in der Feier von Zeremonien, sondern in der Verwandlung der realen Existenz, indem wir sie dem Wirken des Heiligen Geistes und den Impulsen der göttlichen Liebe öffnen."[5]

Ein wahrer Spezialist in dieser Weise des Priesterseins war Klaus Hemmerle. Bei einem Vortrag vor den österreichischen Bischöfen, Mitte der 80er-Jahre, fasste er diese Erfahrung in die Worte: „Vor dem Vater stehen gemeinsam mit dem Sohn, der sich ihm von den Grenzen der Welt und der Geschichte und der Menschheit darbietet, indem er alles in sich aufnimmt und so durch seinen Geist Gemeinschaft zeugt"[6].

Aus der Einheit mit dem gottverlassenen Christus heraus Gottes Liebe in den Menschen und unter den Menschen freisetzen, in einer Kirche, die ihrerseits dazu berufen ist, diese Liebe unter den Menschen freizusetzen; zeugende Priester in einer zeugenden Kirche sein: das ist – so meine ich – eine hochaktuelle Perspektive in einer Zeit, in der die Kirche im deutschsprachigen Raum dringend nach einem Neuanfang sucht. Wilfried Hagemann stand und steht für diesen aus der Mitte des Christentums kommenden Ansatz. Als er vor vielen Jahren Chiara Lubich fragte, ob sie ihm nicht einen Namen geben wolle, der für ihn wie ein Programm sein könnte, schlug sie ihm „Giovanni" vor: Johannes, der mit Maria unter dem Kreuz steht als Zeuge und dort lernt, Kirche je neu als lebendige Gemeinschaft von Söhnen und Töchtern Gottes zu „zeugen" und so der Gegenwart des auferstandenen Christus unter den Menschen den Weg zu bereiten.

1 Veröffentlicht in W. Hagemann/H. Blaumeiser (Hg.), Der Priester heute. Der Ordensmann heute, Dokumentation zum 1. Internationalen Kongress der Fokolar-Bewegung für Priester und Ordensmänner am 30. April 1982 in Rom, als Manuskript gedruckt, Augsburg 1982, S. 15-27.
2 *Il celibato sacerdotale*, in „Città Nuova" 14 (1970) n. 3, S. 8.
3 Chiara Lubich, Alles besiegt die Liebe, München 1998, S. 11.
4 So Chiara in einem einführenden Profil zu den Leitlinien der Priesterfokolare.
5 *Sacerdoti antichi e nuovo sacerdote*, Leumann (Torino) 1990, S. 242.
6 Übersetzt aus dem Italienischen; gen's 1/1985; vgl. www.indaco-torino.net

Hans Schalk CSsR
# Geschenk füreinander:
# Ordensleute und Weltpriester in der Kirche

Es gibt Anlässe, die uns herausfordern innezuhalten, selbstverständlich Gewordenes genauer anzuschauen und zu würdigen. Der 80. Geburtstag von Wilfried Hagemann ist ein solcher. Auch aufgrund der Freundschaft mit ihm erlebe ich als Redemptorist das Miteinander von Weltpriestern und Ordensleuten so selbstverständlich wie das Leben unter Geschwistern. Ist es aber so selbstverständlich?

**Was unterscheidet Ordensleute von Weltpriestern?**

In den Ländern und Zeiten, in denen die Ordensleute und die Weltpriester (Diözesanpriester) ihre je spezifische Kleidung trugen, fielen die Unterschiede auf. Wobei es auch damals nicht immer eindeutig war, ob ein Mann mit Kollar Weltpriester oder z.B. Jesuit war. Benediktiner, Franziskaner, Dominikaner, Kapuziner waren deutlich erkennbar und unterscheidbar, aber bei neueren Seelsorgeorden war es schwieriger. Für uns Redemptoristen galt die Weisung: Sie tragen die Kleidung „ehrbarer Weltpriester". Warum? Um als Seelsorger erkennbar und ansprechbar zu sein. Die Kleidung wurde auf die Aufgabe bezogen. Bei den Ordensfrauen war es sowieso klar: Sie trugen Schleier, nach Gemeinschaft verschieden. Die Unterscheidung in der Kleidung gibt es weiter, ist aber relativ geworden. Die Identität hängt nicht an der Kleidung.

Eine zweite Unterscheidung ist offensichtlich: Bei den Ordenschristen gibt es Frauen, und ihnen steht in der katholischen Kirche der Zugang zum Amtspriestertum nicht offen. Aber auch bei Ordensmännern gibt es Brüderorden und Ordensgemeinschaften, in denen nicht das Priestersein, sondern das Mönchsein oder Brudersein im Vordergrund steht. Ich kann mich persönlich an die Zeit vor dem Abitur erinnern, als ich zu einem Mitschüler auf dem Spaziergang an der Isar sagte: „Ich trete jedenfalls bei den Redemptoristen ein, auch wenn ich beim Abitur durchfallen sollte und nicht Priester werden kann." Bei Mitschülern, die Diözesanpriester werden wollten, stand das künftige Priestersein klarer im Blickpunkt.

Im Ritus der Priesterweihe wird der Unterschied zwischen Diözesanpriestern und Ordenspriestern dadurch deutlich, dass der künftige Diözesanpriester gefragt wird, ob er seinem Bischof und dessen Nachfolgern den Gehorsam verspricht, der Ordenspriester, ob er den Gehorsam seinem Oberen verspricht. Der Diözesanpriester ist also eindeutig dem Bischof zugeordnet, der Ordenspriester ist zuerst seiner Gemeinschaft zugeordnet, erst in zweiter Linie, nämlich im pastoralen Dienst, auf die Abstimmung mit dem jeweiligen Ortsbischof verwiesen.

Auch im finanziellen Bereich gibt es – wenigstens in Deutschland – einen bemerkenswerten Unterschied: Die Gelder aus der Kirchensteuer fließen den Diözesen zu. Die Ordensleute können nur durch Gestellungsverträge mit Diözesen in den Genuss von Kirchensteuermitteln kommen. Das kann bei Seelsorgeorden zur Folge haben, dass sie ihr eigenes Charisma, wenn es nicht in der Pfarrseelsorge liegt, nicht voll und frei entfalten können, weil sie ohne das Geld von der Diözese nicht leben können. Den Wunsch nach mehr Verständnis der Bischöfe für die Ordenscharismen höre ich in Gesprächen immer wieder.

Zum Unterschied zwischen Diözesanpriestern und Ordenspriestern noch eine biografische Randnotiz: Als Seminarist besuchte ich in den Sommerferien meine Verwandten in Niederbayern. Der dortige Pfarrer, Nachfolger dessen, der mich gefragt hatte, ob ich ins Seminar gehen möchte, lud mich in seinen Pfarrhof ein. Ich schätzte den Pfarrer, spürte aber: Allein in einem Pfarrhof mit einer Pfarrhausfrau und einem großen Pfarrgarten zu leben, ist nicht das Meine! Ich wünsche mir Menschen um mich herum, Menschen, die mein Anliegen, für Gott und die Menschen zu leben, teilen. Christsein in konkreter Gemeinschaft zu leben, erschien mir wichtiger, als Priester zu werden.

## Gemeinsame Wurzeln: der berufende Herr

Wie kommt jemand zur Entscheidung, in eine Ordensgemeinschaft eintreten oder Weltpriester werden zu wollen? Mir scheint, es ist ein Miteinander des suchenden Menschen und des berufenden Herrn. Die Berufungsgeschichten sind so vielfältig, wie es Berufene gibt. Es gibt verschiedene Arten von Nährböden für eine kirchliche Berufung. Bisher waren es meist die gläubige Familie, die einladende Atmosphäre in einer Pfarrgemeinde oder eine lebendige kirchliche Jugendgruppe. Heute sind es oft persönliche Suchbewegungen nach Menschen und Gruppen, bei denen man sich angenommen fühlt, die ihr Menschsein und Christsein überzeugend leben. Gelegentlich gibt es auch ein starkes religiöses Erlebnis, das am Beginn einer Berufungsgeschichte steht. Der Herr selber ist es, der ruft, wenn auch durch verschiedene Lebensumstände und auf verschiedenen Wegen. Es kann auch sein, dass der Ruf nicht auf einmal und eindeutig wahrgenommen wird, sondern sich allmählich zeigt. Bei mir war es so: Es begann 1943. Meine Heimatstadt München wurde bombardiert. Ich fuhr jeden Tag mit der Straßenbahn zur Oberschule. Meine Mutter war in Sorge. Sie ging zum Schulleiter. Ergebnis: Ich solle zu Verwandten in einem Dorf in Niederbayern umsiedeln, von dem aus ich täglich nach Straubing in die Oberschule fahren könne. So kam es – bis auch Straubing bombardiert wurde. Dann ging der Krieg zu Ende. Was sollte jetzt aus mir werden? Der Pfarrer der niederbayrischen Gemeinde hatte seit Längerem Ausschau nach Buben gehalten, die das Zeug zum Priesterwerden hätten. Da geriet dieser „Stadtbub" in seinen Blick. Er fragte, ob ich mir vorstellen könne, „ins Seminar" zu gehen. Von der Zeit in Straubing kannte ich Mitschüler, die im Bischöflichen Knabenseminar lebten. So sagte ich „Ja", was auch immer sich damals für mich mit dem Wort „Seminar" verbunden hat, jedenfalls, dass man da mit Gleichaltrigen lebt. Als meine Mutter aus München zu Besuch kam und davon hörte, fragte sie mich, ob ich das wirklich möchte. Ich blieb bei meinem Ja. Dann sagte sie: „Bub, der Krieg ist aus. Wir wohnen in München. Aber wenn du wirklich ins Seminar willst, frage ich unseren Stadtpfarrer in München." Sie tat es. Das für München zuständige Seminar war das Erzbischöfliche Knabenseminar in Freising. Nach meiner Rückkehr nach München wollte mich der Stadtpfarrer kennenlernen. Ich wurde Ministrant. Mit seinem Einverständnis kam ich im November 1945 ins Knabenseminar nach Freising. Da das Seminargebäude als Lazarett gedient hatte, stand es noch nicht zur Verfügung. So waren wir einige Monate im Haus der Pallottiner untergebracht. Dort fand ich eines Tages auf meinem Studierpult einen Zettel mit dem Wort „Tabernakelwache". Ich erkundigte mich bei den Mitschülern, was das bedeute. Es wurde mir gesagt: „Jeden Tag ist ein anderer dran, in die Kirche zu gehen und eine Zeit vor dem Tabernakel zu verbringen." Es war Abend, gegen 20 Uhr. In der Kirche war es dunkel. Vor dem Tabernakel brannte ein Licht, das sogenannte „ewige Licht". Ich verweilte etwas. Da war mir, als würde vom Tabernakel her Wärme kommen, hier sei etwas wie ein Du, das mich meint. Das war's. Ich ging zurück zu den anderen. Seitdem kenne ich dieses Empfinden: Da ist jemand, der mich meint und von dem so etwas wie Wärme kommt.

Für die Erstberufenen in Galiläa, Andreas, Simon, Jakobus, Johannes und die anderen war es Jesus mit menschlicher Stimme. Die äußeren Umstände sind inzwischen andere. Er ruft in und durch die Situation, in der jeder Einzelne lebt. Mich führte der Weg über das diözesane Knabenseminar in eine Ordensgemeinschaft. Aus dem gleichen „Galiläa", dem gleichen Seminar und der gleichen Klasse, hat der Herr zwei Mitschüler in den Dienst des Weltpriesters berufen. Ich habe den Eindruck, für sie hat es gepasst, an einem bestimmten Ort Seelsorger für eine bestimmte Gemeinde zu sein. Es war das Richtige für sie. Der Herr beruft individuell, handverlesen. Er ruft – wie damals in Galiläa – jeden mit Namen.

**Verschiedene Gaben in dem einen Geist**

Um den Unterschieden zwischen Weltpriestern und Ordensleuten auf den Grund zu gehen, scheint es mir nötig, nach der Basis der Berufung zu fragen. Es ist der Geist, der an Pfingsten auf die entstehende Kirche kam. Pfingsten war der Beginn; doch der Pfingsttag kennt keinen Abend. Immer wieder schenkt der Geist seine Gaben, und zwar in reicher Vielfalt. „Der eine Geist ist es, der seine vielfältigen Gaben gemäß seinem Reichtum und den Erfordernissen der Dienste zum Nutzen der Kirche austeilt" (LG 7). Die Dogmatische Konstitution „Lumen Gentium" sieht die Kirche als Volk Gottes in seiner ganzen Weite „aus verschiedenen Ordnungen gebildet" (LG 13). Von den Bischöfen, Priestern und Diakonen sagt sie: „Um Gottes Volk zu weiden und immerfort zu mehren, hat Christus der Herr in seiner Kirche verschiedene Dienstämter eingesetzt, die auf das Wohl des ganzen Leibes ausgerichtet sind. Denn die Amtsträger, die mit heiliger Vollmacht ausgestattet sind, stehen im Dienste ihrer Brüder ..." (LG 18). Von den Laien ist im gleichen Dokument gesagt: „Sie leben in der Welt, das heißt in all den einzelnen irdischen Aufgaben und Werken und den normalen Verhältnissen des Familien- und Gesellschaftslebens ... Dort sind sie von Gott gerufen, ihre eigentümliche Aufgabe, vom Geist des Evangeliums geleitet, auszuüben und so wie ein Sauerteig zur Heiligung der Welt gewissermaßen von innen her beizutragen ..." (LG 31). Die Ordensleute schließlich geben „ein deutliches und hervorragendes Zeichen dafür, dass die Welt nicht ohne den Geist der Seligpreisungen verwandelt und Gott dargebracht werden kann" (LG 31). Im Blick auf die beiden Gruppen „Kleriker" (Bischöfe, Priester und Diakone) und „Laien" wird von den Ordensleuten gesagt, dass sie keinen „Zwischenstand" bilden: „Vielmehr werden in beiden Gruppen Christgläubige von Gott gerufen, im Leben der Kirche sich einer besonderen Gabe zu erfreuen und, jeder in seiner Weise, ihrer Heilssendung zu nützen" (LG 43).

Die verschiedenen Gruppen oder „Stände" sind in der Kirche aufeinander bezogen. Jede Gruppe „nützt" auf je eigene Weise dem Gesamtauftrag der Kirche, „in Christus gleichsam das Sakrament, das heißt Zeichen und Werkzeug für die innigste Vereinigung mit Gott wie für die Einheit der ganzen Menschheit" zu sein (LG 1). Damit die Kirche diesen ihren Auftrag erfüllen kann, hat der Heilige Geist im Laufe der Jahrhunderte immer neu Gnadengaben geschenkt. Wir sprechen von „Charismen".

Im dritten Jahrhundert entsteht das Mönchtum. Antonius aus Koma in Oberägypten (ca. 251–356) hört im Gottesdienst beim Verkünden des Evangeliums das Wort Jesu an den reichen jungen Mann: „Wenn du vollkommen sein willst, geh, verkauf deinen Besitz ... und folge mir nach" (Mt 19,21). Antonius verkauft seine Güter, gibt den Erlös den Armen und zieht sich als Eremit in die thebaische Wüste zurück. Er sieht in Einsamkeit und Armut die Möglichkeit, ganz mit Gott zu leben. Ihm folgen weitere Eremiten. Pachomius (ca. 292–346), zunächst ebenfalls Eremit, gründet in der Wüste ein Kloster nach der „Engel-Regel", so genannt, weil sie ihm nach der Überlieferung ein

Engel eingegeben hat: Mönche leben unter einem „Abbas", einem väterlichen Leiter, zusammen. Beim Tode des Pachomius gab es bereits zwölf Männer- und zwei Frauenklöster. In der konstantinischen Zeit werden die Christen nicht mehr verfolgt, sondern öffentlich anerkannt. Joseph Ratzinger betonte in einem Vortrag aus dem Jahr 1998, dass das Leben in der Wüste ein radikales Zeichen war: „Der Gang in die Wüste ist ein Heraustreten aus der festgefügten ortskirchlichen Struktur, ein Heraustreten aus einem allmählich mehr und mehr an die Bedürfnisse weltlichen Lebens angepassten Christentums in eine Nachfolge ohne Wenn und Aber hinein."[1] Das Mönchtum setzte damit ein Ausrufezeichen, hatte eine prophetische Funktion für die anderen Christen, für Bischöfe, Priester und Laien.

Auf der Grundlage der ägyptischen Väter entwickelte Basilius (330-379) jene Regeln, die noch heute für die Mönche und Nonnen der griechischen Orthodoxie gelten. Das Leben in den Klöstern wurde abgeleitet aus dem Geist und dem Wortlaut der Heiligen Schrift, vor allem aus dem Gebot der Gottes- und Nächstenliebe. So unterstreicht Ratzinger: „Die erste und eigentliche Regel, die er geschrieben hat, wollte ... keine Ordensregel, sondern eine Kirchenregel sein, ‚das Enchiridion der entschiedenen Christen' ... Er musste jedoch hinnehmen, dass sich die Bewegung der radikalen Nachfolge nicht restlos mit der Ortskirche verschmelzen lässt."[2] Freilich schafft die Mönchsbewegung „ein neues Lebenszentrum, das die ortskirchliche Struktur der nachapostolischen Kirche nicht aufhebt, aber ... als belebende Kraft in ihr wirksam ist, zugleich ein Reservoir, aus dem für die Ortskirche wahrhaft geistlich Geistliche kommen können".[3] So werden in der Ostkirche bis auf den heutigen Tag die Bischöfe aus dem Mönchtum genommen.

Aurelius Augustinus (354–430) lernte das Mönchtum in Mailand kennen. Auf seinem Erbbesitz in Tagaste gründete er das erste Kloster im römischen Afrika. Noch vor Ablauf des ersten Jahres schrieb er seine erste Regel. Als er Priester und Mitarbeiter des Bischofs von Hippo wurde, errichtete er vor der Stadt ein zweites Kloster, für das er eine zweite, ausführliche Regel schrieb. Auch als Bischof von Hippo lebte er weiter im Kloster. Als Seelsorger, der er war, blieb er beheimatet in der Gemeinschaft der Brüder.

An ihn knüpfte Jahrhunderte später Norbert von Xanten (um 1080–1134) an. Der Prediger, Seelsorger, Erzbischof von Magdeburg, wurde im Blick auf die Not in der Seelsorge und die Not an guten Seelsorgern seiner Zeit von Augustinus inspiriert und übernahm für seine Gründung der Prämonstratenser die Augustinus-Regel. Das Leben in der Gemeinschaft wurde fruchtbar für die Seelsorge. Auch der durch Dominikus (um 1170–1221) gegründete „Predigerorden" übernahm die Augustinus-Regel. Das Predigen setzte Studium voraus und die Durchdringung des Glaubens aus einer Haltung des Gebets. Der Wahlspruch der Dominikaner lautete: *Contemplata tradere*, das Meditierte weitergeben!

Zurück zum Mönchtum: Das abendländische Mönchtum ist geprägt durch Benedikt von Nursia (um 480–um 547). Er spürte in der Zeit der Völkerbewegungen den Ruf, an einem festen Ort mit anderen zusammen aus dem Glauben zu leben. Im Vorwort seiner Regel heißt es: „Wir wollen eine Schule des Dienstes des Herrn gründen." Diese Schule des Herrendienstes im gemeinsamen Lob Gottes und in der gemeinsamen Arbeit ist auf IHN ausgerichtet, der unter den Seinen leben und wirken will. Der Mönch liebt in jedem Armen, in jedem Gast, in jedem Bruder und im Oberen Christus. Benediktiner verstehen sich zuallererst als Mönche, ganz gleich, ob sie die Priesterweihe empfangen oder nicht. Sie können Priester werden, wenn sie die entsprechenden Voraussetzungen mitbringen und Bedarf besteht.

Auch in den franziskanischen Ordensfamilien steht nicht die Priesterweihe im Vordergrund, sondern das Bruder-Sein und Schwester-Sein im Sinne des hl. Franz von Assisi (1181/82–1226) und der hl. Klara (1194–1253). Die „Predigt" soll vor allem durch das Leben geschehen.

Für die Jesuiten und andere neuere Seelsorgeorden spielt die Priesterweihe deshalb eine wichtige Rolle, weil sie eine günstige Voraussetzung für das seelsorgliche Wirken darstellt. Auch für die schwerpunktmäßig im 19. Jahrhundert entstehenden Missionsorden ist die Priesterweihe für ihre Wirksamkeit von Bedeutung, wobei auch die Brüder durch ihre Nähe zu den Leuten und ihre praktischen Fähigkeiten für die Arbeit mit den Einheimischen eine wichtige Rolle spielen.

Charles de Foucauld (1858–1916) lebte als Einsiedler, wurde Priester, schrieb eine Ordensregel. Nach seinem Tod wurden elf Ordensgemeinschaften und acht weitere Gemeinschaften und Säkularinstitute gegründet, die sich auf ihn berufen, darunter auch Priestergemeinschaften.

Es gibt neuere Gründungen, die an die Tradition der sogenannten Doppelklöster erinnern, des Nebeneinanders eines Männer- und eines Frauenklosters unter gemeinsamer Leitung. Es zeigt sich in der Gründung der geistlichen Familie „Das Werk", gegründet durch Julia Verhaeghe (1910–1997), mit gemeinsamer Leitung und gemeinsamer Feier der liturgischen Elemente des Ordenslebens. Doppelklöster waren bereits im frühen östlichen Mönchtum bekannt. In merowingisch-fränkischer Zeit gab es Frauenklöster mit angeschlossenem Männerkonvent, im 11./12. Jahrhundert schlossen sich Frauen reformierten Männerklöstern an. Im Doppelklosterwesen wurde für die Nonnen die geistliche Begleitung durch Priester, der Empfang des Bußsakramentes und die Teilnahme an der Messfeier erleichtert. Zudem konnten Priester derselben spirituellen Prägung den Schwestern zur Seite stehen.

Das Ordensleben hat im Laufe der Jahrhunderte Diözesanpriester vielfältig beeinflusst, aber auch umgekehrt: Diözesanpriester haben das Ordensleben inspiriert. So sind bis auf den heutigen Tag in diözesanen Frauenorden Weltpriester als Spirituale oder Superioren tätig. Die „Armen Franziskanerinnen von der Heiligen Familie", als „Mallersdorfer Schwestern" bekannt, wurden durch einen Diözesanpriester, den Pfarrer von Pirmasens, Dr. Paul Josef Nardini, gegründet. Insgesamt scheint mir, dass Priester-Sein bei den Ordensleuten schwerpunktmäßig von Charisma und Zielen der Gemeinschaft her begründet und auf Universalität angelegt ist, bei den Weltpriestern vom Dienst am Volk Gottes in einer bestimmten Region – als Mitarbeiter des Ortsbischofs. Dabei bleibt es wichtig, „dass das geistliche Amt, das Priestertum selbst charismatisch verstanden und gelebt wird".[4]

### Vor neuen Herausforderungen

Die kirchliche Landschaft ist im deutschsprachigen Raum in einem umfassenden Wandel begriffen. Der Anteil der Christen an der Bevölkerung, der Anteil der mit kirchlichen Gemeinden lebendig verbundenen Christen und die Zahl derer, die sich der Kirche als Priester zur Verfügung stellen, nehmen spürbar ab. Pfarreien werden zusammengelegt oder zu Seelsorgeeinheiten zusammengefasst. Die ortskirchlichen pastoralen Räume werden immer größer. Besteht da nicht die Gefahr, dass das elementare Miteinander als christliche

Gemeinde, das Versammelt-Sein um Jesus ausgedünnt wird? Eine neue Herausforderung und eine neue Chance für das Miteinander von Ordensleuten und Weltpriestern! Was zeichnet sich an Neuem ab? Wenn der Pfingsttag keinen Abend kennt: Wo zeigt sich das Wirken des Geistes? Der Geist Gottes, der auch heute die Kirche inspiriert, hat in den letzten Jahrzehnten neue Charismen geschenkt, vielfältige neue Gemeinschaften und Bewegungen entstehen lassen und treibt die Geistlichen Gemeinschaften mit Tradition, die Ordensgemeinschaften, an, ihre Charismen neu zu entdecken und sich im Blick auf die gesellschaftliche und kirchliche Situation neu zu justieren. Sind diese Entwicklungen relevant für die „Weltpriester"? Ich denke: ja, in doppelter Hinsicht: Einerseits gewinnen Orden und geistliche Gemeinschaften in den sich leerenden pastoralen Räumen Bedeutung als spirituelle, diakonische und pastorale Bezugspunkte und Geistliche Zentren. Andererseits bieten Geistliche Gemeinschaften Weltpriestern die Möglichkeit, Communio zu erfahren und zu leben – eine wichtige Basis für fruchtbares pastorales Wirken.

## Geistliche Zentren

Neben dem diözesan und pfarrlich strukturierten Leben von Kirche finden sich Personalgemeinden, Kreise von Freunden und Interessierten um Ordenshäuser und -gemeinschaften, charismatische Gebetsgruppen, christlich motivierte Hilfsorganisationen, Schulen und Altenheime mit Ausstrahlung in die engere oder weitere Nachbarschaft. Es legt sich nahe, dass die „ordentliche Seelsorge" und damit die „Weltpriester" in lebendigen Kontakt mit diesen „außerordentlichen" Wirklichkeiten von Kirche treten. So brachen Steyler Missionsschwestern „nach Frankfurt an den Kirchort St. Aposteln auf, um dort eine Kommunität mit sozialpastoralem Schwerpunkt zu gründen und zu gestalten".[5] Sie berichten über ihre Arbeit: „Unser Weg entstand nach und nach in der Berührung mit den Menschen, denen wir dienen wollten. Wir gingen in die Essensausgabestellen der Stadt, um diese Menschen kennenzulernen. Wir setzten uns zu ihnen, aßen mit ihnen, hörten ihnen zu. Die Leute erzählten von sich, sie zeigten uns ihre Stadt und kamen bald auch zu uns ins Haus. Wir Schwestern brachten in die Begegnungen uns selbst mit: jede mit ihren eigenen Begabungen und Schwächen, zugleich als Teil einer internationalen Ordensgemeinschaft ... Die Menschen in der Gemeinde brachten sich und ihres ein."[6] Es entstand das „Kleidercafé", in dem Menschen „stöbern, anprobieren, sich beraten lassen und ihre Kleider tauschen"[7]. Es findet Begegnung statt. In der Begegnung mit Frauen stellte sich heraus, dass sie in Notlagen leben, „die an die Existenz gehen, materiell, psychisch und spirituell".[8] So entstand das „Nachtcafé" mit der Möglichkeit, ein warmes Abendessen und das Notwendige für die Übernachtung (Matratze/Bettzeug), am nächsten Morgen ein Frühstück zu bekommen. Alles spielt sich im Rahmen des Lebens einer Ordensgemeinschaft ab, in einem Stadtteil, in einer kirchlichen Gemeinde. Ein pastoraler Leerraum füllt sich: Kirche lebt mit den Menschen und für die Menschen und stiftet Beziehungen. Und der Gemeindepriester trifft neue Leute, die Leben in die Gemeinde bringen!

In der Nummer 2/2017 der Zeitschrift „charismen", die von Ordenschristen im Verlag Neue Stadt herausgegeben wird, haben wir aktuelle Beispiele für das Wirken von Ordensgemeinschaften in der City-Pastoral gesammelt: Ein Benediktinerkloster lebt die Gastfreundschaft mit Obdachlosen. Eine von Jesuiten geleitete Citykirche wird zum „Wohnzimmer" für Suchende. Ein Team von einem Ordensmann, einer Ordensfrau und weiteren MitarbeiterInnen geht in Bochum dorthin, „wo die Menschen sind", und lässt so Kirche werden.

**Gemeinschaft unter Weltpriestern**

Im Dekret des Zweiten Vatikanischen Konzils zu Dienst und Leben der Priester, „Presbyterorum Ordinis", heißt es: „Die einzelnen Priester sind mit ihren Mitbrüdern durch das Band der Liebe, des Gebetes und der allseitigen Zusammenarbeit verbunden. So wird jene Einheit sichtbar, durch die nach Christi Willen die Seinen vollkommen eins sein sollten, damit die Welt erkenne, dass der Sohn vom Vater gesandt ist" (PO 8). Der Spiritual des Münchener Priesterseminars hat Modelle und Erfahrungen der Gemeinschaft unter Priestern gesammelt und in einem Buch veröffentlicht.[9] Im Vorwort bezieht er sich auf das genannte Dekret und schreibt: „Wenn die mitbrüderliche Verbundenheit also ein konstitutives Element der priesterlichen Berufung bildet, muss sie sich auch in einer konkreten Form gemeinschaftlichen Lebens ‚inkarnieren'."[10] Solche konkreten gemeinschaftlichen Lebensformen sind häufig inspiriert durch die

Spiritualität von Ordensgründern und -gründerinnen sowie Gründern und Gründerinnen von geistlichen Bewegungen. In neuerer Zeit gewannen ökumenische Gemeinschaften an Ausstrahlung, so die monastische Gemeinschaft Bose in Norditalien und die Gemeinschaft von Taizé in Frankreich.

**Gemeinsame Spiritualität verbindet Laien, Priester und Ordensleute**

Seit Jahren stehe ich mit dem Ökumenischen Lebenszentrum Ottmaring (bei Augsburg) in Verbindung, das von der Fokolar-Bewegung und der Vereinigung vom gemeinsamen Leben getragen wird. Es ist für mich ein Beispiel dafür, wie das Miteinander von Geistlichen Gemeinschaften in die Kirchen und in die Gesellschaft ausstrahlt. Die dort lebenden Priester gehören einfach dazu. Auch ich persönlich, der ich nicht dort wohne, empfinde durch ein jahrzehntelanges Leben in der Spiritualität der Einheit das Miteinander von Laien, Diözesanpriestern und Ordensleuten viel stärker als die Unterschiede. Mit dem Diözesanpriester Wilfried Hagemann verbindet mich jahrelange Freundschaft und Zusammenarbeit. Es ist schön, dass es die verschiedenen Berufungen und die besonderen Ausprägungen des Lebens im Raum der einen Kirche gibt.

---

1 Joseph Ratzinger im Vortrag beim Kongress der neuen Geistlichen Gemeinschaften in Rom am 27.5.1998, in: Benedikt XVI., Kirchliche Bewegungen und Gemeinschaften, München 2007, S. 36.
2 Ebd., S. 37.
3 Ebd., S. 38.
4 Ebd., S. 23.
5 Christine Müller und Bettina Rupp SSpS, Aufbruch – für die Nächsten von heute, in: charismen 4/2017, S. 12.
6 Ebd., S. 12f.
7 Ebd., S. 13.
8 Ebd., S. 15.
9 Andreas Schmidt, Gemeinschaft unter Priestern. Modelle und Erfahrungen aus der Erzdiözese München und Freising, München 2014.
10 Ebd., S. 5.

# Versöhnt leben

Tonja Deister
## Trinitarisch leben in der Beichte – eine Spurensuche

„Gott, der barmherzige Vater, hat durch den Tod und die Auferstehung seines Sohnes die Welt mit sich versöhnt und den Heiligen Geist gesandt zur Vergebung der Sünden. Durch den Dienst der Kirche schenke er dir Verzeihung und Frieden. So spreche ich dich los von deinen Sünden im Namen des Vaters und des Sohnes und des Heiligen Geistes." Während die erste Messe eines neu geweihten Priesters in festlicher Form und meist in großer Gemeinde gefeiert wird, vollzieht er die erste Lossprechung manchmal unerwartet für ihn selbst im verschwiegenen Raum der Beichte.

Immer aber vollzieht sich im Sakrament dreifaltiges Leben mit dem Ziel, diese Dynamik der Liebe im Einzelnen zu stärken und auszustrahlen in die Gemeinschaft und so die Welt zu verwandeln. Dabei ist die Beichte, wie jedes Sakrament, Nach-Vollzug dessen, was Jesus in der Menschwerdung, vor allem aber in Kreuz und Leiden, auf sich genommen hat, um alles, was die Menschen von ihrem Ursprung trennt, *stellvertretend* für die Schöpfung im Heiligen Geist zum Vater zu tragen.

Klaus Hemmerle, Aachener Bischof und Mitbegründer der Fokolar-Bewegung, betont: „Es scheint mir eine ganz vornehmliche Pflicht des Priesters zu sein, Beichtvater zu sein."[1] Dabei gehen Wesen und Wirkung der Beichte über die psychotherapeutische Dimension des Aussprechens und der Erfahrung einer bedingungslosen Annahme hinaus in die sakramentale Wirklichkeit des Glaubens. In seinem Buch „Freundschaft mit Christus" erläutert Wilfried Hagemann: „Heilende, erlösende, vergebende Worte kann ich mir nicht selber zusprechen. Nur ein anderer kann sie mir sagen."[2] Das gilt nicht nur, aber auch für die Begegnung in der Beichte. Die Vergebung, die der Priester dem Beichtenden zusagt, vergewissert ihm die Liebe Gottes.

Auf die höchst aktuelle Bedeutung der Beichte wies Karl Kardinal Lehmann in seinem letzten Hirtenwort 2016 hin und betonte deren Bedeutung mit Blick auf das Herzwort „Barmherzigkeit" im Pontifikat von Papst Franziskus: „Ein ganz besonderes Geschenk ist die recht verstandene Buße und Beichte, ob individuell oder gemeinschaftlich, schließlich die sakramentale Lossprechung. Dies müssen wir im Zusammenhang dieses Jahres der Barmherzigkeit tiefer bedenken. Hier sind freilich die Missverständnisse besonders groß. Umso dringender ist eine wahre Reform."[3]

Chiara Lubich, die Gründerin der Fokolar-Bewegung, hat mit ihren Gefährtinnen in den Trümmern des Zweiten Weltkrieges erkannt, dass die Nachfolge im Wort des Evangeliums ein gemeinschaftlicher Weg sein muss, und zu einer gemeinschaftlichen Spiritualität eingeladen. „Das Zweite Vatikanische Konzil hat uns neu den Sinn für die Einheit in der Gemeinde ins Bewusstsein gerufen. Auf vielerlei Weise hat der Heilige Geist uns die Frohbotschaft der Liebe wiederentdecken lassen. Und das war unbedingt nötig … Überwiegend von einer individuellen Frömmigkeit geprägt, haben wir die gegenseitige Liebe in der Gemeinde wenig betont … Es lässt sich nur erahnen, welche reiche liturgische Erfahrung ein wahrhaft geeintes Gottesvolk hervorbringen könnte."[4] Doch was bedeutet diese gemeinschaftliche Dimension der Spiritualität für den intimen Rahmen der Beichte? Und umgekehrt: Wie befruchtet die Beichte das gemeinsame geistliche Leben? Dieser Beitrag will nach Spuren dreifaltigen Lebens in und aus der Beichte suchen.

**Trinitarische Verfasstheit der Beichte**

Gemeinschaftliche Spiritualität ist und reflektiert sich als Nachvollzug des dreifaltigen Lebens in Gott. „Eine Trinität, die nur über uns schwebt, kann kaum mehr als lebensrelevant verstanden werden. Sie öffnet sich uns erst dann wieder, wenn wir bereit sind, zwischen uns Trinität zu leben. So ist die Verknüpfung der drei Ebenen von Einheit im Johannesevangelium entscheidend:

Die Einheit Jesu mit dem Vater wird zur Einheit zwischen Jesus und uns, und wir werden darin eins miteinander. Diese Ebenen bilden die Grundstruktur des Johannesevangeliums. ... Johannes spricht immer wieder ... von einem gegenseitigen „Innesein" der Personen: du in mir – ich in dir; ich im Vater – der Vater in mir; ihr in mir – ich in euch; einer im anderen – der andere im einen. Dieses vielgestaltige gegenseitige Innesein wird mit einem klassischen Ausdruck der Theologie ‚Perichorese' genannt."[5]

Die Ärztin und Mystikerin Adrienne von Speyr übersetzt dies für die Beichte: „Versteht man den Vater als den Zeugenden, den Sohn als Gezeugten, den Geist als den aus beiden Hervorgehenden, dann versteht man auch, dass jede Person ganz und ausschließlich das zu sein hat, was sie ist, wenn der Austausch im einen Wesen Gottes möglich sein soll. Jede Person ist ganz sie selber den anderen zuliebe, und den andern zuliebe offenbart sie sich ihnen ganz. Aus Dankbarkeit zum Vater zeigt sich etwa der Sohn ihm als der vom Vater Erzeugte, in einer Haltung, die das Urbild der Beichte ist. Und er erwartet die Rückäußerung des Vaters, um sich immer neu nach ihm auszurichten. In der vom Sohn gestifteten Beichte suchen wir ebenso ganz Bekennende zu sein, die sich aufschließen, um Gott ganz zu erfahren und aus dieser Erfahrung neu zu leben."[6]

In dieser wechselseitigen Umspielung auf der Ebene Gottes wie auf der des Menschen vollzieht sich der perichoretische Tanz in der Beichte ebenso wie im täglichen Leben. So haben wir eine erste Dimension der gemeinschaftlichen Spiritualität in der Grundhaltung des Beichtenden, der im Bekennen seiner Schuld eintritt in das Bekenntnis des Sohnes vor dem Vater. Doch genügt das schon, bleibt es nicht dann auf der Ebene des Individuums stehen, das sich zwar im Kontext der Beziehungen bei der Besinnung prüft, aber doch „nur" persönlich beichtet?

## Wesen der Beichte

Dazu soll ein weiterer Blick auf das Leben Jesu die Beichte verstehen helfen. Die Beichte ist das Geschenk des Auferstandenen. Dabei fragt Christus die Elf nicht, ob sie dazu bereit sind! Der Gezeugte zeugt – „Empfangt den Heiligen Geist!", der Gesendete sendet – „Denen ihr die Sünden erlasst, denen sind sie erlassen; denen ihr sie behaltet, sind sie behalten" (Joh 20,22-23). Der Auferstandene stellt dies fest, es ist Verkündigung der Wahrheit Gottes zu dessen Ehre und zum Heil der Menschen.

Ein zweiter Bezug auf das Leben Jesu zur rechten inneren Haltung im Vollzug der Beichte wie in deren Abnahme: Die Fußwaschung, welche der Evangelist Johannes eindringlich schildert und gleichsam wie eine Ikonostase vor die Einsetzung der Eucharistie setzt, weist zugleich verhüllend und enthüllend auf die not-wendige Grundhaltung hin: echte Demut. Romano Guardini schreibt: „Man sagt wohl, einer sei demütig, wenn er sich vor der Größe eines anderen Menschen neigt ... Das ist aber nicht Demut, sondern Ehrlichkeit. ... Demut aber geht nicht von unten nach oben, sondern von oben nach unten. Sie bedeutet nicht, dass der Kleinere den Größeren anerkennt, sondern dass dieser sich vor dem Kleineren in Ehrfurcht beugt. Ein großes Geheimnis, an dem sich erhellt, wie wenig die christliche Gesinnung aus dem Irdischen abgeleitet werden kann."[7]

Auch im Beichten selbst gibt es Entwicklung und Vertiefung. Wer vielleicht zunächst aufgrund äußerer Anregung in einem Glaubenskurs oder im Rahmen der Sakramentenvorbereitung beichtet, kann im Laufe einer tieferen Selbsterkenntnis von innen her ein Bedürfnis zur (regelmäßigen) Beichte spüren. Papst Franziskus[8] betont immer wieder, dass die ehrliche Selbstanklage eine Gnade ist. Den Gedanken zur Demut weiterführend, spürt der Beichtende eine innere Weitung, es geht nicht mehr nur um diese oder jene Handlung, diesen oder jenen Gedanken, sondern in den Sünden erkennt sich der Mensch als Sünder damit als erlösungsbedürftig. Das aber ist der Boden für den Glauben an *den* Erlöser – meinen Erlöser. So kann es Geschenk der Gnade sein, dass der Beichtende noch eine Stufe weitergeht, er beichtet nicht mehr nur „für sich", weil er dann innerlich geordneter oder freier ist (so erfreulich diese Wirkung ist), sondern der innere Beweggrund des Beichtenden wird immer mehr die Liebe zu Gott: IHM nicht nur die Schuld bringen, sondern mich selbst ganz und gar.

Die Beichte der Priester unterscheidet sich von der der Laien. Zum einen müssen sie bewusst von der Aufgabe des Hörenden in die des Bekennenden wechseln, zum anderen sind sie in ihrem Amt in besonderer Weise (dienendes!) Haupt der Gemeinden, sie tragen nicht nur die persönliche Schuld im

Herzen, sondern stehen auch für die der Gemeinde und zeigen darin für alle, wo es gilt, die Ebene des Individuums zu weiten. „Er [der Priester] sollte realisieren, was es heißt, durch seine Beichte Lebendiges zu schenken wie zu erhalten, seinem persönlichen Bekenntnis etwas vom Gesicht des Bekenntnisses von Gemeinde und Kirche aufzuprägen, um gleichzeitig auch dem Bekenntnis von Gemeinde und Kirche etwas von der Gnade seines eigenen Bekennens zu schenken."[9]

## Beichte ist Aufbruch zur Gemeinschaft

Die Beichte lädt den Einzelnen ein, auf sein Leben zu schauen. Das, was an Schuld erkannt wird, steht immer im Kontext eines Bruchs oder einer Schwierigkeit mit den Beziehungen des Menschen: zu sich selbst, zu Gott – zu den anderen – zu den Dingen und der Natur.

Schuld will mit dem Einzelnen allein sein, separiert ihn. Wenn einer einem Freund ein böses Wort gesagt hat, spürt er in der Nachwirkung, dass etwas in der Beziehung gebrochen ist. Der andere kommt nicht mehr offen zu ihm, der Mensch selbst wird den anderen nicht mehr ohne Weiteres ansprechen oder gar um etwas bitten. Die verlorene Ordnung im Gebetsleben ist für den lieben Gott keine Schwierigkeit, *seine* Liebe zum Menschen ist ungebrochen, aber der Mensch selbst spürt, dass im weniger aufmerksamen oder zeitlich reduzierten oder ganz aufgegebenen Beten der Beziehung zu Gott etwas fehlt. So versteht es auch der evangelische Theologe und Widerstandskämpfer Dietrich Bonhoeffer: „Je einsamer der Mensch wird, desto zerstörender wird die Macht der Sünde über ihn, und je tiefer wieder die Verstrickung, desto heilloser die Einsamkeit."[10] Durch das Bekenntnis überwindet der Mensch die Isolation, schon das Aussprechen der Schuld ist ein Schritt auf die Gemeinschaft zu. Bonhoeffer beschreibt dies auch für das Schuldbekenntnis vor einem Laien: „In der Beichte geschieht der Durchbruch zur Gemeinschaft."[11] Wilfried Hagemann betont den sakramentalen Charakter der Beichte: „Wenn der Priester die Barmherzigkeit Gottes des Vaters bezeugt und die Absolution im Namen des dreifaltigen Gottes spendet, kann eine innere Wende beim Beichtenden eintreten."[12]

Doch wie weit geht dieser Durchbruch zur Gemeinschaft? Bei kontemplativen Orden gehört es oftmals zur Ausbildung im Noviziat, dass in einer bestimmten Phase die Novizen ihre Beichte in Anwesenheit der anderen Novizen ablegen. Darin liegt eine Einladung zur Demut, sich mit den eigenen Fehlern und Grenzen zu zeigen und auszusöhnen, sowie eine Entlastung zu merken: Die anderen kämpfen mit Ähnlichem, vielleicht gerade die, bei denen man es nicht vermutet hätte. Es ist aber auch eine Weitung des Bekenntnisses, nicht nur nach den „vertrauten" Fehlern und lebensfeindlichen Haltungen zu suchen, sondern sich im guten Sinne vom Bekenntnis der anderen zu einer neuen Weite des Glaubens, aber auch des Bekennens anregen zu lassen. Und es schult die Gemeinschaft, konkretisiert das Anliegen, einander mitzutragen, dem Vorbild Jesu bei seiner Taufe folgend. Wie sehr kann sich das Ich des Menschen weiten, um auch in der Beichte dem Vorbild Jesu zu folgen und dreifaltig zu leben?

### Stellvertretung – hin zur Weite des Glaubens und Liebens in der Beichte

Beichte gründet immer auf dem Leiden und Sterben Jesu, der *alle* Schuld der Menschheit trägt. Er kann dies tun, weil er der Sohn ist, der Schuldlose, der schon am Jordan mit seinem ersten Auftreten stellvertretend sich der Buß-Taufe des Johannes unterzieht. Im Sterben am Kreuz übernimmt er den Preis der Sünde, welcher der Tod ist. In der Auferstehung siegt die Liebe über den Tod. Der Auferstandene schenkt den untreuen Aposteln als erste Gabe den Frieden, die Vergebung und sendet sie, dieses Geschenk weiterzugeben. So ist die Beichte als erstes ein Geschenk an den Einzelnen, seine Beziehungen im Anschauen dessen, was nicht recht ist, um im reumütigen Schuldbekenntnis die bedingungslose Liebe Gottes zu erfahren.

Ein darin beschenkter Mensch wird von innen heraus danach streben, seine Beziehungen immer besser zu leben und von Gottes Liebe her auf sich selbst, auf den anderen und auf die Dinge zu schauen. Wer sich diesem Prozess der Liebe überlässt, wird von allein in eine Haltung der Liebe genommen: nicht mehr aus Furcht vor Strafe zu bekennen, sondern aus Liebe zu Gott. Wir wissen von vielen Heiligen, dass ihr Gewissen trotz heiligmäßigem Lebenswandel und angesichts der relativ „geringen" Sünden keineswegs beruhigt war, sondern dass sie – je näher sie Gott kamen – ein immer schärferes Gespür dafür entwickelten, wie sehr sie hinter dem Maß der Liebe zurückblieben und der Vergebung Gottes bedurften.

Neben der Sensibilisierung für die eigene Schuld kann dabei auch ein Verständnis dafür wachsen, dass es ja nicht nur die ganz persönliche eigene Schuld vor Gott zu tragen gilt, sondern dass der Einzelne, dort wo er in einer Gemeinschaft steht, ebenfalls hinter der Liebe zurückgeblieben ist und dass diese nicht nur die persönliche Schuld des Einzelnen ist. Daraus wächst über das persönliche Bekenntnis hinaus auch das, was er als Teil einer Gemeinschaft Gott bekennt, was er im „wir" schuldig geblieben ist: wo wir als Ehepaar nicht in aller Entschiedenheit für unsere Liebe Zeugnis gegeben haben, wo wir als Ordensgemeinschaft oder Zelle einer geistlichen Bewegung hinter dem Ideal zurückgeblieben sind, wo wir als Kirchengemeinde oder Diözesankirche den Aufgaben, die in der Gesellschaft gestellt sind, nicht entsprechend der Weisung Jesu gelebt haben.

Und vielleicht können wir in der „Torheit der Liebe" noch einen letzten Schritt gehen. Jesus am Kreuz hat *alle* Schuld der Menschen getragen und gewissermaßen schon hingetragen zum Vater und in seine Barmherzigkeit. Insofern ist die Beichte jedes Einzelnen nie „neu", sondern immer Nachvollzug dessen, was Jesus schon zum Vater getragen hat. Vielleicht kommt in der Beichte der Punkt, wo ich Schuld der Gemeinschaft, zu der ich gehöre, mit hineinnehme ins Bekenntnis und vor Gott trage, auch wenn ich im Einzelnen eigentlich gar nicht alles zu verantworten habe. Aber ich kann mir unser Versagen zu eigen machen und Gott auch für die anderen um Vergebung bitten. Nicht mit moralischer Überheblichkeit, sondern im ehrlichsten und herzlichsten Solidarverbund der Sünder. Vollziehe ich so nicht gewissermaßen nach, was Jesus am Kreuz in existenzieller Weise für uns gelebt hat, sein Leben zu geben, um Welt und Schöpfer zu versöhnen? In diese von ihm gewirkte Versöhnung kann ich eintreten – und dahinein kann, darf ich auch das „Wir" mitnehmen.

Die Heiligenbiografien kennen eine Reihe von Seelen[13], die ihre Berufung darin fühlten, etwas von der Schuld anderer im Mitleiden der Passion Jesu mitzutragen und Gott anstelle der anderen um Vergebung zu bitten. Wie könnte ein Gott, der die Liebe ist, sich solcher Hochherzigkeit verweigern. Mögliche dogmatische Einwände sind schnell bereit: Schuld muss persönlich bekannt werden, Vergebung gilt dem Einzelnen. Was aber sagt die Liebe dazu? Adrienne von Speyr schreibt: „Der Sohn hat somit die Sünde auf zweierlei Art mitgetragen: Er hat sie am Karfreitag bis zu seinem Tod getragen als die persönliche Schuld jedes Einzelnen, sühnend sie getragen mit seiner gottmenschlichen Person, in der Tat, die das höchste Subjektive war, das der Sohn für die Sünder leisten konnte. Damals erschien jede Sünde verbunden mit dem sie begehenden Sünder, sie trug die Züge des Subjektes, das sie begangen hatte. Am Karsamstag hingegen, in der Schau der Weltsünde aus dem Blickpunkt der Unterwelt, löst sich die Sünde vom Subjekt des Sünders, bis sie nur noch das Ungeheure, Amorphe ist, das den Schrecken der Unterwelt ausmacht und das Grauen des Betrachters hervorruft. Es ist die Sünde in ihrer letzten und ewigen Auswegslosigkeit, aber die anonym gewordene Sünde, aus deren Realität und Aussehen nicht mehr auf die einzelnen Sünder und ihren Anteil geschlossen werden kann. Es gibt somit auf diesem Gang durch die Unterwelt etwas wie ein persönliches Tragen (oder eine belastende Schau) der unpersönlichen Sünde."[14]

Vielleicht müssen wir uns im Vollzug der Beichte ebenso wie in der Feier der Eucharistie vom Heiligen Geist in einen neue Weite führen lassen, um Gott keine Grenzen zu setzen. „Gott ist die Liebe", das war die zündende Erfahrung Chiara Lubichs in der tiefen Erschütterung des Zweiten Weltkrieges.[15] Und ER will auch heute uns die je größere Liebe schenken.

Ich danke allen Leserinnen und Lesern, die sich mit auf die Suche gemacht haben. Sie sehen: Mehr Fragen als Antworten, deshalb: Spurensuche. Aber der Durst nach dreifaltigem Leben ist ein sicherer Kompass in unbekanntem Gelände, wie Klaus Hemmerle unterstreicht: „Nur in Gemeinschaft vermögen wir die Welt zu gestalten und ihre Probleme zu lösen. Nur was wir miteinander und im Blick auf alle tun, hat Wirkung und Bestand, und was je ein Einzelner tut, das erhält sein Gewicht von dem, was es an Wirkung auslöst und wie es in Zusammenhänge hineinreicht, welche die Gesellschaft, letztlich die menschliche Gesellschaft, betreffen."[16]

1 Klaus Hemmerle, Kehrt um in den neuen Anfang, den Gott setzt. Warum die Leute heute (nicht mehr) beichten, in: Rheinischer Merkur 36 (1981) 11, S. 22.
2 Wilfried Hagemann, Freundschaft mit Christus. München 2012, S. 65.
3 Karl Kardinal Lehmann, Barmherzigkeit leben. Hirtenwort des Bischofs von Mainz zur Österlichen Bußzeit 2016.
4 Chiara Lubich, Alles besiegt die Liebe, München 1998, S. 72f.
5 Klaus Hemmerle (1993). Die Botschaft von der Trinität – Botschaft unserer Zeit. In: Leben aus der Einheit. http://www.klaus-hemmerle.de, Abschnitt [44] vom 3. April 2018.
6 Adrienne von Speyr, Die Beichte, Einsiedeln $^2$1982, S. 21.
7 Romano Guardini, Der Herr. Über Leben und Person Jesu Christi, Freiburg $^6$1990, S. 384-385.
8 Papst Franziskus (Jorge Mario Bergoglio), Über die Selbstanklage – Eine Meditation über das Gewissen, Freiburg 2015.
9 Adrienne von Speyr, Die Beichte, Einsiedeln $^2$1982, S. 144-145.
10 Dietrich Bonhoeffer, Gemeinsames Leben, München $^{23}$1987, S. 94.
11 Ebd.
12 Wilfried Hagemann, Beichte und Neuanfang, das prisma, Beiträge zu Pastoral, Katechese und Theologie, 28. Jg./ 2-2016, S. 28.
13 Zum Beispiel Teresa von Avila, Rita von Casscia, Therese von Lisieux, Catharina Labourrè, Edith Stein.
14 Adrienne von Speyr, Die Beichte, Einsiedeln $^2$1982, S. 60f.
15 Vgl. Silvana Veronesi, Was in Trümmern begann ... Die Anfänge der Fokolar-Bewegung in Trient, München 2007.
16 Klaus Hemmerle, Offene Weltformel, München $^2$1971, S. 55-56.

Matthäus Appesbacher
# Barmherzigkeit schafft Raum zum „Werden"

## A. Ein kleiner Prolog

Von Kindesbeinen an hat mich der Schöpfungsbericht in der Bibel fasziniert. Ich wuchs nämlich in einem ländlichen, katholisch gläubigen Familienkontext auf. Was im Schöpfungslied (Gen 1,1ff) bildhaft und anschaulich geschildert wird, das war die Welt, die mich umgab, in der ich zu Hause war. Es ist die Welt des Werdens, des Vergehens, des Neuwerdens. Und sie hatte ja von Gott selbst das beste Zeugnis, das höchste Lob bekommen. Von allem, was da jeweils geworden ist, heißt es: „Er sah, dass es gut war" (Gen, 1,9), ja am Schluss sogar, „dass es *sehr* gut" war (Gen 1,31), was da *geworden* ist. Dieses Wort „werden" hatte für mich einen eigenen Hoffnungsklang. Das Erwachen der Natur nach dem Winter weckte in mir die Überzeugung, dass alles „immer wird". Wenn meine Mutter gefragt wurde, wie es ihr denn mit ihrem Buben geht – gemeint war ich –, sagte sie: „Der Bub wird schon." An noch etwas erinnere ich mich. Ich war knapp fünf Jahre alt, als mein Vater beim Russland-Feldzug 1943 in Orjel erschossen wurde. Als die Todesnachricht kam, nahm mich die Mutter bei der Hand und betete mit mir ein Vaterunser und sagte dann: „Aber der Himmelvater verlässt uns nicht. Es wird schon wieder werden!" „Und es ward ...", sagt der Schöpfungsbericht. Was für ein Segenswort!

Hunderte Male, ja vielleicht tausende Male habe ich dieses Wort „Es wird schon wieder werden" gehört und verschiedenste Menschen erlebt, die mir das „Werden" ermöglichten, die mir etwas zu-getraut haben, oder zu-gemutet oder auf-getragen haben. Wilfried Hagemann gehört auch zu ihnen. Ich verdanke ihm viele erhellende, anregende, ermutigende und tragfähige Worte, Zeichen und Gedanken. Vor allem in der Zusammenarbeit bei der Herausgabe der Zeitschrift „das prisma". Mein bescheidener Beitrag in dieser

Festschrift möchte ein kleines Danke dafür sein. Er entspringt weniger einer wissenschaftlich-theologischen Reflexion zum gestellten Thema als den Gedanken einer persönlichen Erfahrung und pastoral-brüderlicher Communio. Unsere Wege haben sich immer wieder getroffen. Das erste Mal 1965 beim Sommertreffen der Fokolar-Bewegung (Mariapoli) in Wattens/Österreich, dann in Affalterbach, Fulda, Ottmaring, Rom, in der Schweiz, in Wien, in Salzburg ... Als unvergessliche Momente bleiben sicher jene, wo wir Gottes Geist und die Gegenwart Jesu unter uns spürten. Und das war uns fast immer geschenkt. So erschloss sich mir auch aus dieser freundschaftlichen Beziehung mit der Zeit eine neue Sicht von Theologie und spirituellem Leben aus dem Charisma von Chiara Lubich.

Nach meinem ersten Bekanntwerden mit der Bewegung der Fokolare 1963 in Wattens – es war im Jahr vor meiner Priesterweihe und unmittelbar vor der Zweiten Sitzung des Weltepiskopates beim II. Vatikanischen Konzil – gab es für mich eine Menge Überraschungen: Ich fand in dieser Gemeinschaft viele begeisterte Jugendliche, hörte neue Lieder, erfuhr ein Klima der gegenseitigen Liebe, gelebte Fröhlichkeit ... Aber ich erlebte auch für mich nach damaligem Empfinden Seltsames: Das Evangelium jeden Tag leben (also nicht nur studieren oder betrachten; was heißt das?), „Erfahrungen" mit dem Evangelium austauschen (wie soll das denn gehen?), täglich die hl. Messe mitfeiern; als Erste(r) lieben, alle lieben, die „Dominanz" der Frauen ..., es gab fast nur Texte von und über Chiara Lubich zu hören, alles war sehr „italienisch" geprägt (z. B. die Unpünktlichkeit) ... Es gab für mich vieles zu „verdauen". Faszinierend und zugleich „gefährlich", grenzgängig neu, sektennah oder doch katholisch? Irgendwie schien da trotzdem etwas vom *Mysterium Dei* durch, das „tremendum et fascinosum": das erschütternde und zugleich faszinierende Geheimnis Gottes. In den ersten Jahren der Kontakte und mit dem vermehrten Vertiefen in die Texte und Gedanken von Chiara Lubich kristallisierte sich für mich so etwas wie ein Leitmotiv oder ein Lebensmotto heraus: „Sich eins machen". Dieser Ausdruck hat heute durch Papst Franziskus eine neue Bedeutung für mich bekommen. Das von ihm immer wieder gebrauchte Wort „Zärtlichkeit" und sein Umgang mit jedem Menschen kann als „Sich eins machen" verstanden werden; zumindest deute ich es so. Ja ich meine, dass *Barmherzigkeit* als prägendes Wort und Handeln seines Pontifikates genau das trifft, dass es ein „Sich-in-den-Menschen-Hineindenken, -Hineinfühlen, -Hineinlieben" meint.

## B. Barmherzigkeit – ihre Tiefendimension

*1. Eine persönliche Erfahrung*
Aus meiner Gymnasialzeit ist mir ein persönliches Erlebnis in Erinnerung, das für mich wie eine Schlüsselerfahrung ist. Im dritten Stock eines Internats haben wir Burschen zum Zeitvertreib einmal ein „Mutprobenspiel" gemacht: Zwei Schüler – einer davon war ich – haben einen dritten bei den Füßen gehalten und aus dem Fenster im dritten Stock geschoben. Der Blick nach unten hat einen Angstschrei in ihm ausgelöst, den ein Polizeiinspektor, der gerade unten am Haus vorbeiging, hörte; sofort meldete er es dem strengen Direktor (Regens). Innerhalb weniger Minuten standen wir knieschlotternd im Regenszimmer wie Angeklagte in einer Reihe. Der Polizist riet dem Direktor, uns eine strenge Strafe aufzuerlegen. Das konnte für jeden von uns nur „Entlassung" bedeuten. Der Direktor ging minutenlang vor uns hin und her, ohne ein Wort zu sagen. Dann wandte er sich uns zu und sagte mit ernstem Blick: „Diesmal will ich euch vergeben." Und er reichte jedem von uns die Hand und blickte ihn an. Es war eine mir unvergessliche und wohl grundlegende Erfahrung von Barmherzigkeit! Eine meinen Lebensweg prägende Entscheidung! Mein Leben wäre völlig anders verlaufen, wenn ich statt Barmherzigkeit die Strenge des Richters erlebt hätte. Vergeben ist immer ein „Akt der Befreiung", Freisetzung von neuen Möglichkeiten, das „Werden" ermöglicht. Gerechtigkeit sieht nur das, was der Mensch „verdient" hat, Barmherzigkeit sieht immer das, was der Mensch braucht.

*2. Die Sehnsucht nach Selbsterkenntnis*
In unserem pädagogischen und pastoralen Denken und Handeln dominiert fast immer der Imperativ des „Du sollst", man soll einem Ideal entsprechen. Oft auch „Du musst". Anders gesagt: „Du bist noch nicht ..., du entsprichst noch nicht ...", „du bist noch etwas schuldig". Eine solche Erwartungshaltung

ist die Schlüsselstelle für das Werden. Sieht man es als Chance, positiv, wohlwollend, dann ermöglicht es einen Raum zum „Werden". Sieht man es aus der Position des Fordernden, der Strenge, dann übt man Macht und Druck aus und verengt den Freiheitsraum. Man schafft ein Gefängnis des „Nicht-Entsprechens". Dies ist für das *Gottesbild* – und deshalb für die Gottesbeziehung – ganz entscheidend. Wir wissen, dass wir dem Idealbild, das Gott und auch die Mitmenschen von uns haben, nie oder nur teilweise entsprechen. In gewisser Weise bleiben wir beiden immer etwas schuldig. In der Religionspädagogik spricht man hier vom „Buchhalter-Gott", „Richter-Gott" oder „Leistungs-Gott" im Gegensatz zum Gott als Vater oder Mutter. Es ist für unsere Gottesbeziehung von größter Bedeutung, welches Gottesbild in uns entsteht und welches wir vermitteln. Unser innerstes Verlangen ist, vor dem anderen rein, „gerechtfertigt" dazustehen, perfekt zu sein. Wir schaffen es aber nicht alleine.

## 3. Die Sehnsucht nach Wiedergutmachung

Raphael M. Bonelli schreibt in seinem Buch mit dem Titel „Selber schuld": „Beichten ist ein normales menschliches Bedürfnis" und: „Jeder psychisch gesunde Mensch trägt tief in sich eine Sehnsucht, seine ‚Schandtaten' bekennen zu können und dadurch (alles) ... wieder-gutzumachen." Bonelli meint mit Beichten zunächst nicht die sakramentale Form des Beichtens, sondern das Sich-Eingestehen der Fehlerhaftigkeit. Also: sich kennen und auch bekennen lernen. Was hat es auf sich mit dem Satz: „Die Leute sollen besser zum Priester beichten gehen, was nichts kostet, als zum Psychotherapeuten, den man teuer bezahlt?" So einfach, wie manche die heutige Beichtstuhl-Absenz deuten und sich eine Lösung vorstellen – nämlich dass Beichten billiger käme –, geht es nicht. Das wäre eine Verkennung der komplexen Wirklichkeit des Menschen. Der Dienst des Bußsakramentes hat eine grundlegende Veränderung durchgemacht und ist wesentlich anspruchsvoller geworden, als er es vor 40, 50 Jahren war. Vor allem stellt er hohe Ansprüche an den Spender des Sakramentes im Hinblick auf das Einfühlungsvermögen dem gegenüber, der zur Aussprache oder Beichte kommt. Wie kann da „Barmherzigkeit" erfahrbar werden? Was heißt hier „Zärtlichkeit Gottes erfahrbar machen", was bedeutet „Sich eins machen" mit dem Pönitenten? Oft genügt einfach ein „Grüß Gott" oder „Schön, dass Sie gekommen sind ...". Es gilt auch heute: „Natura urget gratiam" (Die Natur verlangt nach der Gnade) *und* „Gratia supponit naturam" (Die Gnade setzt die Naur voraus); beides braucht es. Ja es hat noch größere Bedeutung bekommen und verlangt das Ernstnehmen der menschlichen Voraussetzung für Gnade und wirksame Angebote menschengerechter Hilfe in seelischer Not. Umgekehrt muss man sagen: Psychologische Hilfen oder eine psychotherapeutische Behandlung allein kann einen Vergebungsakt seitens Gottes auch nicht ersetzen. Die Frage, ob Psychologie und Psychotherapie etwas mit dem Sakrament der Buße, also mit Beichte zu tun haben oder haben sollen, ist nicht nur stellens*wert*, sondern stellens*notwendig*.

Es scheint, dass heute in der Gesellschaft und in der Kirche das Thema „Wiedergutmachung" sensibler wahrgenommen wird und in eine neue, sinnvollere und humanere Richtung geht. Man denke diesbezüglich etwas an den sozialen Einsatz im Strafbereich oder an die in letzter Zeit so oft vorkommenden Entschuldigungs- und Vergebungsbitten in Gesellschaft und Kirche.

Das Wissen um die Notwendigkeit der angemessenen Wiedergutmachung bei falschem Verhalten ist auch in unsere je eigene Verantwortung gestellt. Wo sie nicht eingelöst wird, entsteht „Erbschuld"[1], und die ist oft mehr, als man denkt, eine Ursache für seelischen Druck, psychische Krankheiten oder auch für Vergeltungs-Drohungen zwischen Völkern und Staaten. Jeder von uns ist in Umstände hineingeboren oder hineingestellt, die behindernd oder belastend sind für die Entfaltung des Lebens, z. B. die Schuld der Vorfahren, eine feindlich geprägte Nachbarschaft usw. Man kann sagen: Das Thema Schuld und Wiedergutmachung – Versöhnung – ist ein dominantes Thema, das in alle Bereiche des Lebens und der Kultur des Menschen hineinwirkt und sie positiv oder negativ prägt. Papst Franziskus hat in dieser Hinsicht ein starkes Bewusstsein in unserer Gegenwart weltweit geweckt.

*4. Reifer und unreifer Umgang mit Schuld*
Der im Jahr 2013 verstorbene Altbischof von Innsbruck, Reinhold Stecher, hat sich intensiv mit dem Thema Schuldbewältigung auseinandergesetzt.[2] Nicht zuletzt hat ihn dazu der zynische Umgang der Nationalsozialisten mit dem Menschen in seiner Jugendzeit – er war selbst davon betroffen – dazu bewogen. Er vergleicht die Schuld mit dem Müll in der Seele des Menschen. Müll muss entsorgt werden. Es gibt die „geordneten und die wilden

Mülldeponien"[3]. Stecher spricht auf dieses Bild bezogen von einem reifen Umgang und von einem unreifen Umgang mit Schuld. Der reife Umgang (geordnete Deponie) löst die Schuld im Menschen und erlöst ihn, der unreife Umgang (wilde Deponie) löst nichts, er vermehrt und vergrößert oft sogar die Schuld.

**Zu den unreifen Formen der Schuldbewältigung** gehören für ihn folgende Verhaltensweisen:
• Das *manipulative Schönreden*. Beispiel Abtreibung: In der Anfangsphase der Diskussion hörte man oft noch das Wort „Mord", dann „Totschlag", dann „Tötung", dann „(Schwangerschafts)-Unterbrechung" und schließlich „(Fristen)-Lösung". Was für eine Sprachmanipulation!
• Die *wortreiche Diskussion*: Beispiele liefern uns die Talkshows und die Endlosdiskussionen in Parlamenten und im TV, das „Zerreden".
• Den *Anderen belasten:* Wahrscheinlich kennen wir das von unserem Leben in Familie und Schule. Wenn der Staubsauger nicht mehr funktioniert, war es der kleinere Bruder, und wenn das Fenster eingeschlagen wurde, war es der schwächste Schüler in der Klasse.
• *Das Kollektivieren*: „Was alle machen, kann nicht falsch sein"; dann tanze ich nicht aus der Reihe, dann kann ich mich verstecken.
• *Das Wegschauen*: Sie kennen möglicherweise das Bild von den drei Affen von Benares: Der eine hält sich Ohren zu, der andere die Augen und der dritte den Mund.[4]
• *Sich als Opfer darstellen*: die Wirklichkeit nicht annehmen können oder wollen, sondern in eine „virtual world" flüchten.

**Für eine reife Form der Schuldentlastung** sind nachstehende Verhaltensweisen hilfreich und bedenkenswert. In der (Religions-)Pädagogik spricht man von einer „Taxonomie" der Schritte zur Aufarbeitung von Schuld in der Gewissenserziehung:
• Schuld erst überhaupt einmal als Schuld einsehen können.
• Schuld benennen können – das richtige Wort finden und gebrauchen, Sachklärungen ermöglichen. Dazu ein Beispiel mit Augenzwinkern: Ein Schüler sagte zu einem Priester bei einer Beichte „Ich bin falsch gewesen." Auf die

Frage, ob er sagen kann, was das heißt, antwortete er: „Ich habe zum anderen gesagt: ‚Geh her, wenn du dich traust', und habe mich selber gefürchtet."
- Schuld begründen können: Warum ist etwas eine Schuld? Gegenüber wem?
- Schuld bereuen können.
- Chancen der Schuldvergebung suchen.
- „Schuld- und Sündenkataloge" kennenlernen wie z. B. die zu den Zehn Geboten.
- (Normal-)Formen der Vergebung (kennen)lernen: in die Augen schauen, sich mit Worten entschuldigen, Handschlag, Umarmung, Zeichen der Aufmerksamkeit setzen.
- Entschuldigung annehmen können.

Diese Fähigkeit, in Schritten zu lernen und sie zu lehren, ist uns als Pädagogen, Therapeuten und Seelsorger als permanente soziologische und seelsorgliche Erziehungs- bzw. Bildungsaufgabe aufgetragen. Die Entscheidung, zu vergeben oder nicht zu vergeben, bringt oft eine weitreichende Weichenstellung mit sich. Solange wir Verletzungen nachtragen oder nicht heilsam bearbeiten, bleiben wir Gefangene unserer eigenen Vergangenheit. Wir starren zurück und erstarren zunehmend, ähnlich wie Lots Frau beim Zurückschauen auf die brennende Stadt. Vergeben heißt Weggeben, Loslassen und ist ein Akt der Befreiung.

*5. Die Hürde für das Sakrament der Buße*
Es geht darum, mein Ich in die Beziehung zu Gott zu bringen. Die anthropologischen Fähigkeiten, z. B. Schuld anzuerkennen und zu verzeihen, sollten in die persönlich gelebte Beziehung zu Gott einmünden. In gewisser Weise ist es, vereinfacht ausgedrückt, Martin Luthers großes Anliegen: „Wie finde ich einen gnädigen Gott?" Diese Suchaufgabe verlangt Eigenaktivität in Bezug auf die persönliche Gottesbeziehung. In der katholischen Kirche wird im Sakrament der Buße die „Hochform" der Schuldvergebung (neben „Normalformen" wie verbaler oder zeichenhafter Entschuldigung) gesehen. Hochform deshalb, weil das Bezugsfeld umfassend ist: der Gottesbezug, der Kirchenbezug, der Bezug zum Menschen als Geist- und Leibwesen mit allen Sinnen: Bei der Beichte *hört* man Zuspruch durch die Lossprechung, *sieht* das Kreuzzei-

chen, *spürt* man durch die Handauflegung etwas. *Tut* etwas (Tatbuße). Auch die eigene Erfahrung, einem anderen vergeben zu haben, kann Mitgefühl, Wohlwollen und vertrauensvolle Reaktionen bewirken und einen Zugang zum Sakrament der Barmherzigkeit ermöglichen. In meiner über fünf Jahrzehnte dauernden Praxis als „Beicht-Priester" erlebte ich einen großen Wandel vom Verständnis des Bußsakramentes und viel innerkirchliches Gejammer über den Rückgang des Empfangs dieses Sakramentes. Viele sehen darin den wachsenden Glaubensverlust, andere meinen, dass Gott als liebender und barmherziger Vater als zu harmlos und zu wenig streng verkündet wird. Manche meinen, es gebe überhaupt kein Sündenbewusstsein mehr, wieder andere sehen in der früher allzu strengen Buß- und Lossprechungspraxis einen wesentlichen Grund für die Scheu vor dem Beichtstuhl, abgesehen von der oft unmöglichen Gestaltung des Raumes für dieses Sakrament. Die Kirche müsste sich darüber Gedanken machen, warum der Zugang zum Sakrament der Buße für viele Christen heute innerlich entfernter liegt als der zum Psychotherapeuten. Dies lässt sich nicht in einigen Sätzen beantworten, weil die Motivationen und lebensgeschichtlichen Hintergründe subjektiv sehr verschieden sind.

Man darf auch nicht vergessen, dass es Beicht- und Ausspracheorte in nicht geringer Zahl gibt, die auch frequentiert und aufgesucht werden. Wer selbst, so wie ich, persönlich an solchen Orten Dienst tut, kann bestätigen, dass dort viel Heilung, Ermutigung, Problemlösung, Neubeginn und vielleicht Prophylaxe gegen Depression geschieht. Wir tun uns selbst als Kirche einen schlechten Dienst, wenn wir nur die statistischen Zahlen der Beichtenden von früher und heute vergleichen und sie bejammern. Das sagt über die Wirkung und Handhabung dieses Sakramentes wenig aus. Trotzdem ist das Faktum der Zahlen ein wichtiger Denkanstoß. Findet die Kirche die Nähe, die verständliche Sprache, die Formen der Glaubwürdigkeit nach innen und außen und versteht sie, dass es ihr nicht um sich selbst geht, sondern um den Menschen, dann kann sie im salutogenetischen Bereich einen unverzichtbaren Beitrag einbringen. Und es gilt auch, alle Vorurteile und Ängste gegenüber den humanwissenschaftlichen Möglichkeiten des Heilens zu eliminieren und ein Voneinander-Lernen zu wagen.

## C. Die Hürde für das Sakrament der Buße

Am Beginn dieses Beitrags habe ich unter dem Titel „Ein kleiner Prolog" zwei Worte gleichsam als „Leitmotive" meines priesterlichen Dienstes erwähnt. Das eine hieß „Werden" und das andere „Sich eins machen" oder Zärtlichkeit, Barmherzigkeit. Im Prozess des Werdens, des Eins-Werdens, können wir ein Abbild der Dynamik dreifaltigen Lebens sehen, ein Abbild Gottes, das er, der Eine in drei Personen, in seiner nie zu begreifenden Liebe erdacht und erschaffen hat. Eins werden in der je eigenen Originalität ist das Ziel der Schöpfung und der Menschheit. Barmherzigkeit – was immer wir darunter konkret verstehen – ist der Weg, eine heilere und vollkommenere Welt zu werden.

1 Erbschuld wird hier verstanden als Hinterlassen von Negativfakten oder negative Zustände, die religiöse oder soziale Beziehungen belasten, weil sie nicht „entschuldigt" worden sind.
2 Bischof Stecher war von den Nazis in einem Gestapogefängnis eingesperrt.
3 Vgl. „Mitteilungen", Nr. 3/2014, Katechetisches Amt der Erzdiözese Salzburg.
4 Kleiner Scherz am Rande: Inzwischen gibt es schon einen vierten Affen, der nichts hört, nichts sieht, nichts spricht, aber ein Smartphone in der Hand hält.

# Erneuerung der Kirche und ihrer Pastoral

Christian Hennecke
## Eine Pastoral der Auferstehung
Nachdenken über postmoderne Ansätze kirchlicher Entwicklung

Wir sind mitten in einem Umbruch. In einem epochalen Klimawandel. Wie jeder Klimawandel begann er unbemerkt. Und wer heute zurückschaut, der kann den Anfangsmoment auch nicht wirklich fixieren. Statistisch lässt sich deutlich erfassen, dass seit den 60er-Jahren die „Praxis" des Christseins sich ändert. Wenn zu dieser Zeit ein ständiger Rückgang der Mitfeiernden im Gottesdienst zu beobachten ist, dann ist dies allerdings nicht der Anfang der Veränderung, den Autoren wie Thomas Großbölting, als Historiker, schon nach dem Zweiten Weltkrieg ansiedeln – wenn etwa P. Ivo Zeiger schon 1948 von Deutschland als „Missionsland" sprach und damals schon in den bischöflichen Jugendämtern die deutlich abnehmende Beteiligung am kirchlichen Leben registriert wurde. Und sind nicht die Erfahrungen des 19. Jahrhunderts mit ihren charismatischen Aufbrüchen in einer großen Zahl ein deutlicher Hinweis auf frühe Verschiebungen des kirchlichen Gleichgewichts?

Dabei ist es wichtig, sich zu erinnern: die derzeitige Konstellation einer Gemeindekirche mit ihren Pfarrheimen als Raum für eine verbindliche Gemeinschaft war ein bis in die 80er-Jahre forcierter Antwortversuch auf eine gesellschaftliche Entwicklung, die ein „Mehr" an Freiheit in religiösen Fragen und zugleich eine weitaus deutlichere Individualisierung der religiösen Biografien einhegen wollte.

Sicher ist aber: Wir stehen am Ende dieses Umbruchs, der die klassischen pastoralen Parameter als dysfunktionale Ruinen eines einst geschlossenen Gefüges erkennen lässt: Es stimmt einfach nicht, dass Menschen von ihrer selbstverständlichen Kindertaufe her in ein milieuchristliches Gefüge hineinwachsen und hineinsozialisiert werden. Und so wird die Frage nach Evangelisierung und Christwerden, nach Jüngerschaft und Kirchenbildung zu einer neuen Herausforderung. Und zu einem Kairòs des Neuverstehens.

**Alte Interpretationsmuster**

Es hat sich in der populärpastoralen Deutung dieses Wandels eine Deutung des Abbruchs durchgesetzt – in unterschiedlichen Facetten. Und in der Tat ist im Blick auf goldene Vergangenheiten der Gemeindetheologie der 70er-Jahre ein spürbarer Abbruch zu erkennen. Ein erlittener Abbruch, der sehr dramatisch ist, wenn das normative Bild der Kirche von der milieuhaften oder den milieukonzentrierenden Gemeinden her bestimmt ist. Dann fällt auf, dass sich von diesem Ausgangspunkt aus kirchliches Leben auch hierarchisch bewerten lässt: Als richtig wird nur empfunden, wer sich regelmäßig und verbindlich in Innenbereichen der Kirche aufhält. Überlastete und multitaskende Ehrenamtliche halten verzweifelt das Leben einer Gemeindeformation hoch, die immer weniger Anhänger hat. Kritisch werden jene betrachtet, die „nur" sonntags zur Kirche kommen, die Gottesdienstbesucher, die dann bald des Konsumententums verdächtigt werden. Und all jene, die nur gelegentlich der Kirche und ihrem Evangelium begegnen, gelten als „treue Kirchenferne", „Mittelverbundene" (so evangelische Mitgliedschaftsstudien) oder als Empfänger kirchlicher Dienstleistungen, die mit hohem Anspruch, aber ohne *commitment* der Kirche begegnen – und auch nur für jene Projekte und Ereignisse, an denen sie teilhaben möchten.

Diese Hierarchisierung des Laienengagements ist mit massiven Bewertungen verbunden, wie sie unlängst Thomas Frings – aber nicht nur er – vorgetragen hat. Verknüpft ist damit eine Beurteilung der Glaubenssituation, die von eben jener massiven Verkirchlichung und Vergemeindlichung des Christseins her denkt. Das ist übrigens ein gemeinsamer Nenner von Abhängigkeiten und Gegenabhängigkeiten unter pastoralen Vorschlägen der jüngsten Zeit.

Deutlich zeigt sich, dass hier eine Kirchenkonfiguration zerbricht. Wenn dann die Frage nach der Taufquote und die Frage nach den Kirchenaustritten intensiv thematisiert wird, wird auch noch einmal deutlich, dass natürlich die Soziologie und die betriebswirtschaftlichen Überlegungen einer sich selbst erhaltenden Institution Richtiges treffen, aber zu kurz greifen. Es geht ja nicht um den Selbsterhaltungstrieb einer Institution und ihres Sozialgefüges, sondern um einen Paradigmenwechsel, der sich anbahnt und wie bei einem Kaleidoskop die einzelnen Elemente der Tradition in eine neue Ordnung rückt.

Sehr ambivalent wird dies im Kontext der Amts- und Professionalitätsdiskussion. Auf der einen Seite wird deutlich, dass in der weiterhin reichen deutschen Kirche immer weniger Priester sein werden. Dies wird als Mangel empfunden, weil in einer erinnerbaren Vergangenheit erheblich mehr Priester zur Verfügung standen. Zugleich stehen Priester aber auch für eine klerikale „Macht" („Pastoralmacht"), die in ihrer gefühlten und erinnerten hierarchischen Übermacht als einengend und freiheitseinschränkender Ausdruck einer autoritären Kirche erfahren wurde und wird. Das gilt nun aber auch im Kontext der professionellen Hierarchien, die ihrerseits massive Abhängigkeitsverhältnisse erzeugt haben. Die Abhängigkeit von „Versorgung" gilt als normal und wird als normativ gesehen. Dahinter steckt in der Tat ein Kirchenbild, das nur noch jenen einleuchten kann, die in klassischen Welten des Katholizismus aufgewachsen sind.

Und so gilt weithin als unbefragbar, dass die Amtsdiskussion im Letzten eine Machtdiskussion ist. So wurde das Amt und auch die Profession erfahren – und das ist heute auch so. In diesem Kontext ist dann deutlich, dass zum einen die „Macht" der Kirche über Menschen durch Amt und Profession immer kleiner wird (und das ist gut so), dass es aber im innerkirchlichen Kontext sehr wohl um Machtpositionen zu gehen scheint.

Das Verlöschen eines „Gefüges" und vor allem der scheinbar selbstverständlichen Pastoralsituation führt zu solchen ambivalenten Irritationen und zu einer massiven Desorientierung aller Beteiligten. Und hier vom „Ende der Kirche", vom Abbruch und Selbstaufgabe zu sprechen ist genauso irreführend wie die Annahme, bestimmte Rezepturen fortschrittlicher oder konservativer Art könnten diesen Prozess verhindern.

Im Letzten rufen diese ambivalenten Analysen und apokalyptischen Endzeitbeschreibungen nach einer nüchternen Deutung des Wandels als Wandlung. Dass Sterben und Auferstehen auch im Raum der eschatologischen Geschichte des Volkes Gottes eine Rolle spielen, dass das Wachsen und Kommen des Reiches Gottes immer auch zu Sterbeprozessen und dem Neugeborenwerden des Volkes Gottes führt, das ist eigentlich selbstverständlich – wie dann auch klar sein müsste, dass keine gewachsene Gestalt der Kirche je normativ sein kann.

Wenn nun mit den Mitteln der klassischen Pastoralperspektive dieser Wandel nicht mehr anders eingefangen werden kann als in Ansagen des Untergangs einer alt gewordenen Form und im Hervorsagen einer postgemeindlichen Form, dann ist nach einer anderen Zukunft Ausschau zu halten, um nicht im Gestern stecken zu bleiben. Dann stellt sich die Frage, ob Erfahrungen des Werdens und des Sich-Entwickelns einer neuen Kirchenformation schon zu neuen pastoraltheologischen Paradigmen führen.

### Die notwendend-notwendige Krise

Übergänge sind Krisen. Und diese Krisen sind notwendig. Notwendend. Denn wer ernsthaft die Versorgungskirche und damit ein merkwürdig verschrobenes und theologisch sehr bedenkliches Bild von Hierarchie und Institution überwinden möchte, gerät in eine Krise, die alle Kennzeichen einer Pubertät hat. Die regressive Sehnsucht nach mehr Versorgung kontrastiert mit dem wachsenden Selbstbewusstsein – aber all dies wird oft noch gedeutet mit den Resten einer eminent wirksamen Konstellation des letztlich halbherzigen Versuches, das II. Vatikanum umzusetzen. Herausgekommen war eben jene Gemeindekonstellation, die heute dazu führt, dass viele Diskussionen um die Zukunft an Binnenorientierung und Selbstreferenzialität kaum zu überbieten sind.

Es ist schon zum Verzweifeln, wie institutionen- und hierarchiefixiert sich viele Erneuerungsvorschläge zeigen. Aber es ist verständlich. Zu prägend und unbewusst ist die scheinbar normative Kraft der jüngsten Vergangenheit, die zu solchen Gegenabhängigkeiten führt. Wer nicht in platter Abbruchrhetorik oder depressiv anmutender Institutionenkritik bleiben möchte, wer den

Schmerz des Endes einer gewachsenen Form aus dem Glauben an die Verheißung der Zukunft des Reiches Gottes vertrauensvoll durchwandert, der kann in der Tat aus emergierenden Erfahrungen eine Theologie der Pastoral entfalten, die sich von den Wachstums- und Resonanzprozessen im Volk Gottes ablesen lässt.

## Pastorale d'engendrement („Zeugende Pastoral")

Auf der intensiven Suche nach einem Neuverstehen einer postchristlichen Situation ist die französische Pastoraltheologie auf dem Weg zu einem spannenden Neuansatz. So sehr es wahr ist, dass viele Franzosen immer noch Taufe und einige kirchliche Riten schätzen, so sehr auch örtliche Gemeinden auf dem Land und städtische Milieugemeinden weiterhin sehr viel Lebendigkeit zeigen, wird doch deutlich – auch im Kontext einer im Wandel befindlichen Szene der Aufbruchsbewegungen des 20. Jahrhunderts –, dass Glaubensentwicklung und Kirchenbildung in einem gänzlich anderen Horizont als dem der Erhaltung einer gewachsenen Pastoralkultur der Pfarrei zu sehen sind. Auch die mutigen Versuche des „proposer la foi" haben nicht die Wirkung gehabt, die sich die französische Kirche erwartete. Das Gefüge der Kirche ist in einem tiefgreifenden Wandel, der zu einer viel „schwächeren" und ausgesetzteren Form der Kirche führt. Das Bild vom „engendrement" macht deutlich, dass hier prekäre und riskante Prozesse des „Zeugens", des Hervorbringens, der Schwangerschaft und des Geborenwerdens gemeint sind.

Wer bei Christoph Theobald nachliest[1], einem der wachen Pastoraldogmatiker der französischen Schule, dem wird deutlich, dass zum einen in der Logik des Werdens und Geborenwerdens, der Zeugung und des Hervorbringens nicht mehr von einem normativ gefühlten Vollstatus des „engagierten Christen" ausgegangen wird, sondern von sehr unterschiedlich verlaufenden Wachstumswegen der Christusbegegnung zu sprechen ist. Damit aber wird deutlich, dass auch die Kirche im Werden und Geborenwerden ist – und Ekklesiogenesis ein gewagter und zerbrechlicher Weg ist.

Und er hängt von Ereignissen der Begegnung ab. Theobald erzählt und systematisiert Erfahrungen in unterschiedlichen Gruppen und Gemeinschaften, in denen die Frohe Botschaft geteilt und mit dem Leben verknüpft wird. Das geschieht in unterschiedlicher Intensität und Religiosität, ist aber immer verknüpft mit Erfahrungen des gegenseitigen Vertrauens auf Augenhöhe. Und hier bilden sich – vielleicht – neue Räume gelebten Glaubens, die in der kirchenbildenden Kraft des Wortes Gottes gründen. Diese Prozesse neuen Werdens verknüpfen sich mit den Erfahrungen des „kooperativen Storytellings", aber auch mit der Werdelogik von geistlichen Gemeinschaften und kirchlichen Aufbruchsbewegungen. Sie beschreiben weniger Integrations- und Inklusionslogiken in bestehende Gestalten des Kircheseins, sondern eine zeugende Pastoral, die aus dem Zeugnis und dem Mut zum Teilen erwächst. Im Zeugnis von Christen und im Hören auf das Zeugnis des Glaubens „urspringt" Christus selbst in die Mitte der Teilenden, und so wird auch Ekklesia geboren.

Schon hier wird die Ortsfrage sekundär – eher ist es so, dass der Ort sich als Kirche offenbart, wo die Gegenwart Christi erfahrbar wird. Und während unwichtiger wird, ob und wie diese Wirklichkeit sich institutionell kristallisiert, wird bedeutsamer, ob wirklich Zeugnis und Zeuge authentisch sind und so – wo auch immer – die neue Welt Gottes erfahrbar wird.

Eine solche „zeugende Pastoral", eine „Leben hervorbringende Pastoral" reflektiert begeisternd und mit einer großen spirituellen Tiefe ein anderes Kirchenverständnis, das nicht selbstreferenziell um Selbsterhalt kreist, sondern die Perspektive öffnet und gewohnte Konstellationen verschiebt: die Institutionen der Kirche sind nicht mehr „rahmende" und „schützende" Kontexte, in denen Gläubigen das Wachsen ermöglicht werden sollte, aber zugleich auch das eigenständige Werden dirigiert wird, sondern sie sind „nichts anderes als dieser sakramentale, im Evangelium selbst enthaltende Prozess von Empfangen und Weitergeben und von Präsenz ... Es gibt nicht zuerst die Frohbotschaft und dann die Kirche, sondern die Kirche wird von Menschen gebildet, die Präsenzweisen und Über-setzer des Evangeliums sind durch die Art und Weise ihres Naheseins bei anderen und auf Christus und Gott verweisen ..."[2]

Das setzt aber eine radikale „Umkehr des Blickes, des Blicks und des Denkens" (Theobald) voraus, die zu einer Neuentdeckung der Frohen Botschaft führt, sie allen Menschen zugeeignet sieht und den Glauben an die gegenwärtige Liebe Gottes zu allen zum Ausgangspunkt jeder weiteren Entwicklung macht. Damit ergibt sich eine Neukonfiguration der Zugehörigkeit. Es geht nicht mehr um eine hierarchische Konstellation, die ausgeht von einem normativen Christsein in einer bestehenden normativen Kirchenform und von „innen" die Distanzen zur eigenen Position im Zentrum beschreibt. Kirche ist immer im Werden, und dieser Werdeprozess zeigt sich als „zwischen uns": „ein Nicht-Ort, eine Beziehung, und nichts weiter. Die Offenbarung ist eine Erfahrung von Beziehung". So beschreibt es Jean-Marie Donegani, und er fährt fort: „Die ‚zeugende Pastoral' ist also zuerst jene Bewegung, von der auch eine jegliche Geste wirklicher Fürsorglichkeit beseelt ist, und eine Haltung der Empfänglichkeit für das Leben in jedem Menschen. Sie beruht grundlegend auf der Idee, dass man nichts über den Glauben des anderen weiß und nichts mit ihm vorhat. In dieser Beziehung gibt es weder einen Meister noch einen Vater, nicht einen Lehrer. Es gibt nicht einmal mehr die evangelisierende Person und die evangelisierte. Es gibt das Evangelium zwischen beiden, die Gute Nachricht in ihrem Zwiegespräch und in dem, was sie darin voneinander erkennen. Und nur auf diese Weise kommt das Wir wirklich als neues Wort zwischen denen an, die im Namen und Gedächtnis miteinander sprechen."[3]

Eine werdende Kirche kann damit auch neu Zugehörigkeit beschreiben, die Gläubigkeit nicht mehr zuerst kirchlich beschreibt, sondern von der erfahrenen Nähe zum Evangelium und der Präsenz der Liebe, die geschenkt ist. Philippe Bacq spricht von den „Frauen und Männern der Seligpreisungen", die durch ihr Leben mit anderen den Glauben bezeugen: „Der auferstandene Christus war also im Innern ihrer Beziehungen wirklich bei ihnen, wenn sie um sich herum ein wenig Liebe verbreiteten".[4] Und Bacq fährt fort: „Dürfen wir nicht annehmen, dass viele Menschen, die sich heute an die Kirche wenden, beispielsweise um ein Sakrament zu erbitten, diesen Glaubenden des Evangeliums vergleichbar sind, die zu Jesus kommen, ohne sich auf Dauer an ihn zu binden oder seine Jünger zu werden? Ist nicht auch die Kirche dazu aufgerufen, den Glauben, der in diesen Menschen schon lebendig ist, zu erkennen und ihnen ... dieses ‚Selig seid ihr' der Bergpredigt zu offenbaren?"[5] Aus diesen ersten Begegnungen kann auch die Nachfolge wachsen, können Menschen „Jünger", ja Apostel werden, in der immer brüchigen und werdenden Gestalt, in der sie dem eigenen Ruf folgen.

Die so skizzierte „Pastorale d'engendrement" kann in der Tat einen Schlüssel für postmoderne Entwicklungen stimmig deuten. Dabei ist sie tief mit dem Ostergeheimnis verknüpft: Kenosis, Sterben, Auferstehen gehören zu den Kernprozessen einer Theologie der Beziehung, die im „Zwischen" des Evangeliums ihre Mitte findet: „Die ‚zeugende Pastoral' selber ist die Beziehung, das ‚Zwischen-uns' ..., und in dieser Eigenschaft kann sie jeden Menschen begleiten und für diese Geburt von oben öffnen. Diese erwartet in jeder Existenz darauf, gerufen zu werden, um sich zu ereignen."[6]

**Fresh expressions of church**

Der Zusammenbruch anglikanischer Volkskirchlichkeit datiert in die 80er-Jahre des vergangenen Jahrhunderts. Hier wird bewusst, dass oft schon in der dritten Generation eine Loslösung von einer klassischen Kirchenkonfiguration und von der Tradition des Evangeliums erfolgt war. Es gibt deswegen heute viele, die noch nie wirklich vom Evangelium berührt sind (non-churched), aber noch mehr, die den Kontakt abgebrochen haben (de-churched). Nun ist es Aufgabe jeder Generation von Christen, das Evangelium „afresh" zu verkünden. So sieht es die anglikanische Kirche, und schreibt diese Aufgabe in jede Ordination ein. Die Versuche der anglikanischen Kirche, gerade auch durch Glaubenskurse wie dem Alphakurs oder anderen Kursen führten in den 90er-Jahren zu einer überraschenden Entwicklung: Junge Menschen vor allem ließen sich durch den Glauben ansprechen, bildeten aber schon bald mit Kreativität und Mut neue Formen von Gemeinde aus, die den Lebensstilen und den Gewohnheiten anderer Generationen mehr entsprechen.

Natürlich gibt es immer charismatische Aufbrüche, in jeder Zeit der Kirche, aber hier wurde und wird diese Perspektive systembildend und löst einen neuen Ansatz pastoraler Nachdenklichkeit aus. Zum einen wurde klar, dass die Zukunft nicht mehr in einer Normform des Kircheseins gefasst werden kann. Hier erwies sich als wegeröffnend, dass die anglikanische Kirche als episkopale Kirche schon immer eine Vielfalt und „ecclesiodiversity" in sich fassen konnte. Allerdings wurde dies nun programmatisch: Die Öffnung auf verschiedene gleichgewichtige Formen des Kircheseins führte zu Begriffen wie einer „Mixed Economy" von Kirche, einem Mischwald von unterschiedlich neuen und gewachsenen Formen, die ermöglichen, dass Menschen ihren Weg der Nachfolge in Gemeinschaft gemeinsam gehen können – und so miteinander wachsen.

Im Hintergrund steht aber noch ein viel tiefgreifenderer Wandel: Nicht mehr Inklusion und Integration in bestehende Formen, also eine Sammlungsbewegung ist die Orientierung kirchlicher Pastoral, sondern – im Ausgang einer neuen Missionsperspektive – das Einschwingen in die *Missio Dei*: Es geht darum, leidenschaftlich der kenotischen Bewegung Christi zu allen Menschen zu folgen, sich einzulassen auf die Menschen und ihre Kulturen und so das Evangelium neu zu leben und zu sagen, Tradition neu zu erfinden und neue Formen des Kircheseins zu entfalten. Dabei zeigt sich immer mehr, dass an vorderster Front Pioniere stehen, die nicht einfach vorgeprägte Formen von Gemeinden pflanzen und gründen. Vielmehr geht es um eine offene Ekklesiogenesis: gemeinsam, an verschiedenen Orten, in der Antwort auf eine Herausforderung das Evangelium neu zu entdecken, gemeinsam zu wachsen in einer Gemeinschaft der Glaubensentdecker. Die „frischen Ausdrucksformen des Kircheseins", die in den vergangenen Jahrzehnten in England entstanden sind, bringen auch eine Neuentdeckung und Neukonfiguration des Evangeliums und der kirchlichen Traditionen mit sich und ermöglichen so neue Kirchenformen, die allerdings viel provisorischer und flüssiger sind als oft gedacht. Es kann gut sein, dass Pioniere und Aufbrüche wieder verschwinden, und andere Aufbrüche und andere Orte in den Mittelpunkt rücken.

Aber wer diese Aufbrüche verfolgt, dem wird deutlich, dass die Merkmale einer „pastorale d'engendrement" hier in anderer Weise und doch ähnlich wirksam werden. Immer steht zu Beginn eine apostolische Leidenschaft für die Sendung des Evangeliums, die aus einer tiefen Spiritualität herrührt und wächst und dazu drängt, mit Menschen Leben zu teilen. Es entstehen Kirchenformationen im Werden, die sich normativ nicht an bisherige Gestaltkonfigurationen orientieren, sondern jeweils sehr lokal und inkulturiert hervorwachsen.

Es gibt hier viel zu lernen: Der richtige Moment der Evangelisierung scheint hier – wie ja auch in Frankreich – das nahekommende Ende einer breiten Volkskirchlichkeit zu sein, die durch hohe Institutionalisierung auch über ihr Verfallsdatum hinaus geschützt werden kann. In der Ausgesetztheit und Ohnmacht zum Weiter-so geschieht eine Umkehr zum Ursprung, zu einem Ur-sprung mit Christus in die Welt, der dann neue relevante Erfahrungen mit dem Evangelium ermöglicht und somit auch zu neuen Gemeinschaftsbildungen führt.

In der Tat. Wenn in der englischen Missionstheologie von der *Missio Dei* gesprochen wird und nicht zuerst von der Mission der Kirche, dann bleibt aber auch hier stets im Blick, dass diese *Missio Dei* immer von der Dreifaltigkeit her zu lesen ist. Immer nämlich entstehen kleine oder größere Gemeinschaften, die das Leben der Dreifaltigkeit, eben die Kirche, spiegeln. Der philippinische Theologe Andrew Recepcion spricht deswegen davon, dass die *Missio Dei* immer als *Missio Trinitatis* zu lesen ist.

Die Erfahrungen ermöglichen eine ungeheure Weitung des Blickes: Deutlich und klar erscheint, dass Kirche eben nicht mehr normativ von einer bestimmten Gemeindekonstellation zu lesen ist, sondern von unterschiedlichsten Inkulturationen des Evangeliums in die postmodernen Lebenswelten. So unterschiedlich, wie diese Welten sind, so unterschiedlich sind die „fresh expressions", aber sie haben ähnliche Entwicklungshorizonte: Immer sprechen sie Menschen an, die bislang nicht vom Evangelium berührt sind, immer haben sie eine hohe Kontextualität, immer verstehen sie sich als Teil einer größeren Kirche, und immer geht es darum, dass ein Weg der Nähe zum Evangelium wachsen kann. Diese vier Merkmale reichen aus, zumal sie eine „Über-setzung" der vier Wesensmerkmale der Kirche sind. Die „eine, heilige, katholische und apostolische Kirche" wird hier neu beschreibbar.

Das hat Auswirkungen auf das Denken und das Handeln. In der weitgespannten anglikanischen Kirche, die sowohl evangelikale wie katholische Flügel hat, entsteht eine neue ekklesiologische Reflexion[7], die aus dieser Erfahrung heraus mutig und kreativ weiterdenkt.

Im deutschen Sprachraum wird dieser fundamentale Neuansatz einer ekklesiologischen Gründungs- und Emergenzkultur in verschiedener Weise rezipiert. Dabei fällt auf, dass die anglikanischen Impulse nicht nur im eher evangelikalen Kontext der deutschen Kirchen aufgegriffen werden, sondern von Anfang an ökumenisch bedacht wurden[8]. Die ökumenische Bewegung Kirche[2], die aus dem gleichnamigen Kongress im Jahr 2013 erwuchs, bündelt die Bemühungen um eine neue ökumenische Ekklesiologie unter dem Stichwort einer „Ökumene der Sendung"[9] und kann sichtbar machen, dass auch im deutschsprachigen Kontext eine Konvergenz der Erneuerung der Pastoral zu beobachten ist.

Auf der einen Seite ermutigt eine solche Konvergenz Initiativen und Gründungserfahrungen, die Pioniere darin bestärken, sich auf das je neue Wunder des Werdens einzulassen.[10] Denn inzwischen wird auch in unseren scheinbar institutionsfixierten Kirchenlandschaften das Neuwerden und Gründen neuer Formen der Kirche plausibel, angestoßen durch eine konstitutive Fremdheit mit gleichzeitiger unruhiger Leidenschaft. Eine neue charismatische Sendungsleidenschaft zu stützen und dabei theologisch zu begleiten, führt gewiss zu einer neuen Erfahrung der Vielfalt der Kirchwerdungsprozesse, die schon in Bewegung gekommen sind. Sie öffnen zudem einen neuen Blick auf „Randphänomene", wie es Bewegungen und Aufbrüche, aber auch Verbände und Basisgemeinden oft zu sein scheinen. Es weitet den Blick auf lebensraumsensible Kirchenentwicklungen in Schulen, in der Caritas und anderen Einrichtungen und lässt entdecken, dass die Zeit vorbei ist, Kirchlichkeit an Gemeindlichkeit zu messen. Immer deutlicher wird in dieser Perspektive ein gewaltiger Umbruch, der die klassische Gemeinde aus dem gefühlten Zentrum der Kirchlichkeit rückt und wieder mehr auf die innere Mitte des gegenwärtigen Christus setzt und von dort das Gestaltwerden des Evangeliums frei und unbefangen in den Blick nehmen kann, das vom Geist Gottes angestiftet ist.

## Pastoral der Auferstehung – eine mystische Prophetie

Im Blick auf diese beiden Neuansätze der Pastoral wird nun eine mystische Perspektive besonders sprechend, die von Chiara Lubich stammt. 1949 veröffentlichte sie einen Text, der geprägt ist von einem prophetischen Geist zukünftiger Ekklesiogenesis, die weit über das damalige Verstehen von Pastoral und Ekklesiologie hinausreicht – und bis heute einen prophetischen Überhang hat. Chiara Lubich hatte mit ihren Gefährtinnen im Jahr 1949 eine tiefe Erfahrung einer gemeinschaftlichen Gotteserfahrung gemacht. Das tiefe Hineingenommensein in die Lebenswelt des trinitarischen Gottes prägte das

Werden der Fokolar-Bewegung in den nächsten Jahrzehnten. Mystik kann hier verstanden werden als „Innenblick der Wirklichkeit in Gott und von Gott her", der sich allerdings in der Praxis des alltäglichen Lebens ereignet. Hier wird die Praxis des Evangeliums, die Praxis einer gemeinschaftlichen Spiritualität von innen her erleuchtet und verknüpft mit der großen mystischen Tradition der Kirche – und bringt neue und tiefe Einblicke, aber eben auch Fortschreibungen einer Theologie und Praxis, die auf gelebter Erfahrung gründet.

Am Ende dieser ersten mystischen Erfahrung in den Dolomiten wurde deutlich, dass diese Erfahrung nicht nach innen gerichtet ist, sondern „Licht für die Welt" sein will. Das Charisma der Einheit, deren Zielperspektive die Einheit aller ist, kann sich nicht kontemplativ auf den Bergen und in kleinen Gruppen erschöpfen.

Der Text von der „Auferstehung Roms" ist die Folge dieses Schrittes.[11] Chiara Lubich beschreibt darin zunächst eine eigene Bekehrung. Denn im Blick auf die Stadt Rom erweist sich, dass der Ausgangspunkt und die Grundperspektive immer wieder ein revisionistischer Blick sind: Rom scheint auf den ersten Blick abgefallen von einer (vermeintlich vorhandenen goldenen) Zeit, in der Christentum in seiner Heiligkeit die Stadt prägte. Man könnte sagen: Der urteilende Blick auf die sündige Wirklichkeit kann in der Gegenwart nur Abfall, Relativismus und Dekadenz entdecken. Historisch war das ja nie der Fall, aber innere Bilder sind ja wirksam. Gleichzeitig aber – und das wird sehr deutlich – gehört diese Wirklichkeit zur Konsequenz einer Schöpfung aus Liebe und Freiheit, die in Christus und seiner Hingabe eine neue Ausrichtung erhält. Hier nun wird das Geheimnis von Ostern zum Ausgangspunkt einer neuen pastoralen Perspektive, eines neuen pastoralen Vollzugs.

## Das Ostergeheimnis leben

Das Ostergeheimnis wird zum Zentrum pastoralen Handelns, des Sehens der Wirklichkeit und des Vollzugs. Wie ist das gemeint? Chiara Lubich schreibt:

„Ich gehe durch Rom und will es gar nicht anschauen. Ich schaue auf die Welt, die in mir ist, und halte mich fest an dem, was Bestand und Wert hat. Ich vereine mich mit der Dreifaltigkeit, die in meiner Seele wohnt, die sie mit ewigem Licht erleuchtet und mit dem ganzen Himmel erfüllt, zu dem auch die Heiligen und Engel gehören. Sie sind ja nicht Raum und Zeit unterworfen und können sich in mir, diesem kleinen Geschöpf, mit den drei göttlichen Personen in einer Gemeinschaft der Liebe zusammenfinden. Und ich berühre das Feuer, das mein ganzes, mir von Gott geschenktes Menschsein durchdringt und mich zu einem anderen Christus macht, zu einem Gott-Menschen durch Teilhabe, sodass sich das Menschliche in mir mit dem Göttlichen verbindet. Mein Blick ist nun nicht mehr erloschen; vielmehr schaue ich durch die Leere meiner Seele wie durch eine Pupille, die durchlässig ist für das ganze Licht, das in ihr ist (wenn ich Gott in mir leben lasse), auf die Welt und die Dinge. Doch nicht mehr ich schaue, sondern Christus ist es, der durch mich schaut. Und er sieht auch heute wieder Blinde, denen er das Augenlicht geben will; Stumme, denen er die Sprache, und Lahme, denen er die Beweglichkeit geben will. Blinde, die nicht fähig sind, Gott in sich und um sich herum wahrzunehmen; Stumme, die das Wort Gottes, obgleich es in ihnen spricht, den anderen nicht weitergeben, wodurch sie ihnen doch den Zugang zur Wahrheit eröffnen könnten; Lahme, die den göttlichen Willen nicht erkennen, der sie vom Innersten ihres Herzens her zur ewigen Bewegung drängt, zur ewigen Liebe, dorthin, wo man selbst Feuer fängt, wenn man es anderen weitergibt."

Die Teilhabe am Leben der Liebe, am Leben des dreifaltigen Gottes, die hier in poetisch-mystischer Weise beschrieben wird, führt zu einer neuen Handlungsperspektive, zu einem wirksamen hervorbringenden Schauen und Handeln, das ausgeht von der Wirklichkeit des österlichen Geheimnisses. Genau dies wird einige Jahre später im II. Vatikanischen Konzil explizit formuliert. In Gaudium et spes 22 formulieren die Konzilsväter: „Da nämlich Christus für alle gestorben ist und da es in Wahrheit nur eine letzte Berufung des Menschen gibt, die göttliche, müssen wir festhalten, dass der Heilige Geist allen die Möglichkeit anbietet, diesem österlichen Geheimnis in einer Gott bekannten Weise verbunden zu sein." Für den pastoralen Grundvollzug, für die Begegnung von Evangelium und Existenz, wird hier nun eine neue Grundperspektive leitend: Es geht hier nicht nur darum, die Gegenwart des Auferstandenen und damit die Liebe in der Welt zu entdecken, in den Wirklichkeiten der gelebten Solidarität und Nächstenliebe, sondern eben gerade auch in den Wunden und Abgründigkeiten dieser Welt.

Ein solcher Blick ist nicht nur ein ins Licht rückender Blick. Papst Franziskus hatte in *Evangelii Gaudium* diese Perspektive sehr stark gemacht: „Wir müssen die Stadt von einer kontemplativen Sicht her, das heißt mit einem Blick des Glaubens erkennen, der jenen Gott entdeckt, der in ihren Häusern, auf ihren Straßen und auf ihren Plätzen wohnt. Die Gegenwart Gottes begleitet die aufrichtige Suche, die Einzelne und Gruppen vollziehen, um Halt und Sinn für ihr Leben zu finden. Er lebt unter den Bürgern und fördert die Solidarität, die Brüderlichkeit und das Verlangen nach dem Guten, nach Wahrheit und Gerechtigkeit. Diese Gegenwart muss nicht hergestellt, sondern entdeckt, enthüllt werden. Gott verbirgt sich nicht vor denen, die ihn mit ehrlichem Herzen suchen, auch wenn sie das tastend, auf unsichere und weitschweifige Weise tun" (EG 71).

Chiara Lubich fokussiert hier noch weiter: Im Blick auf alle Menschen, und besonders auf jene, die verwundet und verletzt sind, in denen Dunkelheit, Lähmung und Sprachlosigkeit wirkt, führt dieser Blick zur Auferstehung. Jeder Ort dieser Welt, jeder Mensch dieser Welt kann unter einem solchen Blick der werden, der er von Gott her ist. Und dabei geht es eben nicht nur darum, das Gute in der Welt zu entdecken, die Leidenschaft und Liebe eines jeden Menschen, der diese Wirklichkeit als Grundwirklichkeit der Schöpfung in sich trägt, sondern dies zu tun im Mitvollzug jener Kenose des österlichen Geheimnisses, die sich einlässt auf Wunde und Tod und durch diesen hindurch neues Leben der Auferstehung „weckt". Natürlich ist dies kein „Wirken" des Menschen, sondern es ist ein Handeln aus der Kraft des Geistes, der wirkt. Er setzt voraus, dass Menschen – und so beschreibt es Chiara Lubich ja auch – selbst durch dieses Feuer des Paschageheimnisses verwandelt und transformiert sind.

Eine „pastoral d'engendrement", die diesen Zusammenhang mit dem österlichen Geheimnis andeutet, wird hier noch expliziter vom Paschageheimnis geprägt. Im Zentrum steht hier weiterhin die Beziehung, die aber als Transformationsgeschehen verstanden ist: Diese Begegnung zwischen Menschen, die sich auf die Wunde und Dunkelheit und Verlorenheit einlassen, bringt neues Leben, Auferweckung hervor. Die pastorale Praxis nimmt, so würde man fachlich formulieren, ihren Ausgang von der Diakonie, diese aber ihrerseits im Ereignis des erlösenden Hinabsteigens in die Nacht des Menschseins. Die Sendungsorientierung wird hier – ähnlich wie übrigens bei Dietrich Bonhoeffer – vom Pascha der Hingabe beschrieben: „Nicht der religiöse Akt macht den Christen, sondern das Teilnehmen am Leiden Gottes im weltlichen Leben. Das ist die ‚metanoia', nicht zuerst an die eigenen Nöte, Fragen, Sünden, Ängste denken, sondern sich in den Weg Jesu mithineinreißen lassen, in das messianische Ereignis …" (DBW 8, 535f).

## Auf dem Weg zu einem neuen Kirchenverständnis

Aber diese Perspektive weitet sich auf Prozesse kirchlicher Entwicklung. Denn die Frucht solcher Begegnung ist das Werden von Gemeinschaften, deren innerste Mitte die Gegenwart des Auferstandenen ist. Spannend ist in diesem Horizont, dass Chiara Lubich hier in keiner Weise Grenzen der Konfessionen, der Institutionen sieht: Menschen, die in diese österliche Dynamik hineingerissen werden, werden Orte der Gegenwart des göttlichen Feuers und setzen die österliche Dynamik weiter fort. Es ist ein eschatologisches Geschehen, ein fortdauernder Prozess der Welttransformation: „Eine lebendige und vollständige Zelle des Leibes Christi entsteht, eine lebendige Zelle, ein Feuerherd Gottes, dazu bestimmt, sich auszubreiten und Licht zu geben", so formuliert Chiara Lubich.

Eine solche Perspektive will keine Kirchenwirklichkeit ins Leben bringen, bei der Menschen in einer Extrawirklichkeit gesammelt werden, um dann von dort aus in die Welt zu gehen und das Evangelium zu verkünden. Es ist anders: Die Dynamik der Begegnung bringt eine Wirklichkeit hervor, die in ihrer Natur weiterdrängt, die Welt zu durchdringen. Hier finden sich deutlich Parallelen zur Theologie der „fresh expressions of church". Auch hier geht es nicht darum, eine Gemeinde zu gründen, sondern aus der Sendung des Evangeliums heraus Gemeindeformen wachsen zu lassen, die mitten in der Welt transformierend wirken: Es geht nicht um die Verkirchlichung, es geht nicht um ausstrahlende Gemeinden, deren Mitglied man werden sollte, sondern es geht um das Ziel des Reiches Gottes, das alle Weltwirklichkeiten verwandelt und ihnen ein trinitarisches Wasserzeichen einprägt.

Chiara Lubich ist hier prophetisch deutlich: „Aber es braucht den Mut, sich nicht auf andere Mittel abzustützen oder sie allenfalls als zweitrangig zu erachten, damit wir nicht ein Christentum hervorbringen, das höchstens fahler Abglanz von etwas Vergangenem ist. Wir sind aufgerufen, Gott in uns wieder Leben zu schenken, ihn zu nähren und ihn auf die anderen überfließen zu lassen, wie einen Lebensstrom, der Tote auferweckt; und ihn unter uns lebendig zu halten durch die gegenseitige Liebe ... So kann sich ein tiefgreifender Wandel in allen Lebensbereichen vollziehen: in der Politik und in der Kunst, im Schulwesen, in der Glaubenspraxis, zu Hause und in der Freizeit. In allem. Gott ist in uns nicht wie das Kruzifix, das manchmal nur noch wie ein Amulett an der Wand eines Klassenzimmers hängt."

### Eine Spiritualität der Gemeinschaft

Vor allem „neu" ist in diesem Zusammenhang für die kirchliche Praxis, dass in diesem mystischen Text eine Spiritualität der Gemeinschaft ins Licht gerückt wird.[12] In der Tat zeigt sich Spiritualität in den Ansätzen einer Pastoral der zeugenden Beziehung, aber auch im Kontext der Bewegung der „fresh expressions of church" immer wieder als eine gemeinschaftliche Spiritualität. Es ist kein Wunder, dass die intensivsten Erfahrungen des Kircheseins, wie sie sich im Kontext von Synoden und Konzilien zeigen, eben der Selbstvollzug einer solchen Spiritualität sind, in der sich die Gegenwart Christi, des Auferstandenen, im „Zwischen" zeigt – und also alle weltliche Wirklichkeit einbindet. In der jüngsten Zeit hat auch das päpstliche Lehramt deutlich eine solche Spiritualität als Desiderat des dritten Jahrtausends formuliert. Es geht in der Tat darum, Kirche als „Schule der Gemeinschaft" erfahrbar werden zu lassen, wie Johannes Paul II. zu Beginn des Jahrtausends formulierte. Die Glaubwürdigkeit des Evangeliums hängt von dem Leben einer solchen Spiritualität ab, wie der Papst deutlich in „Novo Millenio Ineunte" (Nr. 43) formulierte. Es braucht eine solche Spiritualität des Volkes Gottes gerade auch dann, wenn durch die Nutzung sozialer Medien neue Herausforderungen im Blick auf das Werden von Beziehungen vor uns liegen. Papst Franziskus formuliert sein „Ja zu den neuen, von Jesus Christus gebildeten Beziehungen" genau in dieser Perspektive: „Heute, da die Netze und die Mittel menschlicher Kommunikation unglaubliche Entwicklungen erreicht haben, spüren wir die Herausforderung, die ‚Mystik' zu entdecken und weiterzugeben, die darin liegt, zusammen zu leben, uns unter die anderen zu mischen, einander zu begegnen, uns in den Armen zu halten, uns anzulehnen, teilzuhaben an dieser etwas chaotischen Menge, die sich in eine wahre Erfahrung von Brüderlichkeit verwandeln kann, in eine solidarische Karawane, in eine heilige Wallfahrt. Auf diese Weise werden sich die größeren Möglichkeiten der Kommunikation als größere Möglichkeiten der Begegnung und der Solidarität zwischen allen erweisen" (EG 87).

## Die Tradition neu entdecken

Pastorale Neuansätze können gefährlich missverstanden werden. Man könnte an neue Methoden denken, an neue pastorale Wirkperspektiven. In Wirklichkeit geht es um viel mehr. Wer sich einlässt auf den tiefgreifenden Wandel, in dem unsere Kirche steht, wird entdecken, dass es bei der „pastorale d'engendrement", bei den Überlegungen zu den „fresh expressions of church" und gerade auch im mystischen Innenblick auf diese neue Situation um eine Regeneration des Christentums geht. Mit vielen Fragen an die eigenen theologischen Traditionen: Was etwa Sakramentalität bedeutet, wie Kirche ökumenisch zu verstehen ist, welche Folgen eine konsequente Orientierung an der kenotischen Sendung und eine Orientierung am Paschageheimnis für eine neue Ekklesiologie hat – und was neu entdeckt werden will in unserer Tradition – das ist ein abenteuerliches Programm, in das wir mutig eintreten sollten.

1 Vgl. C. Theobald, Christentum als Stil, Freiburg 2018; eine erste Übersicht über die „Pastorale d'engendrement" findet sich in dem Sammelband R. Feiter/H. Müller (Hgg.), Frei geben, Ostfildern 2012.
2 C. Theobald, Evangelium und Kirche, in: R. Feiter/H. Müller (Hgg.), Frei geben, a. a. O., 110-138, 121.
3 J.-M. Donegani, Säkularisierung und Pastoral, in: Feiter/Müller (s. Anm. 2), 56-80, 70.
4 P. Bacq, Für eine Erneuerung vom Ursprung her, in: Feiter/Müller, 31-55.
5 Ebd. 52f.
6 J.-M. Donegani, a. a. O., 80.
7 Vgl. hierzu einführend die tiefen Reflexionen von Michael Moynagh, Church in every context, London 2011, und Church in Life, London 2017.
8 Vgl. P. Elhaus/C. Hennecke (Hgg.), Gottes Sehnsucht in der Stadt, Würzburg 2011.
9 Vgl. P. Elhaus/C. Hennecke/D. Stelter/D. Stoltmann (Hgg.), Kirche[2] – Eine ökumenische Vision, Würzburg 2014.
10 Vgl. hierzu M. Herrmann/S. Bils (Hgg.), Vom Wandern und Wundern, Würzburg 2017.
11 Vgl. ausführlich H. Blaumeiser/A.M. Rossi (Hgg.), Resurrezione di Roma. Dialoghi interdisciplinari su città, persona e relazioni a partire da un testo di Chiara Lubich, Roma 2017.
12 In einer Festschrift für Wilfried Hagemann darf dieser Hinweis nicht fehlen. In unermüdlicher Weise hat sich Wilfried Hagemann, selbst entflammt vom Charisma der Einheit, in einer solchen Spiritualität geübt und ist einer der unermüdlichen Verkünder dieser Perspektive.

Christoph Hegge

# Geistgewirkte Communio der hierarchischen und charismatischen Gaben
Plädoyer für eine synodale Kirche

„Dient einander als gute Verwalter der vielfältigen Gnade Gottes, jeder mit der Gabe, die er empfangen hat" (1 Petr 4, 10). Mit diesem Schriftwort ist die Herausforderung beschrieben, auf dem Hintergrund der *Communio*-Ekklesiologie des II. Vatikanischen Konzils die grundlegende Beziehung zwischen den hierarchischen und charismatischen Gaben, aber auch ihre je eigene Identität, aufzuzeigen und ihre kommunionale Sendung am Beispiel der synodalen Dynamik der Kirche zu verdeutlichen.

## 1. Die *Communio* der Kirche als pneumatisch-sakramentale und trinitarische Wirklichkeit

Das konziliare Verständnis der Kirche als *Communio* geht vom Prinzip der fundamentalen Gleichheit aller getauften Gläubigen aus (vgl. LG 10.12), das aller Differenzierung in verschiedene Berufungen, apostolische Tätigkeiten oder verschiedene Lebensstände vorausliegt. Wiewohl die Kirche als *Communio hierarchica* sakramental gegründet und strukturiert ist (vgl. LG 21-23; *Nota explicativa praevia*, 2; vgl. CIC cann. 330f., 336), die ihr sichtbares und notwendiges Einheitszentrum im Papst in Gemeinschaft mit den Bischöfen besitzt[1], werden alle getauften Gläubigen unterschiedslos als Mitglieder und aktive sowie verantwortliche Subjekte der *Communio* der Kirche betrachtet (vgl. AA 2. 10; AG 15). Denn sowohl die Sendung der Apostel durch den auferstandenen Christus als auch die Ausgießung des Heiligen Geistes im Ereignis von Pfingsten und die damit zusammenhängende Bildung der ersten christlichen Gemeinden wurden als Tatsachen verstanden, die wesentlich durch den Heiligen Geist bewirkt wurden, der das vereinende und identitätsstiftende Prinzip aller Christen ist. Der *congregatio fidelium*, die sich in der entstehenden lokalen Kirche ausdrückt, wird eine fundamentale und tragende Rolle zuerkannt: „Kirchliche Dienste werden immer in Gemeinschaft mit anderen zum Dienst Bestellten in einer bestimmten Ortskirche ausgeübt. Das Dienstamt muss daher immer in Beziehung zu einer bestimmten Gemeinschaft betrachtet werden."[2]

Zugleich ist die kirchliche Gemeinschaft im Heiligen Geist eine sakramentale und sichtbare Wirklichkeit (vgl. LG 1). Das Sakrament der Taufe drückt aus, wie Christus die Welt erlöst und gerettet hat, und das Sakrament der Eucharistie verwirklicht die ständige Einverleibung aller Getauften in den Leib Christi. Daher unterstreicht das II. Vatikanische Konzil, dass die Eucharistie „Quelle und Höhepunkt" (LG 11) des gesamten christlichen Lebens ist, weil sie Hingabe unserer ganzen menschlichen Natur und Einheit mit dem Göttlichen im Opfer Christi ist, sodass die Gläubigen in der sakramentalen Gemeinschaft „die Einheit des Volkes Gottes, die durch dieses hocherhabene Sakrament sinnvoll bezeichnet und wunderbar bewirkt wird, auf anschauliche Weise" (LG 11) darstellen. Daraus ergibt sich die wesentliche Verbindung zwischen der Sendung, dem Apostolat der Getauften und der eucharistischen Gemeinschaft.[3] Das Kirchesein der Gläubigen wird also „durch Gottes Wort und die Sakramente der Taufe, Firmung, Eucharistie begründet und entfaltet (...). Das Kirchesein der Getauften und Gefirmten kann darum als Geschenk Gottes nicht mehr gesteigert werden, auch nicht durch das Weihesakrament."[4] Die spezifischen Rollen, Aufgaben, Dienste und Charismen in der Kirche sind Ausdruck der pneumatischen Wirklichkeit und der sakramentalen Form des „Seins-in-Christus". Die christologisch-trinitarische Logik des „In-Beziehung-Seins" zwischen ihnen erweist sich im gegenseitigen Dienst und im gemeinsamen Zeugnis in der Welt, auf dass „wir alle zur Einheit im Glauben und in der Erkenntnis des Sohnes Gottes gelangen, damit wir zum vollkommenen Menschen werden und Christus in seiner vollendeten Gestalt darstellen" (Eph 4, 13). In diesem Sinne betont das II. Vatikanum: „Es besteht in der Kirche eine Verschiedenheit des Dienstes, aber eine Einheit der Sendung." (AA 2) Daher unterscheidet und realisiert sich das geweihte Amt nicht auf einer höheren, „besseren" oder perfekteren Ebene des Christseins (also nicht dem „Grad" nach, vgl. LG 10 und 28; vgl. PO 2). Vielmehr unterscheiden sich das gemeinsame Priestertum aller Gläubigen und das Dienstamt der Priester „dem Wesen nach", insofern der geweihte Priester „in persona Christi capitis", also im Namen und in der Vollmacht Christi handelt, wenn er die heilige Eucharistie und die anderen dem geweihten Amt reservierten Sakramente zelebriert. Wenn also der Priester *„in persona Christi capitis"* handelt, dann ist es Jesus Christus selbst, der handelt in der Person des Priesters. Christus selbst ist die Quelle der Einheit der Kirche als *Communio*. Daher muss die Weise der Ausübung der Leitungsvollmacht vonseiten des Priesters notwendigerweise dem Aufbau der Einheit der Kirche als *Communio* dienen. Aus diesem Grund wird „mit der Formulierung ‚*in persona Christi capitis*' (...) keine immunisierende Vollmacht des Priesters beschrieben, die andere ausschließt oder sich weigert, Kritik anzunehmen. (...) Alle Getauften sind berufen, durch das Zeugnis ihres Lebens Kirche zu bilden, wenige sind freigestellt, um ihnen dabei zu dienen (vgl. EG 201)"[5].

Diese Differenzierung weist indirekt zugleich auf die Grenze der Ausübung des priesterlichen Dienstamtes hin, insofern die Fülle („exousia") der Vollmacht Christi nicht nur dem Weiheamt, sondern dem gesamten Volk Gottes zu eigen ist. In diesem Sinne unterstreicht Papst Benedikt XVI., dass die getauften Gläubigen nicht nur Mitarbeiter des geweihten Klerus, sondern „mitverantwortlich für das Sein und das Handeln der Kirche"[6] sind. Daher bedürfen die Gläubigen nicht einer nachträglichen, besonderen Beauftragung durch die geweihten Amtsträger, um die Kirche als „Leib Christi" aufzubauen. Die priesterliche Würde der Getauften kann weder durch die Übertragung eines besonderen Laiendienstes noch durch die Berufung einzelner Christen zu einem Dienst in der Kirche erhöht werden.[7]

## 2. Die kommunionale Beziehung der hierarchischen und charismatischen Gaben im konziliaren und postkonziliaren Lehramt

Im Kontext der Kirche als *Communio* haben die Konzilsväter die Bedeutung und die Sendung der Charismen besonders hervorgehoben, indem sie sich auf die neutestamentliche Lehre über die Charismen bezogen. Aus dem neutestamentlichen Befund über die charismatischen Gaben – besonders in den paulinischen Briefen und im ersten Petrusbrief – ergibt sich keine einheitliche Konzeption. Das aus dem Griechischen stammende Wort „chárisma" meint allgemein ein „großzügiges Geschenk", eine Gnadengabe, die durch Gott verliehen wird. „Die Charismen sind besondere Gaben, die der Geist zuteilt, ‚wie er will' (1 Kor 12,11) ... (Sie) werden als Zeichen ‚der vielfältigen Gnade Gottes' (1 Petr 4,10) anerkannt ... (und) gewöhnlich als ‚Offenbarung des Geistes' (1 Kor 12,7) dargelegt. Es ist aber klar, dass diese Zuschreibung nicht ausschließlich ist ... Die Gaben Gottes beziehen sich immer auf den ganzen trinitarischen Horizont, wie die Theologie im Westen und im Osten seit den Anfängen unaufhörlich bekräftigt hat."[8]

Die konziliaren Texte über die charismatischen Gaben ergänzen die pneumatisch-sakramentale und trinitarische Konzeption der *Communio*-Ekklesiologie des II. Vatikanischen Konzils (vgl. LG 4; LG 7; LG 12; AA 3,3-4). Dabei unterstreicht das Konzil die „Gleich-Ursprünglichkeit" der charismatischen und hierarchischen Gaben im Heiligen Geist (vgl. LG 4,1). Der Heilige Geist garantiert die Einheit in der Verschiedenheit der charismatischen und hierarchischen Gaben in der Kirche, die sich selbst als „‚das von der Einheit des Vaters und des Sohnes und des Heiligen Geistes her geeinte Volk' " (LG 4,2) versteht. Derselbe Geist unterstellt die Charismatiker der Autorität der Apostel, die ihrerseits im Heiligen Geist die Verantwortung haben, den Geist nicht auszulöschen, sondern das Gute zu bewahren (vgl. LG 7,3). So erweisen sich die Charismen als „kirchlich", wenn sie Ausdruck der kommunionalen, trinitarischen Beziehung im Heiligen Geist sind. Indem der Heilige Geist die Gläubigen durch die Charismen befähigt, die Kirche aufzubauen (vgl. LG 12,2), wird die Ausübung der Charismen durch die Gläubigen vom Konzil als ein Recht und eine Pflicht betrachtet (vgl. AA 3,3-4). Die kirchliche Hierarchie soll daher mit Freude das Werk des Heiligen Geistes, das in den Gläubigen und für die Gläubigen zum Aufbau der Kirche in der Liebe geschieht, annehmen.

Die nachkonziliare Lehre der Päpste fasst die konziliare Lehre über die Charismen zusammen und konkretisiert sie in einigen Punkten.[9] Papst Johannes Paul II. unterstreicht die „Gleich-Ursprünglichkeit" der charismatischen und hierarchischen Gaben im Heiligen Geist, der der Geist des Auferstanden ist.[10] Die Charismen werden weder durch das geweihte Amt zugeteilt noch unterstehen sie der freien Verfügung des geweihten Amtes, auch wenn die Hierarchie über die Echtheit der Charismen zu urteilen hat hinsichtlich ihrer Sendung, zum Aufbau der Kirche in der Liebe beizutragen. „Die charismatischen und hierarchischen Gaben sind unterschieden, aber auch reziprok komplementär. In der Kirche sind sowohl der institutionelle wie auch der charismatische Aspekt gleich-wesentlich und wirken in verschiedener Weise im Leben zusammen für die Erneuerung, für die Heiligung, aber doch so, dass unter ihnen ein Austausch herrscht, eine gegenseitige Gemeinschaft."[11] Papst Benedikt XVI. ergänzt[12], dass in der Kirche auch die wesentlichen Institutionen charismatisch sind und sich andererseits die Charismen in der einen oder anderen Weise institutionalisieren müssen, um mit ihrem Ursprung im Lauf der Geschichte übereinzustimmen sowie Kontinuität in der Geschichte zu erlangen. Die hierarchischen und charismatischen Gaben sind daher von ihrem Ursprung her gegenseitig aufeinander bezogen. Papst Franziskus schließlich erinnert an die Harmonie, die der Heilige Geist zwischen den unterschiedlichen Gaben erzeugt. Nur innerhalb der kirchlichen Gemeinschaft können die charismatischen Gaben aufleuchten. In der konkret gelebten Gemeinschaft lernen die Gläubigen, die Gaben des Heiligen Geistes als Zeichen der Liebe des himmlischen Vaters zu allen seinen Söhnen und Töchtern zu erkennen.[13]

Übereinstimmend bestätigt das nachkonziliare Lehramt, dass die hierarchischen und charismatischen Gaben gleichwesentlich sind.[14] Auf der Grundlage der Gleichheit und der gleichen Würde aller Getauften in der Kirche sind die hierarchischen und charismatischen Gaben in ihrer unterschiedlichen Sendung mitverantwortlich und unverzichtbar für den Aufbau der *Communio* der Kirche. Im Zeugnis ihrer trinitarischen Beziehungsdynamik lässt sich die Gegenwart des Heiligen Geistes und die sich hingebende Liebe Gottes erkennen. Diese exemplarische Beziehungs- und Handlungsmaxime der hierarchischen und charismatischen Gaben im Volk Gottes führt zum Postulat, dass Handlungs- und Entscheidungsprozesse der *Communio*-Kirche durch eine synodale Dynamik der Beziehungen aller Getauften im Volk Gottes geprägt sein muss.

## 3. Die synodale Dynamik im Volk Gottes als Zeichen der lebendigen *Communio* der Kirche

Nach dem II. Vatikanischen Konzil galt es, die *Communio*-Ekklesiologie in kirchliches Handeln umzusetzen. Mithin entstand das Risiko, dass das Verständnis der Kirche als *Communio* zu einem rein menschlichen Organisationsprinzip degenerierte, um partizipative und teilweise demokratische Strukturen in der Kirche auf verschiedenen Ebenen zu schaffen (z. B. Diözesansynoden oder -foren, diözesane oder pfarrliche Pastoralräte).[15] Bis heute bleibt die Herausforderung, die *Communio* als Struktur- und Handlungsprinzip der Kirche in eine „*operative Haltung*" des spirituell-prozesshaften Handelns in dialogisch-synodaler Weise umzusetzen. Synodale Prozesse als Handlungsmaxime kirchlicher *Communio* sollen sich dabei ihrer Wurzeln im biblischen, besonders im neutestamentlichen Schriftzeugnis bewusst bleiben.[16]

Für Papst Franziskus ist der „Weg der *Synodalität* das, was Gott sich von der Kirche des dritten Jahrtausends erwartet."[17] Und indem er den heiligen Johannes Chrysostomus zitiert, fährt er fort: „Wenn wir begreifen, dass ‚Kirche und Synode Synonyme sind' (...) – denn die Kirche ist nichts anderes als das ‚gemeinsame Vorangehen' der Herde Gottes auf den Pfaden der Geschichte zur Begegnung mit Christus, dem Herrn –, dann begreifen wir auch, dass in ihrem Innern niemand über die anderen ‚erhöht' werden kann. Im Gegenteil, in der Kirche ist es notwendig, dass jemand sich ‚erniedrigt', um sich unterwegs in den Dienst der Brüder und Schwestern zu stellen."[18] „In dieser Kirche befindet sich der Gipfel wie bei einer auf den Kopf gestellten Pyramide unterhalb der Basis. Darum werden diejenigen, welche die Autorität ausüben, ‚*ministri* – Diener' genannt, denn im ursprünglichen Sinn des Wortes ‚*minister*' sind sie die Kleinsten von allen."[19] Die sich daraus ergebende synodale Dynamik entspricht zutiefst dem Wesen der Kirche als *Communio*: „Eine synodale Kirche ist eine Kirche des Zuhörens, in dem Bewusstsein, dass das Zuhören ‚mehr ist als Hören'. Es ist ein wechselseitiges Anhören, bei dem jeder etwas zu lernen hat: das gläubige Volk, das Bischofskollegium, der Bischof von Rom – jeder im Hinhören auf die anderen und alle im Hinhören auf den Heiligen Geist, den ‚Geist der Wahrheit' (Joh 14,17), um zu erkennen, was er ‚den Kirchen sagt' (vgl. Offb 2, 7)."[20]

In diesem Sinne propagieren einige Theologen das synodale Handeln des Volkes Gottes in allen Bereichen der Leitung und der Pastoral der Kirche.[21] Für den italienischen Theologen Piero Coda bedeutet das Konzept der Synodalität „jenes ‚Gemeinsam-unterwegs-Sein' des ganzen Volkes Gottes, das in sich die Ausübung der verschiedenen Charismen und Dienste umfasst, ausgeübt entsprechend dem Geist und der Methode der *Communio*. Dies alles in der Logik einer geordneten und zugleich kreativen kirchlichen Perichorese, welche die christliche Gemeinschaft zum angemessenen Raum des Hörens und der Inkarnation des Wortes Gottes macht: Öffnung für das, ‚was der Geist heute den Kirchen sagt' (Offb 2,7)"[22]. Aus diesem Grund ist das Konzept der Synodalität der Kirche nicht allein gleichbedeutend „mit der psychologischen Dimension. Denn man kann eine gute Übereinkunft auf der affektiven Ebene und der Beziehungsebene erlangen, ohne jedoch eine Fähigkeit der Begegnung auf der theologalen Ebene entwickelt zu haben, d. h. von Beziehungen, die durch den Glauben, die Hoffnung und die Liebe animiert werden"[23]. Auch ist die Synodalität der Kirche nicht mit „der soziologischen Dimension (identisch), denn man kann zwar ausgeglichene Gruppen auf der Ebene der Interaktivität bilden, die sich durch effiziente kooperative Fähigkeiten auszeichnen, aber nicht in der Lage sind, sich einer gemeinschaftlichen Erfahrung anzunähern"[24]. Um daher in korrekter Weise das Prinzip kirchlicher Synodalität verstehen zu können, muss man es vor allem im christologischen, im trinitarischen, im pneumatologischen und ekklesiologischen Sinn interpretieren.

Aus der gleichen Würde aller Mitglieder der Kirche, die durch die Taufe und durch die Eucharistie untrennbar mit Christus verbunden sind, ergibt sich für Piero Coda „in natürlicher Konsequenz, warum das Volk Gottes Subjekt der drei Aufgaben (tria munera) ist, an denen die einzelnen Mitglieder teilhaben (...), sodass die Gnade und die Aufgabe der Verkündigung, der Heiligung und der Leitung zu Recht und ursprünglich – in Abhängigkeit von der *exousia* des auferstandenen Herrn – dem Volk Gottes in seiner Gesamtheit zukommen, in dessen Schoß dann die spezifischen Dienste ad hoc existieren. (...) Von hierher erklärt sich die spezifische Natur der *Communio*, welche das Ereignis Kirche prägt: insofern alle Christen in vollem Sinn und in voller Verantwortung Glieder des Volkes Gottes sind und – insofern sie als solche berufen sind, ihr spezifisches Charisma und ihren spezifischen Dienst auszuüben – in einer wechselseitigen Beziehung und einem Zusammenwirken mit den Charismen und Diensten aller Übrigen leben"[25].

Sicherlich gilt es, das ausgeglichene Verhältnis zwischen Hierarchie und *Communio* aller Gläubigen und ihrer verschiedenen Sendungen und Dienste in der Kirche zu wahren.[26] Aber „wenn die *Communio* in ihrer wahren Natur von einer konstitutiven Beziehung zur *exousia* des auferstandenen Herrn getragen und gefördert wird und die *exousia* sich in einer spezifischen Weise – in Bezug auf die Gewährleistung und die Förderung der Apostolizität und Einheit der Kirche – durch jene sakramental bestimmten Dienste *im Schoß des Volkes Gottes* ausdrückt, verstanden und ausgeübt wird, dann wird klar, dass der Vollzug der Synodalität nicht nur möglich, sondern dass er notwendig ist für eine korrekte und wirksame Entfaltung der Natur und der Bedeutung der kirchlichen *Communio*"[27]. Das bedeutet, „dass auf allen Ebenen, im Leben und in der Sendung der Kirche das gesamte Volk Gottes – in der Vielfalt, Unterschiedlichkeit und im Reichtum seiner Charismen und Dienste – gerufen ist, seinen unersetzlichen Beitrag zur Unterscheidung dessen zu leisten, was der Geist der Kirche sagt (vgl. Offb 2,7)"[28]. Diese Einsicht erfordert konsequenterweise „eine Umkehr des Blickes und der Praxis, die Kirche zu verstehen und in ihr zu leben, eine Umkehr, die in der Lage ist, das gläubige Bewusstsein in einen direkten Kontakt mit dem Geist des Evangeliums zu bringen, sodass diese reiche und kostbare Erbschaft der großen Tradition – ungehindert durch die kontingenten geschichtlichen Manifestationsweisen – sich in der gegenwärtigen Stunde unserer Geschichte neu in Treue und in markanter Weise ausprägen kann"[29].

Papst Franziskus unterstreicht immer wieder die Notwendigkeit einer entscheidenden Teilhabe des Volkes Gottes an den Entscheidungsprozessen der Synode, da sich nur in solchen Prozessen der „Unterscheidung im Geist" die wahre *Communio* zwischen dem geweihten Amt und den getauften Gläubigen verwirklicht.[30] Die „Spiritualität der Gemeinschaft", die sich in synodalen Akten der „Unterscheidung im Geist" konkretisiert, bedeutet nicht, dass das Wort „Spiritualität" einfach ein dekoratives Accessoire ist, sondern bezeichnet „jenes Leben im Geist, in dem das gläubige Bewusstsein vom Denken und Handeln (*phronesis*) Christi Jesu aktiviert ist"[31]. Das beinhaltet, dass das eigene Bewusstsein aller Christen einschließlich der geweihten Amtsträger sich in einem Prozess der kontinuierlichen Fortbildung und des spirituellen Wachstums befindet (vgl. *Christifideles Laici*, Nr. 16). Daher müssen in der Kirche „Orte" oder „Schulen der Synodalität" gebildet werden, in denen die Gläubigen, einschließlich der Amtsträger, einen spirituell-kommunionalen Stil des gegenseitigen Hörens der geweihten Amtsträger und der getauften Gläubigen erlernen und vertiefen. Vor allem bedarf es der „Erfahrungsgemeinschaften", die „neue Menschen" heranbilden nach dem Modell von Pfingsten. Um einen synodalen Stil zu erlernen, „muss man den eigenen individualistischen Maßstab verlassen. Viele Erklärungen über die Synodalität erweisen sich als steril oder als Misserfolg, weil sich die handelnden Personen untereinander vereinbaren und dabei in den eigenen kognitiven, emotionalen und relationalen ‚Nestern' gefangen bleiben"[32]. Vielmehr geht es darum, im Sinne Jesu „Verkünder des Evangeliums (zu suchen), welche die Frohe Botschaft nicht nur mit Worten verkünden, sondern vor allem mit einem Leben, das in der Gegenwart Gottes verwandelt wurde" (*Evangelii Gaudium*, Nr. 259). Bevor man sich also in das Abenteuer der Synodalität hineinbegibt, „müssen ‚Orte' eingerichtet werden, in denen jeder sich darauf vorbereitet, die Kunst der *Communio* zu praktizieren"[33], indem er einen gemeinsamen Stil jenes Lebens lernt, „das in der Gegenwart Gottes verwandelt wurde" (*Evangelii Gaudium*, Nr. 259). Und Verwandlung in der Gegenwart Gottes setzt zugleich eine intensive Gebetsgemeinschaft voraus.

Derart synodal-kommunionale Prozesse erfordern eine kontinuierliche, kritische spirituell-existenzielle Selbstvergewisserung und -beurteilung, sowohl hinsichtlich der im Glauben gelebten Beziehungen zu allen, die direkt an den synodalen Prozessen beteiligt sind, als auch hinsichtlich des „*sensus fidelium*" aller Gläubigen, die durch die verschiedenen synodalen Organismen (z. B. Bischofssynode, Diözesanrat, Pfarreirat, Diözesansynode etc.) repräsentiert werden. Dabei gilt es auch, besonders den der Kirche Fernstehenden in den synodalen Prozessen der Kirche Gehör zu schenken.

## 4. Perspektiven synodaler Prozesse in der *Communio* der Kirche

Die spirituell-synodal handelnde *Communio* drückt in der Kraft des Heiligen Geistes den „*sensus fidelium*" nicht nur quantitativ, sondern auch qualitativ aus und besitzt eine große Bedeutung für die sakramentale Wirksamkeit der Partikular- und Universalkirche, bis hinein in ihre Gesetzgebung. Daher gehört es in das Zentrum aller pastoralen und strukturellen Aktivitäten der Kirche, dass das Zusammenspiel der hierarchischen und charismatischen Gaben, die im Heiligen Geist ihren gemeinsamen Ursprung besitzen und für den Aufbau des „Leibes Christi" in der Liebe „gleich-wesentlich" sind, in synodalen, spirituell gegründeten Handlungsmustern ihren Ausdruck gewinnen und damit Zeugnis einer pneumatisch-kommunionalen Ekklesiopraxis werden. Dazu braucht es wirksamere Strukturen, Instrumente und Kriterien, die eine Teilhabe aller Gläubigen mit ihren spezifischen Charismen an Entscheidungs- und Gesetzgebungsverfahren auf partikular- und universalkirchlicher Ebene der Kirche garantieren. Damit einhergehen muss eine Vertiefung der „Spiritualität der *Communio*", die immer wieder den Dienstcharakter und die dienende Beziehung aller Getauften in der Kirche im Verhältnis zueinander spirituell und existenziell sichert und fördert. Nur in der Haltung der Bekehrung aller Getauften in der Kirche wird sich jenes Geheimnis der *Communio* je neu entschlüsseln und schenken, das Papst Franziskus mit den Worten beschreibt: „Für die Jünger Jesu ist gestern, heute und immer die einzige Autorität die Autorität des Dienstes, die einzige Macht die Macht des Kreuzes, getreu den Worten des Meisters: (…) ‚wer bei euch groß sein will, der soll euer Diener sein, und wer bei euch der Erste sein will, soll euer Sklave sein' (Mt 20,25-27)."[34]

1   Vgl. dazu ausführlich N. Eterović, Synodalität: neue Dynamik. Vorschläge für die weitere Entwicklung der Synode der Bischöfe, (Adlerstein Verlag) Wiesmoor 2017, 11-15.18-20.
2   M. Wijlens, Die Kooperation von Laien mit kirchlichem Seelsorgeauftrag und Klerikern: Eine gegenseitige Ergänzung, in: B. Kranemann/M. Wijlens (Hgg.), Gesendet in den Weinberg des Herrn. Laien in der katholischen Kirche heute und morgen, (Erfurter Theologische Schriften, Bd. 35) Würzburg 2019, 31-52, 41f.
3   Dazu heißt es in LG 33: „Das Apostolat der Laien ist Teilnahme an der Heilssendung der Kirche selbst. Zu diesem Apostolat werden alle vom Herrn selbst durch Taufe und Firmung bestellt. Durch die Sakramente, vor allem durch die heilige Eucharistie, wird jene Liebe zu Gott und den Menschen mitgeteilt und genährt, die die Seele des ganzen Apostolates ist. (...) So ist jeder Laie kraft der ihm geschenkten Gaben zugleich Zeuge und lebendiges Werkzeug der Sendung der Kirche selbst ‚nach dem Maß der Gabe Christi' (Eph 4,7)."
4   Die deutschen Bischöfe (Nr. 100): „Gemeinsam Kirche sein". Wort der deutschen Bischöfe zur Erneuerung der Pastoral, hrsg. vom Sekretariat der Deutschen Bischofskonferenz, Bonn 2015, 27f.
5   Die deutschen Bischöfe (Nr. 100): „Gemeinsam Kirche sein", a. a. O., 44. Dazu heißt es im Brief des Apostel Paulus an die Epheser: „Und er gab den einen das Apostelamt, andere setzte er als Propheten ein, andere als Evangelisten, andere als Hirten und Lehrer, um die Heiligen für die Erfüllung ihres Dienstes zu rüsten, für den Aufbau des Leibes Christi. So sollen wir alle zur Einheit im Glauben und in der Erkenntnis des Sohnes Gottes gelangen, damit wir zum vollkommenen Menschen werden und Christus in seiner vollendeten Gestalt darstellen" (Eph 4,11-13). Die den geweihten Priestern eigene Sendung verwirklicht sich vornehmlich in der Verkündigung des Evangeliums, in der Feier der Sakramente und in der pastoralen Leitung des Volkes Gottes (vgl. LG 28).
6   Papa Benedetto XVI., Apertura del Convegno Pastorale della Diocesi di Roma sul Tema: „Appartenenza ecclesiale e corresponsabilità pastorale", Basilica di San Giovanni in Laterano Martedì, 26 maggio 2009 (Übersetzung Verfasser).
7   Vgl. Die deutschen Bischöfe (Nr. 100), „Gemeinsam Kirche sein", a. a. O., 35.
8   Kongregation für die Glaubenslehre: Schreiben *Iuvenescit Ecclesia* an die Bischöfe der katholischen Kirche über die Beziehung zwischen hierarchischen und charismatischen Gaben im Leben und in der Sendung der Kirche, in: Sekretariat der Deutschen Bischofskonferenz (Hrsg.), Verlautbarungen des Apostolischen Stuhls, 205, Bonn 2016, 10f. (nicht als Printversion, sondern als Download erhältlich unter: https://www.dbk-shop.de). „Nicht jedes einzelne Charisma wird allen zugeteilt (vgl. 1 Kor 12,30), im Unterschied zu den grundlegenden Gnaden, wie etwa der heiligmachenden Gnade oder der Gaben des Glaubens, der Hoffnung und der Liebe, die für jeden Christen unabdingbar sind", ebd.
9   Vgl. Cattaneo, A.: Rilevanza canonistica della complementarità fra „doni gerarchici e carismatici", in: Veritas e Ius. Semestrale interdisciplinare di Lugano (V&J), Anno VIII, Numero 14, Lugano 2017, 11-35, besonders 14-24.
10  Vgl. Discorso di Sua Santità Giovanni Paolo II. in occasione dell'Incontro con i Movimenti Ecclesiali e le Nuove Comunità – Roma, 30 maggio 1998, in: Pontificium Consilium pro Laicis, Laici oggi. Collana di studi a cura del Pontificio Consiglio per i Laici: I movimenti nella Chiesa. Atti del Congresso mondiale dei movimenti ecclesiali Roma 27-29 maggio 1998, Città del Vaticano 1999, 219-224, 221.
11  Giovanni Paolo II., Discorso del Santo Padre, in: I Movimenti nella Chiesa. Atti del 2° Colloquio internazionale, (Ed. Nuovo Mondo) Milano 1987, 24-25 (Übersetzung Verfasser). Auf je eigene Weise erneuern die hierarchischen und charismatischen Gaben das Selbstbewusstsein der Kirche, verstanden als Ereignis der Sendung des Sohnes durch das Werk des Vaters und in der Kraft des Heiligen Geistes in Raum und Zeit. So vergegenwärtigen sie das Geheimnis Christi und seines Heilswerkes in der Welt, vgl. Messaggio di Sua Santità Giovanni Paolo II., in: Pontificium Consilium pro Laicis, Laici oggi.

Collana di studi a cura del Pontificio Consiglio per i Laici, I movimenti nella Chiesa. Atti del Congresso mondiale dei movimenti ecclesiali Roma 27-29 maggio 1998, Città del Vaticano 1999, 15-19, 18f.
12   Vgl. Benedetto XVI., Discorso ai partecipanti al Pellegrinaggio promosso dalla fraternità di Comunione e Liberazione in occasione del XXV. Anniversario del Riconoscimento Pontificio (24 marzo 2007): Insegnamenti di Benedetto XVI., III, 1 (2007), 558.
13   Vgl. Papa Francesco, Omelia nella Solennità di Pentecoste con i Movimenti, le Nuove Comunità, le Associazioni e le Aggregazioni laicali (19 maggio 2013): Insegnamenti di Francesco, I, 1 (2013), 208.
14   „Ein Gegensatz oder gar ein Widerspruch zwischen diesen Gaben wäre gleichbedeutend mit einem irrigen und unvollständigen Verständnis über das Wirken des Heiligen Geistes im Leben und in der Sendung der Kirche", Kongregation für die Glaubenslehre: Schreiben *Iuvenescit Ecclesia*, a. a. O., 21. Zum gleichen Ergebnis kam seinerzeit Joseph Kardinal Ratzinger in seinem Vortrag zum Weltkongress der Kirchlichen Bewegungen 1998 in Rom, vgl. J. Ratzinger, Kirchliche Bewegungen und ihr Theologischer Ort. Referat beim Weltkongress der kirchlichen Bewegungen und neuen Gemeinschaften, Rom, 26. Mai 1998, in: P. Wolf, Lebensaufbrüche. Geistliche Bewegungen in Deutschland, Vallendar-Schönstatt 2000, 23-56, hier besonders 26-48.
15   Vgl. H. J. Pottmeyer, Die konziliare Vision einer neuen Kirchengestalt, in: C. Hennecke (Hg.), Kleine Christliche Gemeinschaften verstehen. Ein Weg, Kirche mit den Menschen zu sein, Würzburg 2009, 31-46. Zu den durch demokratische Willensbildung oder betriebliche Mitbestimmung geprägten Vorstellungen gemeinschaftlichen Handelns in der Kirche bemerkt Christoph Kardinal Schönborn kritisch: „Natürlich gehören heftige Diskussionen, ja sogar Streit und intensives Ringen zum synodalen Weg. So war es schon in Jerusalem. Aber Ziel der Debatten, Ziel der Zeugnisse ist das gemeinsame *Unterscheiden* des Willens Gottes. Auch dort, wo abgestimmt wird (wie am Ende jeder Synode), geht es nicht um Machtkämpfe, Parteibildungen (über die die Medien dann gerne berichten), sondern um diesen gemeinschaftlichen Prozess zur Bildung eines Urteils, wie wir es in Jerusalem gesehen haben. Am Ende kommt, so hoffen wir, nicht ein politischer Kompromiss heraus, auf einem niedrigen gemeinsamen Nenner, sondern dieser ‚Mehr-Wert', den der Heilige Geist schenkt, sodass es am Schluss heißen kann: ‚Der Heilige Geist und wir haben beschlossen' (Apg 15,28)", Ansprache von Kardinal Christoph Schönborn bei der 50-Jahr-Feier der Errichtung der Bischofssynode (17. Oktober 2015), in: Die Berufung und Sendung der Familie in Kirche und Welt von heute. Texte zur Bischofssynode 2015 und Dokumente der Deutschen Bischofskonferenz, Bonn 2015 (Arbeitshilfen 276), 81-95, 94.
16   Vgl. dazu ausführlich N. Eterović, Synodalität: neue Dynamik, a. a. O., 20-28.
17   Ansprache von Papst Franziskus bei der 50-Jahr-Feier der Errichtung der Bischofssynode, in: Die Berufung und Sendung der Familie in Kirche und Welt von heute. Texte zur Bischofssynode 2015 und Dokumente der Deutschen Bischofskonferenz, Bonn 2015 (Arbeitshilfen 276), 23-33, 25.
18   Ebd., 28f.
19   Ebd., 29. „Im Dienst am Volk Gottes wird jeder Bischof für den ihm anvertrauten Teil der Herde zum *vicarius Christi*, zum Stellvertreter jenes Jesus, der sich beim Letzten Abendmahl niedergekniet hat, um den Aposteln die Füße zu waschen (vgl. Joh 13,1-15)", ebd.
20   Ebd., 27.
21   Die folgende Darstellung orientiert sich besonders an P. Coda, Erneuerung des synodalen Bewusstseins im Volk Gottes, in: Theologische Quartalschrift Tübingen, 192. Jahrgang, 2. Quartalheft 2012, 103-120; außerdem: G. Petrocchi, Pensieri sulla sinodalità. Dimensioni imprescindibili per un autentico cammino ecclesiale, in: Gen's. Rivista di vita ecclesiale, 3 (anno XLVII), Rom 2017, 104-110; vgl. auch: V. Di Pilato, Fare insieme la strada. Atteggiamenti e criteri perché la sinodalità non si fermi alle strutture, in: Gen's. Rivista di vita ecclesiale, 3 (anno XLVII), Roma 2017, 116-121.

22   P. Coda, Erneuerung des synodalen Bewusstseins im Volk Gottes, a. a. O., 103.
23   G. Petrocchi, Pensieri sulla sinodalità, a. a. O., 105 (Übersetzung Verfasser).
24   Ebd., 105 (Übersetzung Verfasser).
25   P. Coda, Erneuerung des synodalen Bewusstseins im Volk Gottes, a. a. O., 106f. Die hierarchischen Dienste „sind sakramentaler Weise durch den Geist Christi eingesetzt im Blick auf den angemessenen und wirksamen Umgang mit dieser vielfältigen gnadenhaften Gabe und Aufgabe des Dienstes an der Einheit des Lebens und der Sendung der Kirche", ebd.
26   Vgl. Ansprache von Papst Franziskus bei der 50-Jahr-Feier der Errichtung der Bischofssynode, a. a. O., 28.
27   P. Coda, Erneuerung des synodalen Bewusstseins im Volk Gottes, a. a. O., 109.
28   Ebd., 114f. „Die synodale Struktur und Dynamik ist, mit anderen Worten, der lebendige und notwendige Kontext, innerhalb dessen und für den der Vollzug und die adäquate Form der Ausübung des Charismas bzw. Dienstes der Bischöfe und des Papstes ihren Ort finden, um das Siegel der Apostolizität und der Einheit – im Licht und in der Kraft der *exousia* des Auferstandenen – den Entscheidungen und Orientierungen, die den Weg des Volkes Gottes in der Geschichte orientieren, aufzudrücken", ebd.
29   Ebd., 117. Das beinhaltet die Ausbildung und Prägung des gesamten Volkes Gottes durch eine neue „Spiritualität der Gemeinschaft" im Sinne dessen, was Papst Johannes Paul II. für die Verwirklichung der Kirche als *Communio* im Apostolischen Schreiben *Novo Millennio Ineunte*, Nr. 43, gefordert hat: „Die Kirche zum Haus und zur Schule der Gemeinschaft machen, darin liegt die große Herausforderung (...). Vor aller Planung konkreter Initiativen gilt es, eine *Spiritualität der Gemeinschaft zu fördern* (...). Ohne diesen geistlichen Weg würden die äußeren Mittel der Gemeinschaft recht wenig nützen. Sie würden zu seelenlosen Apparaten werden, eher Masken der Gemeinschaft als Möglichkeiten, dass diese sich ausdrücken und wachsen kann", Apostolisches Schreiben *Novo Millennio Ineunte* Seiner Heiligkeit Papst Johannes Paul II. an die Bischöfe, den Klerus, die Ordensleute und an die Gläubigen zum Abschluss des Großen Jubiläums des Jahres 2000, 6. Januar 2001, in: Sekretariat der Deutschen Bischofskonferenz (Hrsg.): Verlautbarungen des Apostolischen Stuhls, 150, Bonn 2001, 39f.
30   Papst Franziskus: Die im gegenwärtigen Moment verborgene Gnade entdecken. Ansprache von Papst Franziskus am 14. September (Audienz für die im Laufe des Jahres neugeweihten Bischöfe), in: L'Osservatore Romano, Wochenausgabe in deutscher Sprache, 47. Jahrgang, Nummer 39, 29. September 2017, 7-8. – Daher müssen sich die geweihten Amtsträger in der Ausübung ihrer Vollmacht der Herausforderung stellen, auch strukturell und kirchenrechtlich in allen Wahlentscheidungen und Konsultationsprozessen auf der Ebene des universalen und diözesanen Rechts das Instrument der „Unterscheidung im Geist", das dem Geist der *Communio* des II. Vatikanischen Konzils und des nachkonziliaren Lehramtes entspricht, zu verwirklichen. Vgl. hinsichtlich der Umsetzung der Synodalität auf den verschiedenen Ebenen des kirchlichen Lebens: Ansprache von Papst Franziskus bei der 50-Jahr-Feier der Errichtung der Bischofssynode, a. a. O., 30-33. Dem entsprechen die Ausführungen von Papst Johannes Paul II., vgl. *Novo Millennio Ineunte*, Nr. 45; vgl. auch P. Coda, Erneuerung des synodalen Bewusstseins im Volk Gottes, a. a. O., 118f. – Vgl. im Kirchenrecht hinsichtlich der kollegialen Akte bei einer Wahl, can. 119; hinsichtlich der Auswahl der Bischöfe und anderer Mitglieder oder Berater einer Bischofssynode vgl. can. 346; hinsichtlich der Wahl des Priesterrates vgl. can. 497-499; hinsichtlich der Auswahl der Mitglieder des diözesanen Vermögensverwaltungsrates vgl. can. 492; hinsichtlich der Auswahl der Mitglieder des Konsultorenkollegiums vgl. can. 502 §1; hinsichtlich der Auswahl der Mitglieder des diözesanen Pastoralrats vgl. can. 512; hinsichtlich der Auswahl der Mitglieder des Pfarreirats vgl. can. 536; hinsichtlich der Auswahl der Mitglieder des Vermögensverwaltungsrats (Kirchenvorstand) der Pfarrei vgl. can. 537.

31 P. Coda, Erneuerung des synodalen Bewusstseins im Volk Gottes, a. a. O., 118.
32 G. Petrocchi, Pensieri sulla sinodalità, a. a. O., 107 (Übersetzung Verfasser).
33 Ebd., 107 (Übersetzung Verfasser).
34 Ansprache von Papst Franziskus bei der 50-Jahr-Feier der Errichtung der Bischofssynode, a. a. O., 29f.

Marianne Reiser
# „Ich habe euch ein Beispiel gegeben" – Weggemeinschaft, die bewegt

Die Pfarrei Maria Lourdes, deren Leben im folgenden Beitrag vorgestellt wird, liegt am Nordrand der Stadt Zürich. Sie umfasst drei Stadtteile mit ca. 30 000 Einwohnern, davon sind über 7000 katholisch, weit über die Hälfte mit Migrationshintergrund. Hier engagiert sich die Autorin des Artikels, Marianne Reiser, Jg. 1963, verheiratet, Mutter von vier erwachsenen Kindern, seit 2002 für Lokale Kirchenentwicklung. Da am Ursprung der Entwicklung eine intensive Auseinandersetzung mit den Schriften von Klaus Hemmerle stand, kam sie auch mit Wilfried Hagemann in Kontakt, der sich begeistert für diese Erfahrungen interessierte und Marianne Reiser und Martin Piller, Pfarrer seit 2001, zweimal besuchte.

„Ich habe euch ein Beispiel gegeben" (Joh 13,15), dies sagte Jesus den Jüngern, nachdem er ihnen beim Letzten Abendmahl die Füße mit Wasser wusch. „Nur" ein Beispiel war die Fußwaschung. Ein Beispiel, das die Haltung, die Jesus wichtig war, für alle Anwesenden sichtbar machte. Gibt es neue Beispiele? Welche Beispiele würde Jesus uns heute erleben lassen? Diese Frage beschäftigte uns bei der Vorbereitung der Messe für den Gründonnerstag. Neue Beispiele mit neuen Handlungsweisen sind ungewohnt, können stören, bringen Unruhe und es brechen Fragen auf. Wir brauchen das. Die neuen Verhaltensweisen lassen ganz langsam neue Bilder in uns entstehen. Bilder, die uns an das Wesentliche erinnern. Bilder, die mein Vertrauen nähren, dass es gehen kann mit dem Frieden, den Jesus uns zusprach; mit der Gleichwürdigkeit, die er uns vorlebte; mit der Bedingungslosigkeit, für die er bis zuletzt einstand.

## Ein Beispiel, das leicht irritierte

Beim Eucharistieteil in der Feier des Gründonnerstages luden wir die 250 Feiernden ein, ihre Bänke zu verlassen und einen großen Kreis zu bilden. Bewegung entstand, und plötzlich konnten wir uns als Gemeinschaft wahrnehmen. Der Priester verließ zudem seinen gewohnten Platz hinter dem Altar, stieg die Treppen hinunter und kam auf gleiche Augenhöhe mit uns allen. Wir beteten das Vaterunser, wir wünschten uns Frieden und aßen das Mahl. Leichte Irritation und gleichzeitig freudige Stimmung war zu spüren. Eine Frau schilderte das so: „Ich war gestern vom Perspektivwechsel völlig gerührt, irgendwie hat das ganz viel in mir ausgelöst. Bei genialen Ideen ist es ja meistens so, dass sie im Grunde ganz einfach sind …".

## Ein Beispiel, das euphorisierte

„Pünktlich fand ich mich am vereinbarten Termin am abgemachten Ort ein. Nach anderthalb Stunden verließ ich ihn wieder – verblüfft, belebt und geradezu euphorisiert von dem Erlebten! Was war bei dem Treffen passiert? Die Atmosphäre war von Anfang an herzlich und gelöst, man reichte Kuchen und Chips und plauderte, alle waren sofort per Du, und ich fühlte mich kein bisschen als Außenseiterin. Das Ritual des Bibelteilens ging zwanglos, ja fast unmerklich in ein sehr interessantes Gespräch über, in dem jeder aus seiner ganz persönlichen Warte laut dachte. Ich spürte bald keine Scheu mehr. Die Gedanken ergänzten sich, was einer sagte, regte die anderen an. Was ich ebenfalls nicht erwartet hatte, war die unkomplizierte und freie Art des Diskutierens, in der irgendwelche Hierarchien völlig irrelevant waren. Die Zeit verging wie im Flug, und allzu bald musste ich mich verabschieden, weil mein Baby zu Hause auf seine Muttermilch wartete."

Nicht nur diese junge Mutter ging euphorisiert nach Hause, auch wir zwei vom Pfarreiteam zogen wie Träumende heimwärts. Wir erlebten eine Taufvorbereitung, die allen Beteiligten unter die Haut ging. Und dabei haben wir nichts Geniales vorbereitet für dieses Treffen. Unsere Vorbereitung lag darin, dass wir nach Nachbarn der Tauffamilie Ausschau hielten und diese anfragten, ob wir das Treffen bei ihnen zu Hause durchführen dürften. Zur Gastfamilie kommen im besten Fall noch andere Nachbarn dazu, die Freude daran haben, die Taufe und die Messe gemeinsam vorzubereiten. Kaum originell war das immer gleiche Bibelteilen mit den sieben Schritten, das uns half, das Sonntagsevangelium in unserem zusammengewürfelten Miteinander für heute zu deuten. Dank dieser einfachen Feier werden Gottes Worte zum Leben erweckt und bekommen Bedeutung im Heute. Die Bibel, das Buch mit den sieben Siegeln, das höchstens für Theologen Sinn machte, wird befreit und zieht wieder da ein, wo es hingehört: in die Gegenwart und in die Herzen der Menschen.

## Ein Beispiel, das Vertrauen schenkte

Keinen Religionsunterricht mehr anzubieten, hatte viel Bewegung in unserer Weggemeinschaft ausgelöst. Bis es so weit war, brachten uns Bücher und Vorträge selbst einmal in Bewegung. Schrittweise veränderten wir die Katechese. Eines Tages war es dann klar und die Zeit reif: Wir wollten unseren Glauben nicht mehr in Schulstunden verpacken, die Kinder nicht mehr mit Wissen belehren, wo sie keine Fragen hatten und sie nicht nach Jahrgängen aufteilen. Mit dieser Entscheidung gerieten wir in eine Übergangsphase, in der es kaum neue Beispiele gab, wie es denn gehen könnte. Das löste viel Unsicherheit aus. Manchmal auch bei uns. Der Sprung ins Unbekannte rang allen Mut und Vertrauen ab. Und es galt auszuhalten, dass auch wir keine fertigen Antworten hatten. Wir orientierten uns u. a. in der Schulbewegung, die mancherorts aufgebrochen war und mit völlig neuen Haltungen experimentell unterwegs war. Die frühere Leiterin der evangelischen Schule Berlin-Zentrum[1], Margret Rasfeld[2], formulierte Fragen, die wir für den kirchlichen Kontext genau gleich stellen könnten: „Überall liegt der Aufbruch in der Luft. Oft wird auch die zentrale Frage gestellt: Welche Bildung brauchen wir für eine zukunftsfähige Gesellschaft? Wie können wir junge Menschen stärken und befähigen für die große Transformation? Was ist der Sinn von Schule im 21. Jahrhundert?" Wir ersetzten das Wort Bildung mit Katechese und Schule mit Kirche. Wir waren elektrisiert, als uns aufging, dass wir im Prozess der Transformation nicht alleine waren. Das eröffnete ein riesiges Lernfeld. Im Hinschauen und -hören, wie Hirnforscher oder eben Schulen über ein wirksames Lernen nachdachten, entstanden in uns neue Bilder und Ideen für die Katechese. Wir wurden fähig, den eigenen Prozess zu gestalten. In dieser Phase kam häufig die etwas vorwurfsvolle Äußerung: „Ihr macht ja gar nichts mehr für die Glaubenserziehung der Kinder!" Wir spürten darin die Sorge und Angst der Eltern. Dieser Zustand der Leere rief nach neuen Beispielen, die uns allen helfen würden, Vertrauen zu fassen. Ein Beispiel ereignet sich in regelmäßigen Abständen in einem Gemeinschaftsraum einer Wohnsiedlung. Mitten in Seebach.

Da war der siebenjährige Florian, der auf seinem Xylophon geübt hatte und uns unbedingt ein Lied vorspielen wollte. Erwachsene, Kinder und ein Hund lauschten gespannt seinem Musizieren. Spontan begann ein kleiner Junge zu applaudieren und wir alle folgten seinem Beispiel. Eine junge Mutter erzählte eine Geschichte aus dem Evangelium. Sie legte dazu Bilder auf den Boden. Zwei Kinder spielten und erzählten anschließend die Geschichte spontan nach. Im Miteinander erklang das Evangelium aus Kindermund nochmals. Das war sehr eindrücklich. Ein Mädchen meinte einmal: „Gott ist ein wenig wie Luft und ein wenig wie Wasser." Das hat sich tief in mein Herz geschrieben.

### Ein Beispiel, das entspannte

„Ihr macht ja gar nichts mehr für die Glaubenserziehung der Kinder!" – Dieses betonte „Ihr" machte uns nachdenklich. Gehörte die Weitergabe des Glaubens einzig in die Hände „der Kirche"? Wir kamen an den Punkt, wo wir spürten, dass wir mit diesem alten Bild aufräumen wollten: Die Verantwortung liegt bei jedem einzelnen Menschen und ist nicht an eine Institution oder Hauptamtliche zu delegieren. Die Verantwortung, ein Kind ins Leben zu begleiten und mit ihm zusammen Glauben zu teilen, liegt für uns bei den Menschen, die dem Kinde nahestehen und viel Zeit mit ihm verbringen können. Bis zum Schuleintritt scheint dies auch problemlos zu gehen. Dann verändert sich schlagartig alles. Das Kind gelangt in eine fordernde Maschinerie von Wissensvermittlungen, und die Kirche mit dem Religionsunterricht reiht sich da gleichermaßen ein. Sein natürliches Lebensumfeld gibt die Verantwortung ab. Seltsam, denn: da, wo Menschen, egal welchen Alters, lachen und streiten, weinen und trösten, arbeiten und feiern – da ist der ursprünglichste und wirksamste Ort zum Lernen. Egal, ob es da um den Glauben oder ums Rechnen geht. Im konkreten Leben entstehen für die Kinder – und ich denke, das gilt in jedem Alter – die Fragen, die neugierig machen. Das ist der Moment, wo Lernen plötzlich Spaß macht, weil ein natürlicher, innerer Wissenshunger der Antrieb ist. Nicht übergestülpt, sondern intrinsisch. Dies werden dann auch die Themen sein, die für den einzelnen Menschen wirklich relevant sind. Wir möchten es mit dem Glauben und seinen Inhalten genauso halten. Wir alle sind unterwegs auf diesem ganz persönlichen und lebenslangen Glaubensweg und sind eingeladen, die Erfahrungen und Entdeckungen zu machen, die uns das Leben ganz natürlich zuspielt. Das entspannt und wird spannend.

Sophia, vier Jahre, hat den Begriff „lieber Gott" aus einem Liederbuch für sich entdeckt. Seit Neuerem soll ich ihr auch ab und zu daraus vorsingen, und sie darf die dazugehörige CD hören. Ich glaube nicht, dass sie irgendeine Ahnung hat, wer oder was „Gott" ist, sie hat einfach die Redewendung aufgeschnappt „Danke lieber Gott!". Eine Zeit lang hat sie es immer gesagt, wenn ich ihr bei etwas half, z. B. Schuhe anziehen. Da sie schon gewöhnt war, danke zu sagen, kam nun ein erweitertes Danke: „Danke, lieber Gott!" Ich musste immer schmunzeln und habe ihr gesagt, ich sei nicht der liebe Gott. Nun will ich aber versuchen, den Begriff gelegentlich mit Bedeutung zu füllen ..., was ich gar nicht so einfach finde, aber auch spannend. Es bringt einen dazu zu überlegen, was „das" denn wirklich für mich ist, erst danach kann man überlegen, wie man es einem Kind erklärt.

## Ein Beispiel, das befreite

„Was müssen wir tun, damit ...?" Die bedingungslose Liebe Gottes hat sich schleichend über all die Jahre an die verschiedensten Bedingungen geknüpft. Was sind die Gründe dafür? Vielleicht, damit alles seine Ordnung behält? Vielleicht, weil uns die Bedingungslosigkeit in unserer Welt ganz grundsätzlich abhandengekommen ist? Die Tatsache, dass ich Mensch bin, genügt längst nicht mehr, um ein menschenwürdiges Leben zu führen. Das erschütterte, und es stellte sich uns die Frage: Wollen wir dieses System der Bedingungen weiter unterstützen und aufrechterhalten? Wir wagten, Gedanken der Bedingungslosigkeit zu denken und auszusprechen: „Du darfst dich an den Tisch des Herrn setzen, so wie du bist. Du bist eingeladen, du bist willkommen." Unerhört! Ja, das ist unerhört, solange ich im Leistungsdenken und in Schemen wie „richtig und falsch" verharre. Wir wollten aussteigen, umdenken und uns einschwingen in die Lebensweise Jesu, dieses Jesus, der oft aneckte, der sich kaum um Regeln kümmerte. Der für die Verstoßenen und „queren" Menschen Zeit hatte, sie liebte und mit ihnen eine Gemeinschaft bildete, ohne Bedingungen zu stellen. Wo lagen unsere Möglichkeiten, dass Menschen diese Bedingungslosigkeit erleben durften?

„Was müssen wir tun, damit unser Kind zur Erstkommunion darf?", so die Frage vieler Eltern. Unerwartet dann die Antwort von den Verantwortlichen der Katechese: „Was denken sie denn, was sie als Familie brauchen?" Die Reaktionen sind bis heute unterschiedlich. Grundsätzlich erleben wir ein befreiendes Durchatmen bei den Familien. Denn: da ist nicht noch eine Institution, die weiß, was sie zu tun hat und sie mit Bedingungen konfrontiert. So gibt es in der Zwischenzeit unterschiedliche Beispiele, wie Familien unterwegs sind zur Erstkommunion ihrer Kinder und was sie dabei erleben. Aus einer Familie erreichten uns folgende Zeilen: „In der Gemeinschaft der Kirche Seebach fühle ich mich immer willkommen! Es wird nicht geschaut, wie oft ich in die Kirche komme oder ob ich jetzt gebeichtet habe, was ich tue oder nicht tue. Sondern wir alle sind einfach willkommen. Wann immer wir uns gerufen fühlen. Ohne Urteil, einfach jeder darf sich so viel einbringen, wie er möchte und kann. Dieses Gefühl gibt mir den Mut und die Kraft, immer wieder zu kommen und dem Ruf zu folgen. Ich weiß, dass ich keine ‚Vorzeigechristin' bin, dass ich Fehler habe und immer wieder mache, aber Gott sieht auch meine Bemühungen und verzeiht mir immer und immer wieder. Und seine Kirche tut das auch. Das ist sehr schön und wertvoll."

## Ein Beispiel, das überraschte

Da wir als Kirche nicht mehr vorgaben, wie sich der Weg zur Erstkommunion zu gestalten hatte, waren plötzlich die Familien selbst gefragt, sich darüber Gedanken zu machen. Manchmal inspirierten wir sie in persönlichen Gesprächen. Manchmal luden wir die verschiedenen Familien – Kinder und Erwachsene – zu einem Anlass ein, wo wir miteinander über Formen nachdachten, die das ermöglichten, was die Eltern sich von dem Weg zur Erstkommunion erhofften. Diese Kehrtwende war entscheidend, damit das brachliegende Potenzial der Familien endlich wieder zum Zug kam. Wo wir das zuließen, nein, vielmehr begrüßten, veränderte sich das Bild unserer Weggemeinschaft. Und das nicht alle zehn Jahre, sondern in jedem Augenblick. Denn jede Begegnung, jedes Gespräch ließ Neues und Überraschendes hervorgehen, wachsen, erblühen und auch wieder vergehen. Zeitloser, ganz natürlicher Zyklus des Lebens. Wie sehr vertrauen wir dieser natürlichen Lebensdynamik, die in mir und dir und jedem Menschen innewohnt?

Bei der folgenden Entwicklung stecken wir gerade mittendrin. Menschen aus Kamerun, Ghana, Portugal, Italien, Brasilien und der Schweiz saßen am gleichen Tisch. Und obwohl in der Schweiz, sprachen wir Hochdeutsch. Die einzige Möglichkeit, uns einigermaßen zu verstehen. Seit einigen Monaten trafen wir uns in einem Gemeinschaftsraum einer Wohnsiedlung mitten in einem Stadtteil von Seebach. Als Begleiterin der verschiedenen Gemeinschaften bin auch ich in der Startphase regelmäßig bei ihren Treffen dabei. Heute ging es mir um die Frage, welche zwei Personen sich als Leiterin/Leiter für mich als Ansprechpersonen zur Verfügung stellten. Meine Frage war ausgesprochen. Stille. Und da, die für mich sehr überraschende Antwort: „Jede und jeder von uns ist Leiterin/Leiter in dieser Gemeinschaft." Damit hatte ich nicht gerechnet. Ob sich mir hier ein neues Bild zuspielte, das wichtig sein würde für den Wandel unserer Kirche? Ich wusste es nicht und ließ mich auf ihre Idee ein. Fast ein Jahr ist seit diesem Entscheid vergangen. Für die Teilnahme bei den Treffen der Verantwortlichen der Gemeinschaften brauchten wir in der Halbzeit eine Klärung in der Vorgehensweise. Seither klappt auch das meistens. Es ist spannend mitzuerleben, wie die Einzelnen wie von selbst so ihre Aufgabe fanden, die sie im Laufe der Zeit übernahmen: Eine Frau lädt immer zu den Treffen ein, ein Mann bringt die Getränke, andere nehmen die Verantwortung für die Leitertreffen wahr. Mir bleibt trotz allem manchmal eine gewisse Unsicherheit. Die Versuchung, mehr Struktur in diese Gemeinschaft zu bringen, beschleicht mich immer wieder einmal. Wenn ich dann aber an einem Abend bei ihrem Treffen dabei bin, ist mir jeweils schnell klar, dass dies ihrem Miteinander nicht dienen würde. Diese Gemeinschaft ist zurzeit mein konkretester Ort, im Vertrauen zu wachsen. Vertrauen, dass diese Menschen sehr genau wissen, was sie brauchen und genügend Energie haben, es zu tun.

### Einige Beispiele, die den Weg bereiten

Alle hier erwähnten Beispiele enthalten Verhaltensänderungen. Oft sind es sehr kleine Veränderungen, manchmal – wie bei der Katechese – sind die Veränderungen groß. Diese Verhaltensänderungen sind jedoch noch kein Systemwechsel. Sie bereiten den Weg, und wir kennen den Zeitraum nicht, den es benötigen wird, bis das herkömmliche System Geschichte ist. Wir glauben, dass jede noch so kleine Verhaltensänderung, jedes noch so kleine Lebensbeispiel, ein wesentlicher und entscheidender Teil in diesem Prozess ist. Deshalb ermutigen wir uns gegenseitig, dass wir, geleitet vom Heiligen Geist, eine Gemeinschaft von „Machern" werden. Es sind diese mutigen „Macher-Gemeinschaften", die den Weg bereiten. Und davon gibt es in unserer Welt bereits unzählige: *Pioneers of Change* mit Martin Kirchner, *Transition Movement* mit Rob Hopkins, *Be-the-change*-Stiftung mit Vivian Dittmar, Akademie für Potenzialentfaltung mit Gerald Hüther und neu der daraus entstandene „Würdekompass", *Presencing Institute* des Mitbegründers Otto Scharmer und viele mehr. In neuerer Zeit finden wir gerade außerhalb der Kirche wertvolle Inspirationen, die uns entscheidend weiterhelfen. Auf den ersten Blick meinten wir, dass diese anderen Initiativen wenig mit Kirche zu tun haben. Ein zweiter, tieferer Blick ist notwendig: Dieser lässt erkennen, dass unsere eigene Vorstellungskraft von Kirche durch Haltungen und Beispiele der Umsetzung, die wir bei ihnen sehen, den Dünger bekommt, den wir dringend für unsere eigene Entwicklung brauchen. Sehr bewusst nennen wir es Dünger, denn das Biotop, unsere Kirche, erwächst mit ihren ganz eigenen Blumen, Sträuchern und Unkräutern. Wir alle sind Teil in dieser Welt-Transformation. Egal ob aktiv oder passiv. Die Transformation ereignet sich. Wir möchten mit unserem Kirche-Sein, mit der Weggemeinschaft unseren Teil einbringen und fügen uns zu den vielen bereits bestehenden „Macher"-Gemeinschaften hinzu. Irgendwie ist es doch einfach die Fortsetzung der mutigen „Macher"-Gemeinschaft, die sich damals um Jesus bildete. Kaum einer konnte sich vorstellen, was diese Truppe auslöste. Ist das nicht ermutigend für uns?

1 Evangelische Schule Berlin-Zentrum, Info: ev-schule-zentrum.de
2 Margret Rasfeld war bis 2016 Schulleiterin der evang. Schule Berlin-Zentrum, Info: esbzlog.word-press.com

Meinolf Wacker

# „Building bridges – go4peace"

Europäische Netzwerkarbeit für den Frieden mit jungen Leuten von Nord bis Süd und West bis Ost

Es ist Sonntag, der 20. August 2017 – kurz vor fünf Uhr morgens. Von fern höre ich den Gebetsruf des Muezzins. Es ist warm, sehr warm. Schon jetzt – in der Frühe des Tages – ist das Thermometer auf weit über 30° geklettert. Es sind erneut Temperaturen von über 40° zu erwarten. Noch liege ich auf dem Bett im kleinen „Friedensdorf" von Shkodra in Albanien in einer kleinen Holzhütte. Gebaut worden war dieses Friedensdorf von der katholischen Kirche der Diözese Shkodra für Flüchtlinge aus dem Kosovo während des zweiten Balkankrieges Ende 1999. Nun hat es 100 jungen Menschen aus ganz Europa für das go4peace-Camp 2017 einen wunderschönen Ort der Begegnung bieten können.

### Leben für den Frieden

Meine Gedanken wandern ein paar Stunden zurück. Von 19 bis 22 Uhr hatten wir am Vorabend dieses Sonntags mitten im Herzen von Shkodra im Norden des Landes auf dem Platz vor der Kathedrale die Performance „go4peace" aufführen können. Tänze, Lieder, Vernetzungen, Erfahrungen hatten wir vor über 2 000 vorrangig jungen Menschen präsentiert und damit das Herz dieser jungen Albaner spürbar erreicht. Nach dem Konzert hatte uns Schwester Loredana, eine Mitschwester von Schwester Rita Ndoci, die für die Jugendarbeit der katholischen Kirche in Albanien Verantwortung trägt, wissen lassen: „Für Albanien war dieser Abend total außergewöhnlich. Er war super – super – super!" Lorenzo und Angella, zwei Moderatoren des lokalen Rundfunks, hatten albanisch- und englisch-sprachig durch das abendliche Programm geführt. Mit ihrer jugendlich begeisternden Art waren ihnen Brückenschläge ins Herz des Publikums gelungen. Am Ende des Abends hatte Mike aus Irland die Botschaft des Friedens verlesen, die wir mit 100 jungen Menschen eine Woche lang gelebt und erlebt hatten:

"If you really love one for another, peace will be the fruit. We are convinced that this peace is given by God. It's living in our own hearts and between of us. 'Blessed are the artisans of peace', that is, those who make peace. This requires passion, patience, experience and tenacity, as Pope Francis has told us. We want to become a new generation full of passion for peace because we are brothers and sisters. Please join us. We count on you. Let's go4peace!"

Nuntius Charles John Brown, seit wenigen Monaten in Albanien tätig, Erzbischof Angelo Massafra ofm, wie auch die Bürgermeisterin der Stadt Shkodra, Voltana Ademi, waren gekommen und zeigten sich erfreut über das bunte, perfekt dargebotene Programm auf der Bühne. Als die eigens für das Camp gegründete Band „crossover" auf Englisch „Unser Gott ist ein genialer Gott" mit kräftiger Stimme sang, sprang die Begeisterung der jungen Friedensstifter auf alle über.

### Leben mit den Worten Jesu

"Don't stop giving!", hatte eines der morgendlichen Mottos geheißen, das uns Tag für Tag half, dem Lebensstil Jesu – vermittelt durch seine Worte im Evangelium – zu folgen. Für die Musikgruppe war das eine echte Herausforderung gewesen. Die Musiker, die sich im Camp zum ersten Mal sahen, kamen aus Albanien, Kamerun, Slowenien, Spanien und Deutschland. Tag für Tag hatten sie Worshipping-Lieder und säkulare Musik geprobt, total professionell. Und dann sollte am Samstagmorgen in der General-Probe alles auf die Bühne gebracht werden. Allerdings waren weder die Bühne noch der große Background-Screen zur abgesprochenen Zeit fertig aufgebaut – für deutsche Mentalität eine echte Herausforderung –, eine Schule des Vertrauens. Und dieses Vertrauen, dass Gott, wenn wir unser Talent ganz geben, 99 % dazu gibt, wurde nie enttäuscht.

Dieses Vertrauen war auch gefragt, als uns wenige Stunden vor unserer Abfahrt aus Deutschland – beim Abholen von drei Leihfahrzeugen – mitgeteilt wurde, dass die geliehenen Fahrzeuge weder nach Montenegro noch nach Albanien fahren dürften. Strikte Absage! Wie sollten wir die Jugendlichen dann auf den Balkan bringen? – Bange Stunden. – Nach einigen Telefonaten war eine Lösung gefunden: Wir würden nicht die „Ferien-Route" an der Adria entlang nehmen, sondern über Sarajevo fahren. Die geliehenen Fahrzeuge würden wir im Jugendzentrum Johannes Paul II. in Sarajevo lassen und dann mit einem kleinen Bus weiter nach Montenegro fahren. Das bescherte uns auf der Reise ein tolles Frühstück in Sarajevo, die Begegnung mit Freunden aus Bosnien, mit denen wir schon über 20 Jahre im Leben für die Jugendlichen unseres Kontinentes verbunden sind, und eine Weiterfahrt nach Albanien mit einem Bus, der im gebirgigen Montenegro an Steilstrecken nur 20 km/h fahren konnte. Wir blieben zusammen, hielten durch und erreichten nach 37 Stunden reiner Fahrzeit Shkodra – zusammen mit der Gruppe aus Österreich, die in Graz zu uns gestoßen war.

Viel Zeit zum Verschnaufen hatte es nicht geben können, da alle anderen Gruppen schon angekommen waren – aus dem Kosovo und aus Albanien, aus Slowenien, Bosnien-Herzegowina und Polen, aus Kroatien, Spanien und Irland. Nach der Aufteilung in kleine internationale Wohngruppen – es lebten jeweils junge Leute aus zwei bis drei Ländern in den kleinen Holzhäusern des Friedensdorfes zusammen – gab es ein erstes Kennenlern- und Absprachetreffen. Jeder Camp-Teilnehmer bekam einen *Guardian-Angel* – einen Schutzengel. Dieser „Engel" war eingeladen, seinem Schützling im Verlauf des Camps immer neu kleine Zeichen und Botschaften der Verbundenheit in einen kleinen Briefumschlag an der „Schutzengelwand" zu stecken.

Am Sonntag war die ganze Gruppe zur Entdeckungstour in die Umgebung eingeladen. An der Wallfahrtskirche „kisha e zojes" begann der Tag. Auf den Stufen vor einer Marienstatue sitzend galt es den richtigen Umgang mit den Worten Jesu zu lernen. In einer reizüberfluteten schnelllebigen Welt drohen diese „Worte des Himmels" unter den vielen anderen unterzugehen und gar nicht bis zum Herzen vorzudringen. Ein Blick in die Natur half. Die Kuh kam in Blick. Nachdem Kühe genüsslich saftiges Grass gefressen haben, liegen sie bekanntlich faul auf der Wiese und nehmen sich genügend Zeit zum Wiederkäuen. Das Motto für diesen Tag war schnell gefunden: "Be cool – be cow!" Neben dem Erleben des Vielerlei galt es immer wieder, Augenblicke der Ruhe und des „Wiederkäuens" zu finden, um das nicht verlorengehen zu lassen, was uns von Gott geschenkt wurde – an innerem und äußerem Leben.

Oben auf der Burg angekommen, gab es eine Geschichtsstunde über die Historie Albaniens und dann empfingen uns Kinder – vorrangig aus dem Armenviertel Fermentim, in dem die Schwestern-Kommunität von Schwester Rita arbeitet – mit traditionellen albanischen Tänzen. Die Freude an ihrer Kultur war den Kleinen, in bunte albanische Trachten gesteckt, schnell anzumerken. Sie blieben mit ihrem Tanz nicht allein. In wenigen Augenblicken waren ganz viele aufmerksame Schüler aus der bunten go4peace-Gruppe um sie versammelt. Spielerisch brachten die Kinder ihnen die Schrittabfolge der Tänze bei. Weitere Etappen dieses Tages waren für alle Camp-Teilnehmer das Museum des christlichen Glaubens an der Kathedrale – hier gab es auch eine Begegnung mit der Erinnerung an die 39 seliggesprochenen albanischen Märtyrer, die unter dem Kommunismus ihren Glauben mit dem Leben bezahlt hatten, das Marubi-Museum, das „Museum of memory", in dem an die Gräuel des Kommunismus erinnert wurde, und der Besuch einer Moschee. Voller Eindrücke klang der Tag abends mit einer Messe und einem festlichen Essen im Friedensdorf aus.

## Leben in gemeinsamer Arbeit

31 verschiedene Workshops gaben den Teilnehmenden im Verlauf der Woche Gelegenheit, miteinander und mit Menschen aus Shkodra in Kontakt und ins Gespräch zu kommen. Über 100 Kinder wollten Tag für Tag in Fermentim beschäftigt werden – eine echte feurige Dynamik des Lebens. Das Haus einer Familie wurde mit neuem Boden und neuem Dach versehen, kleine Friedensmahner und Schlüsselanhänger wurden gefertigt, im Kindergarten wurde der Fußboden neu verlegt und die Wände erhielten kindgerechte Bemalung, in einem interreligiösen Workshop ging es um das Miteinander der Religionen auf dem Balkan. Bei einem Besuch in der Fokolargemeinschaft der Frauen in Tirana kam es zu einem lebendigen Austausch darüber, wie die Worte des

Evangeliums Leben verändern können. Bäume wurden für einen Friedenswald gepflanzt, Friedensmahner erneuert. In einer weiteren Gruppe begegneten Jugendliche Kindern mit besonderen Bedürfnissen, die von den Schwestern von Mutter Teresa betreut wurden. Viele der kleinen Holzhäuser im Friedensdorf erhielten einen neuen Anstrich. In weiteren Workshops ging es um die Geschichte des Judentums in Albanien, und Fatbardha Saraci erzählte von Erfahrungen aus den kommunistischen Arbeitslagern.

Organisiert war das alles durch die Vorbereitungsgruppe um Schwester Rita, Artemida und Pavlin. Im Zusammenspiel mit Elona, Emi, Izabela, Walmir, Rudolf und Amela leistete diese Gruppe Großartiges. Zum ersten Mal hatten sie sich einem solch großen Unterfangen gestellt und waren dabei richtig professionell geworden. Und bei allem – auch in der größten Hitze – war immer ein Lächeln auf ihren Gesichtern. Echte Zeugen eines gelebten Miteinanders und Füreinanders in Europa und für Europa. Diese Dynamik gab Hoffnung, jedem, der ins Camp kam.

Mein Blick ging in diesen Augenblicken zurück. Begonnen hatte dieser Friedensweg im Jahr 1995. Der Krieg auf dem Balkan hatte gerade geendet und die Frage Kardinal Lehmanns, ob nicht der Wiederaufbau in Bosnien und Herzegowina eine Herausforderung für deutsche junge Leute sein könne, hatte den Anstoß gegeben, mit jungen Europäern in die Erzdiözese Sarajevo aufzubrechen. 20 Jahre lang waren wir dort mit über 700 jungen Leuten gewesen und hatten in Begegnungscamps Wiederaufbauarbeit geleistet, ganz praktisch mit unserer Hände Arbeit und zugleich zukunfts-ermöglichend im Stiften von vielen Beziehungsfäden über die Grenzen von Nation, Religion und Generation hinweg. Kardinal Puljic aus Sarajevo war oft zu Gast in den Camps gewesen. Einmal hatte er mit Tränen in den Augen gesagt: „Ihr lebt die Neu-Evangelisierung Europas. Ihr bringt das Licht des Himmels, das Evangelium, bis in die dreckigsten Löcher meiner Stadt. Ihr macht keine großen Worte, ihr geht einfach dorthin, wo keiner hin will!"

Aus diesem Engagement war das Jugendzentrum „Johannes Paul II." in Sarajevo entstanden, das heute ein Herz der Jugendarbeit für den gesamten Balkan ist und zu einem Ort echter Hoffnung für viele Jugendliche wurde. Rund um ein multi-professionelles Team, in dem katholische, orthodoxe und muslimische junge Leute mitarbeiten, sind Felder des Lebens für viele Jugendliche in Bosnien und Herzegowina und weit darüber hinaus entstanden. Jährlich engagieren sich zudem junge Freiwillige aus ganz Europa im Team des Hauses und lernen so, in Europa mit dem westlichen und östlichen Lungenflügel zu atmen und dabei Gott auf die Spur zu kommen.

## Leben für die Eine Menschheit

Lea, eine junge Medizinstudentin aus dem Sauerland, hatte eine solche Erfahrung machen dürfen. Nach dem Camp 2014 schrieb sie: „Für mich waren diese gemeinsamen Tage so wichtig, weil ich mich das erste Mal richtig mit meinem Glauben beschäftigt habe. Mich haben diese Tage auf eine besondere Art und Weise ‚mitgenommen'. Dadurch, dass die anderen Camp-Teilnehmer erzählt haben, wer Gott für sie ist, habe ich auch darüber nachgedacht, und in gewisser Weise kann ich sagen, Gott wiedergefunden zu haben. An einem Abend beim Austausch hast Du von einer heiligen Atmosphäre gesprochen, Gott sei ganz nahe, ja er sei da. Ich habe das gespürt. Ich war so erfüllt, auch durch die Lieder und die angeregte Stimmung, dass mir Tränen in den Augen standen."

Nach 20 Jahren Engagement mit Jugendlichen auf dem Balkan war 2014/15 deutlich geworden, dass die Wunde Europas, die in den 90er-Jahren vorrangig auf dem Balkan zu finden war, nun in unserem eigenen Land zu suchen war. Gemäß der Überzeugung, „Erfolg ist, wenn du nicht mehr gebraucht wirst!", hieß es, Vertrautes wieder loszulassen. Eine Million Flüchtlinge erreichte unser Land. Die aus den Kriegsgebieten der Welt geflohenen Menschen waren auf der Suche nach einem Ort, wo sie zunächst überleben und dann hoffentlich auch leben konnten, bei uns „gestrandet". Papst Franziskus ließ uns in seiner Bulle „Misericordiae vultus" zum außerordentlichen Heiligen Jahr verstehen: „In einem jeden dieser Geringsten ist Christus gegenwärtig. Sein Fleisch wird erneut sichtbar in jedem gemarterten, verwundeten, gepeitschten, unterernährten, zur Flucht gezwungenen Leib ..., damit wir Ihn erkennen, Ihn berühren, Ihm sorgsam beistehen."

So fiel die Entscheidung, go4peace2015 in unserer Stadt, in Kamen bei Dortmund, stattfinden zu lassen. Dazu reisten 120 junge Leute aus 17 verschiedenen europäischen Ländern an. Und es kamen 18 junge Flüchtlinge aus weiteren zehn Nationen dazu. Mit 27 verschiedenen Nationalitäten wurde so ein kleines Stück Welt erlebbar. Höhepunkt dieses Camps war die abschließende Performance „pieces4peace" in der Konzert-Aula der Stadt Kamen. Die über 600 Zuschauer waren von George, einem christlichen Flüchtlingsjungen aus Syrien und Fajir, einem muslimischen Flüchtlingsmädchen aus Pakistan, auf eine Weltreise mitgenommen worden, zu der sie aufgebrochen waren, um den „key4peace" – den Schlüssel zum Frieden – zu finden. Und den fanden die beiden am Ende des Abends, als zwei junge Tamilen die beiden Hauptdarsteller verstehen ließen, dass sie in Kamen Menschen gefunden hatten, die mittlerweile zu ihrer eigenen Familie gehörten und mit denen sie wie „Brüder und Schwester" zusammenlebten. Ein tiefes Berührt-Sein war in der Konzertaula zu spüren gewesen, als Fajir sich mit ihren 13 Jahren – gerade mal ein halbes Jahr in Deutschland – vor das Auditorium stellte und in fließendem Deutsch sagte: „Das ist die Antwort. Wir sind Brüder und Schwestern, es gibt keine Grenzen! Wo Menschen anfangen, in jedem Menschen einen Bruder oder eine Schwester zu sehen, bekommen wir Frieden. So wird die Erde wieder schön und der Traum vom Frieden wird wahr!" Und dann war sie auf George zugelaufen, hatte ihn herzlich umarmt und ihm dabei zugerufen: „George, super, Du bist mein Bruder!" – Diese Szene, an dem Abend der Höhepunkt der Performance, hatten wir lange üben müssen. Eine herzliche Umarmung zwischen zwei Pubertierenden – Mädchen und Junge – aus verschiedenen Religionen und Nationen stammend, ist eben nicht der Normal-Fall.

Am Ende des Camps war klar: go4peace musste weitergehen! Aber wo? – „Könnt ihr nicht auch einmal zu uns nach Albanien kommen?", hatten die albanischen Jugendlichen gefragt, die ihrerseits größte Schwierigkeiten gehabt hatten, überhaupt ins Camp nach Deutschland zu kommen. Von der „Fremdenpolizei in Mazedonien", von wo aus ihr Flug nach Dortmund ging, waren sie als „Flüchtlinge" abgestempelt und zurückgewiesen worden. Trotz gültiger Reisepässe und gültiger Tickets durften sie das Flugzeug nicht betreten. Weinend hatten sie nachts angerufen. Erst mit einer erneuten Buchung hatten wir ihnen das Camp möglich machen können. Ihr Engagement und ihre Frage ließen uns den weiteren Weg verstehen. Die Entscheidung war schnell klar: Unser nächster Ort würde Shkodra in Nordalbanien sein.

Aber kehren wir mit unseren Gedanken zurück ins go4peace-Camp in Albanien: Auch Christoph und Tobias von der Medien-Firma 18frames aus Hamburg waren zu uns gestoßen. Mit ihnen hatten wir die Kampagne „faces4eu" überlegt. Europa – in den Rahmenbedingungen der EU durch den Brexit und andere erstarkende Nationalismen ins Wanken geraten – sollte von jungen Europäern her eine positive Dynamik erhalten. So entstand im Camp der face4eu-Trailer, der in schneller Abfolge vor schwarzem Hintergrund die Gesichter der Camp-Teilnehmer zeigt. Sie lassen den Betrachter verstehen, dass es über 75 Millionen junge Leute in Europa gibt, die gerufen sind, ihre Stimme für ein geeintes Europa zu erheben. "It's time for us to raise our voices, cause united, we can make a difference!", ist da zu hören. („Es ist Zeit, unsere Stimme zu erheben, denn nur vereint können wir etwas bewegen!") Am Ende des Trailers laden die Jugendlichen die Jugend Europas ein, kurze Videos zu erstellen, beginnend mit dem Satz: "I show my face ..." – Ernst und lustig ist angesagt, nachdenklich und provozierend ... Als ich mit Amela auf dem Weg zur Kathedrale bin, legt sie sich ein kleines Maskottchen aus meinem Auto – einen Elch aus Schweden – auf die Schulter und nimmt ihr Video mitten im Tagesgalopp auf: "I show my face, because I am from Albania, studying in Austria, sitting in a french car with a german driver and a little friend from Sweden." Nachdem der Trailer eine knappe Woche im Netz steht, haben ihn schon über 150 000 Personen gestreift und über 50 000 den ganzen Trailer angeschaut. Ein neuer Brückenschlag von jungen Europäern für den alten Kontinent Europa nimmt Fahrt auf.

**Leben mit Erlebtem**

Auf der berühmten osmanischen Mes-Brücke vor den Toren Shkodras hatten wir am Beginn des Camps mit allen Teilnehmern einen Augenblick verweilt und unser Engagement für den Frieden in Blick genommen. Mit allen Teilnehmern – muslimisch, evangelisch, katholisch oder weltanschaulich anders orientiert – hatten wir uns Hand in Hand zu einer Menschenkette verbunden und in einigen Augenblicken der Stille in das Geheimnis Gottes gestellt – betend und schweigend. Es war ein Augenblick tiefen Miteinanders gewesen, wie eine Verdichtung des Lebens. In dieser Atmosphäre hatte der „Funke des Wortes" sich besonders entzünden und wirken können. Rückblickend erzählen einige der go4peace-Camper von dem, was ihnen in der Zeit des Camps geschenkt worden ist:

– „Eine besondere Erfahrung des Camps war für mich das enge Zusammengehören von Tiefen und Höhen. Als in Bezug auf unsere Band im Laufe der Woche immer mehr Schwierigkeiten auftauchten, organisatorisch Probleme hinzukamen und ich zunehmend meine Stimme verlor, war für mich am Freitagabend ein Moment tiefer Traurigkeit, Schwäche und Kraftlosigkeit. Ich konnte einfach nicht mehr. Ich saß unter dem Baum vor dem Hauptgebäude im Camp und mir kamen die Tränen. Ich konnte nur noch alles ‚nach oben' abgeben und Gott machen lassen. Und was hat er am Samstagabend dann daraus gemacht ... *Gleichzeitig alles geben und dennoch alles Gott machen lassen* – das ist eine der Erfahrungen, die mir aus dem Camp noch sehr präsent ist."

– „Ich habe es sehr genossen, dass wir gemeinsam Messen gefeiert, gebetet und nach dem Evangelium zu leben versucht haben. Da ich sehr religiös erzogen wurde, aber wegen des Studiums so fern von meiner Familie lebe, hatte ich stets das Gefühl, mich vom Glauben zu entfernen. Auch obwohl ich immer stolz auf meinen Glauben war und hin und wieder zu Gott gebetet habe und gerne mit meinen Eltern dann mal in die Kirche ging, wuchsen in mir Gefühle von Zweifel und Traurigkeit. Diese Woche war für mich und meinen Glauben eine Wohltat. Inmitten junger Menschen und in dieser offenen Art und Weise habe ich große Kraft schöpfen können. Viele Momente haben mich sehr berührt und ich habe eine ganz intensive Emotionalität erreicht, die ich selbst noch verarbeiten muss. Neben dem Glauben stand für mich in diesem Camp auch das ‚Sich-Schenken für andere' im Mittelpunkt. Die Teilnahme an den Workshops tat nicht nur den ‚Geholfenen' gut, sondern auch meiner eigenen Seele. Ich bin sehr dankbar für die Gelegenheit, anderen und ärmeren Menschen unter die Arme greifen zu können und darüber hinaus eine Bindung zu ihnen aufzubauen. Das kleinste Mädchen aus der Familie, denen wir beim Hausbau geholfen haben, habe ich ganz fest in mein Herz geschlossen. Als ich schon dachte, dass ich sie nicht wiedersehen werde, stand sie beim

*Final Event* plötzlich vor mir und sprang mir in die Arme. Die Kleine in meinen Armen zu tragen, wie sie sich an mich drückte, das alles bringt mich zum Lachen und zum Weinen."

– „Als die Kids aus Fermentim am Samstagmittag bei der Generalprobe auf mich zugelaufen kamen und mich in ihre Arme schlossen, war das für mich einer der bewegendsten Augenblicke in diesem Camp. Ich bin so tief berührt von diesem Augenblick und den Begegnungen mit diesen Kids, von ihrer Fröhlichkeit und Herzlichkeit. Die Woche zusammen mit ihnen hat eine tiefe Verbundenheit gebracht und ein Zeichen des Friedens gesetzt. Ich bin mir nun sicher, dass Gott große Dinge für mich getan hat und ich genau zur richtigen Zeit am richtigen Ort war."

– „Im Laufe des Camps und vor allem im Laufe der sehr einsamen und daher kontemplativen Rückfahrt bin ich zu der Erkenntnis gekommen, dass alles kaum ein Zufall war – sondern Gottes Erfüllung einer Bitte, die ich regelmäßig in meine Gebete einschließe – der Bitte darum, meinen Glauben zu stärken, ihn im Alltag lebbarer und irgendwie ‚tatsächlicher' werden zu lassen. Immer mehr hatte ich den Eindruck, dass mein Glaube sich zu sehr von meiner alltäglichen Lebenswirklichkeit, die sich in einem streng säkularen Umfeld abspielt, getrennt hat. Ich bete regelmäßig und besuche auch ab und an Messen, aber – und ich glaube, das ist eine große Gefahr, gerade bei Katholiken – es wurden irgendwie immer leerere Rituale. Mein Arbeits- und Privatleben war das eine; dieses vielleicht fünfminütige Ritual am Abend, das mit dem Kreuzzeichen beginnt und endet, war das andere. Ich habe mich im Alltag sozusagen kaum noch als Christ begriffen. Das klassische Theodizee-Problem – viel persönliches und bei anderen mir lieben Menschen erfahrenes Leid, das sich trotz aller Gebete einfach nicht abstellen wollte – kam hinzu. Und nun bin ich seit Sonntag der festen Überzeugung, dass Gott meine Bitte erhört hat und mich zu ihrer Erfüllung für eine Woche in dieses Camp geschickt hat. Ich hatte selten oder noch nie ein so starkes Gefühl der Übereinstimmung und der ‚Passung' wie in den abendlichen Messen im Camp. Das waren eben keine leeren Rituale vor beeindruckender Kulisse, sondern gelebter, tiefer Glaube in einem kahlen Raum, der mich sofort mitgerissen hat. Deine Ausführungen [an den Autor gerichtet] zum Leid und zur Begegnung mit Jesus im Leid, haben mir sehr viel gegeben, ich habe noch lange Zeit darauf herumgekaut ('Be cool – be cow'). Ich werde nie zu einhundert Prozent mit der Kirche einverstanden sein und ich glaube auch, dass ich einige Deiner Glaubensüberzeugungen nicht mittragen kann, aber Du hast in Deinen Predigten und Gesprächen etwas in mir freigelegt, das lange verkrustet war. Ich bin nach dieser Erfahrung wirklich stolz, mich in Gemeinschaft mit Dir, allen anderen, die ich im Camp kennenlernen durfte, und letztlich mit Jesus selbst einen Christen nennen zu dürfen."

– Rita Ndoci, die nach der Zeit des Kommunismus Gott kennengelernt und sich für ihn entschieden und die ihren Ort im Orden des *Bon Pastore Gesù* (Orden des Guten Hirten Jesu) gefunden hat, schrieb via WhatsApp: „Ich habe mich sehr verstanden und von euch unterstützt gefühlt – so wie bisher noch nie! Ich bin sehr dankbar für die gemeinsam gelebte Zeit! Gehen wir weiter! Andiamo avanti!" – Brückenschläge eben – zwischen Ost und West, Nord und Süd, oben und unten, unten und oben!

Und wie ist es weitergegangen? Alexander, der abends weinend unter dem Baum saß, hat sich entschieden, für seinen Weg konkret das Priestertum in Blick zu nehmen. Er studiert Theologie – mit Haut und Haar. Neben ihm haben das schon zehn weitere junge Männer getan und sind – in den verschiedenen Ländern – dem Ruf Jesu zum Priestertum gefolgt. Lena, die ihren Geburtstag im Camp gefeiert hat, wird dieses Jahr Abitur machen und möchte dann evangelische Pastorin werden. Amela, die „Drama-Queen", studiert mittlerweile in Graz Betriebswissenschaft und ist eine treue Übersetzerin für die Onword-App geworden. Monat für Monat übersetzt sie den Monats-Impuls ins Albanische und postet auf der Onword24-App, wo jeden Morgen in deutscher Sprache ein Tagesmotto zu bekommen ist, ihre eigenen Erfahrungen. – Beide Apps sind übrigens für Android und iPhones in den Stores kostenlos downloadbar. – Thomas, bei dem nach vielen Jahren etwas Verkrustetes aufgesprungen ist, meldet sich immer wieder und lässt an seinem Leben teilhaben und wenn irgend möglich, will er in 2018 auf jeden Fall in Koszalin/Nordpolen dabei sein. Denn dann heißt es go4peace2018 in Koszalin –

mit jungen Leuten aus ganz Europa und mit Jugendlichen, die in Deutschland als Flüchtlinge anerkannt sind. Mittlerweile haben sich auch schon einige „Eisbären" aus Island – so nennen wir sie liebevoll – angemeldet. Ivan, ein begeisterter Camp-Teilnehmer aus den „bosnischen Jahren", ist mittlerweile die rechte pastorale Hand von Bischof David Tencer aus Island geworden. Ihm war es ein Herzensanliegen, auch isländische Jugendliche für das Netzwerk go4peace zu gewinnen. Wie gut, dass wir in der Onword-App nun auch die Sprachen Isländisch, Norwegisch, Litauisch und Lettisch vertreten haben, neben Arabisch und Russisch, die mit 17 anderen Sprachen schon geraume Zeit online sind. So können Jugendliche, die in unserer Zeit fast immer online sind, eben auch „onword" sein, will sagen: auf der Höhe der Worte Jesu für den Frieden leben.

Und es geht weiter! In Albanien ist eine kleine Gruppe junger Leute entstanden, die sich mittlerweile regelmäßig mit den Kindern in dem sozialen Brennpunkt in Fermentim, einem Vorort von Shkodra treffen, um mit ihnen wöchentlich Zeit zu verbringen. Es gibt regelmäßige Theater- und Sportangebote; der Weg dieser jungen Leute wird vom MitarbeiterInnen-Team des Jugendhauses in Sarajevo begleitet. – Im Jahr 2018 wird go4peace wie gesagt in Polen stattfinden. Mit über 120 jungen Leuten aus verschiedenen europäischen Nationen wird die Botschaft des Friedens in Polen Platz greifen können. Bischof Edward von Koszalin freut sich so sehr, dass er sogar eine Diözesan-Kollekte angesetzt hat, um die Jugendlichen aus all den Ländern zu unterstützen.

## Fazit

Die Netze herkömmlicher Jugendpastoral waren, als ich vor zehn Jahren im Pastoralverbund Kamen-Kaiserau ankam, leer. Außer einigen Messdienern gab es keine Jugendarbeit mehr. Strukturen existierten noch, u. a. ein Arbeitskreis „Jugendarbeit", allein die Jugendlichen fehlten. Aber an vielen Orten – meist außerhalb gewohnter kirchlicher Zusammenhänge – bin ich ihnen begegnet und treffe sie immer neu. Horchend und ermutigend versuche ich für sie da zu sein. Ich schenke ihnen einen festen Platz in meinem Herzen und gehe einige Weg-Meter ihres Lebensweges mit. Nach Möglichkeit laden wir sie zu Intensiverfahrungen mit dem gelebten Wort ein, sei es in Kamen oder in Friedenscamps auf dem Balkan, sei es zu Weltjugendtagen, auf Fazendas oder auf gemeinsame Pilgerwege. Oft beginnen ihre Herzen auf diesen Wegen zu brennen.

Gerade dann brauchen sie als „Zugvögel dieser Zeit" die Gewissheit, mit ihrer Erfahrung nicht allein gelassen zu werden. Sie brauchen Menschen (personale Orte), wo sie Geschwisterlichkeit, Verlässlichkeit und Orientierung finden können. „Wir sind wie Vögel auf einem Baum. Wir wissen nicht, ob wir weiterziehen!", sagt einer der Mönche von Tibhirine im Film „Von Menschen und Göttern" von Xavier Beauvois, als er angesichts islamistischer Bedrohung von einer alten algerischen Muslima gefragt wird, ob sie trotz der Gefährdung in ihrem Kloster bleiben oder gehen werden. Erstaunt über diese Antwort entgegnet sie ihm: „Nein. Wir sind doch die Vögel und Sie der Baum. Wo sollen wir hin, wenn Sie weggehen?" In einer Zeit, in der das Leben immer beschleunigter zu gehen scheint und in der es bunter, vielfältiger, internationaler, aber eben oft auch entwurzelter geworden ist – es heißt ja: „Heute hier – morgen dort" – braucht es solche Bäume, zu denen die Vögel kommen und gehen können, wann und solange sie es wollen. Solche modernen Zugvögel begegnen mir täglich, über WhatsApp und im Netz, am Telefon oder auch live in Schulen, bei Veranstaltungen, an meiner Tür … Einige von ihnen sind zu Wort gekommen. Aber ich denke auch an viele andere … Sie alle haben einen festen Platz in meinem Herzen und in meinem Beten. „Wenn die Macht der Liebe die Liebe zur Macht übersteigt, erst dann wird die Welt endlich wissen, was Frieden heißt", hat Jimi Hendrix der Welt hinterlassen. Im Netzwerk go4peace erfahren junge Menschen diese „Macht der Liebe".

„Wer mich sieht, sieht den Vater!", hatte Jesus Philippus verstehen lassen. Und was sehen wir, wenn wir auf Jesus schauen? Ruth Pfau, die 2017 verstorbene deutsche Lepraärztin in Pakistan, antwortete: „Wir sehen das normale Leben eines Menschen, der in allem uns Menschen gleich geworden ist und durch dieses normale Leben die Welt und uns Menschen überzeugt hat, dass sich unser normales Leben, das Leben insgesamt im Raum des Heiligen, des Sakralen abspielt. Seit der Inkarnation ist das Leben das Heilige!" In den Camps

go4peace erfahren junge Menschen in ihrem gemeinsam auf Zeit geteilten Leben die „Macht der Liebe", sie erfahren Leben als Raum des Heiligen und in all dem erahnen sie immer neu die Spur des Heiligen. Sie ...
– finden zusammen über Grenzen hinweg,
– sind gespeist mit den Worten dessen, der die Liebe ist,
– erfahren sich und einander im Engagement für die Armen unserer Zeit,
– entdecken das Geheimnis des verborgenen Gottes in ihrer Mitte,
  egal wie sie es/IHN auch nennen mögen,
– bleiben vernetzt (über Apps) rund um die Welt,
– sind und bleiben so Boten und Botinnen des Friedens in ihrem Nahraum.

Jörg Schlüter
# Brücken zwischen den Kirchen bauen

Anfang der 80er-Jahre, ich war junger evangelischer Pfarrer im Kreis Cloppenburg. Den katholischen Priester und geistlichen Leiter des Bildungshauses Stapelfeld, Pfarrer Dr. Wilfried Hagemann, kannte ich nur aus der örtlichen Presse. Im Januar war die Gebetswoche für die Einheit der Christen, den Eröffnungsgottesdienst sollten wir beide gemeinsam vorbereiten und feiern. Was mich an den ökumenischen Gottesdiensten damals störte: Das Gottesdienstkonzept wurde mir fertig vorbereitet zugesandt und dann hieß es: Mach du mal die Predigt. Natürlich ist es für einen evangelischen Pfarrer schön, wenn er das Wort Gottes auslegen darf. Aber ich hätte auch gerne am liturgischen Entwurf des Gottesdienstes mitgearbeitet. Ich hatte versucht, Wilfried Hagemann telefonisch zu erreichen. Er sei nicht im Hause, wurde mir gesagt, ich bat um Rückruf. Wilfried Hagemann rief zurück, unglücklicherweise war ich unterwegs. Er sprach mit meiner Frau. Es muss ein sehr intensives Gespräch gewesen zu sein, an dessen Ende die Einladung meiner Frau stand: „Besuchen Sie uns doch einfach mal zum Frühstück."

## Leben des Wortes

Wir hatten damals drei Kinder. Der Älteste war drei Jahre alt, die beiden anderen zwei Jahre. Nummer Vier schlummerte noch im Leib seiner Mutter. Der Tag des Frühstücks nahte. Unsere Tochter war gesundheitlich angeschlagen. Sie hatte sich den Magen verdorben, wollte aber mit am Frühstückstisch sitzen. Besuch zum Frühstück war eher selten. Natürlich ist es unmöglich, tiefe Gespräche zu führen, wenn drei kleine Kinder am Tisch sitzen und Aufmerksamkeit fordern. Es war ein – ich würde sagen – äußerst lebhaftes Frühstück, bei dem es Wilfried nicht nur um den Gottesdienst ging. Immer wieder flocht er in das Tohuwabohu am Frühstückstisch ein, wie er das Wort Gottes, das Wort des Lebens lebte. Das machte uns neugierig. Wilfried Hagemann hatte unseren Kindern einen Wasserball mitgebracht. Er faltete ihn auseinander und blies ihn auf und überreichte den Ball. Die Kinder spielten damit und freuten sich. Dann machte eines von ihnen den Verschluss des Wasserballs auf, setzte sich auf den Ball und die Luft entwich. Der schlappe Wasserball wurde zu unserem Gast getragen und der sollte ihn wieder aufpusten, was er auch tat. Ich weiß nicht mehr, wie oft sich dieses Spiel wiederholte. Die Kinder ließen die Luft raus, Wilfried blies sie wieder rein. Nicht einmal kam von ihm ein Wort wie: „Jetzt ist es aber genug." Wir bekamen Angst, dass er von der ganzen Pusterei vielleicht gesundheitliche Schäden davontragen könne. Meine Frau und ich sagten: „Schluss jetzt!" Die Kinder konnten ihre Eltern so gar nicht verstehen und waren enttäuscht, denn mit dem Mann konnte man doch prima spielen.

Wir saßen alle wieder am Tisch, als unsere Tochter von ihrem Stuhl kletterte, vom Esszimmer ins Wohnzimmer schlich und sich dort erbrach. Meine Frau und ich schauten uns an: Was jetzt? Sie nickte mit dem Kopf. Das hieß für mich, rede du weiter mit dem Gast, ich kümmere mich um den Rest. Sie stand auf. Einen Augenblick später steht unser Gast ebenfalls auf, schaut ins Wohnzimmer und sieht, wie meine Frau unsere Tochter auf das Sofa gelegt und beruhigend gestrichelt hat, um dann in die Waschküche zu gehen, um mit dem Feudel das Malheur aufzuwischen. Mir war das unendlich peinlich. Wilfried aber drehte sich wieder um, kam zu mir an den Tisch und sagte: „Dass das alles so bei Ihnen möglich ist, das ist ja toll."

Ich habe mit seinem Erschrecken gerechnet, mit Worten, die seinen Ekel ausdrückten. Nein, der Mann sprach uns sogar in dieser Situation seine Anerkennung aus.

Die Kinder schenkten uns dann doch noch ein wenig Zeit, dass wir erste Gedanken zum gemeinsamen Gottesdienst besprechen konnten. Im Stillen wartete ich darauf, dass Wilfried Hagemann ein paar Seiten DIN-A-4 aus der mitgebrachten Aktentasche zog, um dann zu sagen: „Ich habe schon mal ein wenig vorbereitet." Nichts dergleichen, sondern: „Wie wäre es, wenn wir jetzt noch einen Termin vereinbaren, an dem wir den Gottesdienst in Ruhe vorbereiten können?" „Den ganzen Gottesdienst? Auch den liturgischen Ablauf?" Er schaute mich erstaunt an. „Ja, warum fragen Sie?" Ich fühlte mich beschämt, weil ich ihn so anders eingeschätzt hatte, und antwortete: „Ach, nichts, ich freu mich drauf."

Gemeinsam einen Gottesdienst vorzubereiten, mag manchmal anstrengend sein, ist aber in der Regel sehr befruchtend. Wenn das Wort Gottes die Mitte ist, miteinander im positiven Sinne um das rechte Verständnis gerungen wird und nicht die eigenen Einsichten oder Befindlichkeiten die Oberhand gewinnen, findet man immer einen Weg, den man gemeinsam gestalten kann.

## Christus als die Mitte

In vielen Gesprächen, Bemerkungen, Vorträgen habe ich spüren dürfen, wie tüchtig Wilfrieds Herz für die Ökumene schlägt. Ich habe mich mit dem Thema Ökumene als Jugendlicher nicht auseinandergesetzt. Ich bin im CVJM (Christlicher Verein Junger Menschen) groß geworden und habe dort den Weg zu Christus gefunden. Oder hatte Christus mich gepackt? Im Überschwang des jungen Glaubens ging es nicht um katholisch oder evangelisch, sondern nur um die Frage: Bist du Christ?

Dass Ökumene manchmal wahrlich kein leicht zu bearbeitender Acker ist, habe ich dann im Theologiestudium gelernt. Das Zweite Vatikanische Konzil ging auf sein Ende zu, als mein Studium begann. Nein, ich habe nicht alle Texte des Konzils gelesen, aber zum ersten Mal ist mir bewusst geworden, dass in ihrer Sicht nur die katholische Kirche identisch ist mit der Stiftung durch Christus. Und ich als Protestant? Ich gehöre nicht im vollen Sinn zur Kirche, die „Kirchen der Reformation" sind nicht mehr als kirchliche Gemeinschaften. Ich empfand das damals als eine außerordentlich demütigende Äußerung, eine Zumutung und entschied für mich: Ökumene wird ganz sicher nicht dein Lebensthema.

„Dein Wille geschehe", beten wir im Vaterunser ... und wir beten es oft. Der Wille Gottes führte mich nach Südoldenburg, in den überwiegend katholischen Bezirk unserer evangelisch-lutherischen Kirche zu Oldenburg.

Meinen 850 evangelischen Gemeindegliedern standen 1975 rund 9000 katholische Christen gegenüber. Ob ich wollte oder nicht, am Thema Ökumene kam ich nicht mehr vorbei.

Mit Wilfried begegnete mir ein Priester, der nicht nur aus „Amt" besteht. In ihm schlägt kein katholisches Herz, sondern ein menschliches und zugleich göttliches. Herzlich kann man dann die Begegnungen nennen. Begegnung auf Augenhöhe, von Mensch zu Mensch, ohne mit der katholischen Tür ins Haus zu fallen. Freundlich, zugewandt, auch demütig, liebend. Es ist so wohltuend, wenn man das Gefühl hat: Du wirst akzeptiert, so wie du bist. All das öffnete mich für Begegnungen mit Wilfried. Das Wort Gottes, der Mensch gewordene Gott, Christus, ist die Mitte, um die sich alles dreht, nichts anderes.

Als junger Pfarrer wohnte in mir die Sehnsucht, mit den Schwestern und Brüdern meiner Kirche das Leben mit dem Wort Gottes zu teilen. Es war frustrierend; niemand ging auf meine Frage ein, dass wir uns doch gegenseitig mit unseren Glaubenserfahrungen stärken könnten. Nein, die neuesten Richtlinien der Verwaltung schienen wesentlich wichtiger zu sein. Zwei anderen Pfarrern ging es ebenso wie mir, darum trafen wir uns einmal im Monat zum Abendessen mit unseren Ehefrauen. Wir wollten geistliches Leben gestalten. Leider war der geistliche Impuls oft nur relativ kurz, dann wurde mit viel Eifer über unsere Kirchenleitung und ihre Vertreter geschimpft und darüber, wie allein man letztlich gelassen wird.

In diese Zeit der Sehnsucht und des Suchens nach Gemeinschaft, nach Leben mit dem Wort, kam die erste Begegnung (s. o.) mit Wilfried Hagemann. Und als hätte er unsere Sehnsucht gespürt, berichtete er uns bei einem nächsten Treffen, dass er mit anderen Christen jeden Monat ein bestimmtes Bibelwort lese und lebe. Dass er sich mit anderen Christen darüber austausche, wie das Wort Gottes im Alltag wirkt, seine Kraft in der Begegnung mit anderen Menschen entfaltet. Das weckte unser Interesse. Nicht nur das Bibelwort lesen, es nicht nur für gut, wichtig und richtig halten, nicht nur eifrig oder verbissen darüber diskutieren, sondern das Wort miteinander leben und sich darüber austauschen. Das war etwas, das meine Frau und ich uns doch von Herzen wünschten. Wir beide sind in evangelischen Jugendgemeinschaften groß geworden, und gerade diese Gemeinschaft, in der man das Leben miteinander teilt, die fehlte uns im täglichen pfarramtlichen Leben.

## Gemeinsamer Schmerz der Trennung

Durch Wilfried entstand der Kontakt zur Fokolar-Bewegung. Das „Wort des Lebens" für jeden Monat lesen und über die Erfahrungen mit dem Wort zu reden, das begann damals und geschieht bis zum heutigen Tag. Erst im Austausch mit den anderen erfahre ich den Reichtum, die Vielfalt des Wortes Gottes und wie unterschiedlich es wirken kann. Ich erfahre Weite in der eigenen Kleingeistigkeit. Das Leben mit den Schwestern und Brüdern in der Fokolar-Bewegung war und ist nicht immer einfach. Es tauchten und tauchen bis heute Situationen auf, in denen mir das schmerzlich bewusst wird. „Du bist draußen, denn du bist evangelisch." Doch die positiven Aspekte des miteinander gelebten Wortes Gottes überwiegen.

Die erste Hürde, die sich mir in den Weg stellte, war die, dass die katholische, aber für alle Menschen guten Willens offene Fokolar-Bewegung sich „Werk Mariens" nannte. Mann, o, Mann. Maria, die Unbefleckte Empfängnis, die leibliche Aufnahme Mariens in den Himmel. Das ist doch nicht biblisch! Das kannst du doch als evangelischer Christ nicht übernehmen. Aber ist das alles? Ist das nicht ehrlicherweise nur eine Seite? Hieß nicht die andere Seite: Gott ist Liebe!? Können wir als Christen dann etwas anderes sein als Liebe? Hieß nicht die andere Seite: Streben nach Einheit!? Johannes 17: „Alle sollen eins sein" – das Vermächtnis Jesu? Hieß nicht die andere Seite: Wenn ihr nur die liebt, die euch lieben, was tut ihr Besonderes?

So stand ich letztlich vor der Frage: Willst du, weil du in Maria nicht das sehen kannst, was die katholische Kirche in ihr sieht, willst du darum alles andere aufgeben? Nein, wir hatten die Kraft Gottes, die Kraft der gemeinsamen Gotteskindschaft erfahren, das konnte nicht falsch sein. Ich erinnere mich an ein Gespräch mit Wilfried, es ging um Maria. „Jörg, Ökumene kann niemals heißen, dass wir die konfessionellen Unterschiede unter den Teppich kehren. Du musst evangelisch bleiben und ich katholisch. Aber wir können gemeinsam forschen und fragen, wo sind Brücken zueinander." Dann fragte er mich: „Willst du selbst nicht auch wie Maria sein und Jesus in die Welt bringen?"

Ja, diese Maria, die Mutter, die Jesus geboren hatte, die konnte ich bejahen, von Herzen. Der Welt Jesus bringen: Ja, ja und noch einmal ja! Es war wie so oft im Leben, andere Menschen lehren uns andere Sichtweisen. Es geht nicht darum, sie einfach zu übernehmen, sondern ihnen einen Platz anzubieten in der Welt der eigenen Gedanken, damit sie die Möglichkeit bekommen, sich zu entfalten. Meine Frau und ich wurden in die Gemeinschaft der Fokolare aufgenommen.

Es war und ist jedes Mal ein bitterer Moment, wenn die katholischen Christen in der Feier der Eucharistie das Brot empfangen, und ich steh da mit leeren Händen. Das Segenswort, das ich anstelle des Brotes empfange, ist unglaublich lieb, aber es lässt mich draußen, ich gehöre nicht dazu. Das tut weh, wirklich weh. Dieser Schmerz ist nicht wegzudiskutieren. Er ist da und ich muss ihn aushalten. Weil es so schwer ist, den Schmerz auszuhalten, gehe ich in den Messen, die wir als Fokolare feiern, nicht mehr nach vorn zum Altar. Nicht, dass ich den Segen des Priesters verschmähe, nein, weil ich da nicht hingehöre!

Irgendwann, ich kann das Datum und den Ort nicht mehr benennen, feiern wir wieder die Messe. Ich singe mit, ich bete mit, ich höre das Wort Gottes. Dann werden die Einsetzungsworte gesprochen, das Brot ausgeteilt. Als alle nach vorn zum Altar gehen, bleibt Wilfried neben mir sitzen. Er steht nicht auf, er empfängt den Leib Christi nicht, er bleibt neben mir sitzen. Ein Moment, der mein Herz geprägt hat. Da hat sich einer mit meiner Einsamkeit verbündet und ist selbst zum Einsamen geworden. Dieser Moment hat sich übrigens später mit anderen Fokolarpriestern oft wiederholt.

Wilfried hat, als ich 1982 in eine Gemeinde am Stadtrand Bremens berufen wurde, noch einige Zeit den intensiven Kontakt zu uns pflegen können. Es hatte sich inzwischen ein Kreis von evangelischen Pfarrern gebildet, der sich wöchentlich zum Austausch über das Wort des Lebens traf. Wilfried kam jedes Mal dazu. Wir schlossen viele Treffen mit einem Abendmahlsgottesdienst ab. Wilfried war dabei, nahm aber Brot und Wein nicht in Empfang, er blieb „draußen". Nein, der Schmerz über die Trennung in Eucharistie und Abendmahl ist nicht vorüber, es tut weh. Aber die Erfahrung des gemeinsamen Schmerzes schafft manchmal eine Einheit, wie sie tiefer nicht sein kann. Ich bin Wilfried von Herzen dankbar, dass er vor knapp vierzig Jahren die Bühne meines Lebens betreten und so sehr bereichert hat.

# Vom Wirken der Kirche in der Gesellschaft

Peter Klasvogt

## Wer unentwegt lehrt, den belehrt das Leben
Zum dialektisch-dialogischen Verhältnis
von Kirche und Gesellschaft

Ob in Frankreich, den Niederlanden oder der Mark Brandenburg ... Überall, noch in den kleinsten Dörfern, stößt man auf eine reiche religiöse kulturelle Vergangenheit. Ganze Klosterlandschaften, die heute noch kunsthistorische Anziehungspunkte sind, meist jedoch Museen, Konzertsäle, Eventgastronomie. Viele der Klöster sind verfallen, die Dorfkirchen verschlossen. Das Leben von einst – jene zivilisatorische Lebendigkeit und pulsierende Geistigkeit an diesen Orten – längst Vergangenheit. Die steinernen Zeugen stehen noch, ja sie sprechen auch heute. Wenn man ihnen denn zuhört. Doch das ist nicht einfach angesichts der Reizüberflutung, der wir Heutigen ausgesetzt sind, wo ein Wort das andere gibt und junge Menschen unter ihren *earphones* in ihrer eigenen Welt leben. „Laut, viel zu laut ist der Mensch, in allem seinem Schweigen", dichtete schon Ernst Wiechert. Doch echtes Schweigen ist die Voraussetzung, damit ein Wort vernommen, wahrgenommen, aufgenommen werden kann. Erst recht jenes kreatürliches Schweigen, wie es die Mönche lebten (und leben), um auf dem Grund der eigenen Existenz dem nachzuspüren, was wirklich wesentlich ist. Gestützt auf dieses Schweigen haben sie Ländereien urbar gemacht, antike Philosophen übersetzt, Schulen gegründet, Könige und Kaiser beraten – mit einem Wort: Kultur hervorgebracht.

## Die Zeichen der Zeit neu entdecken

Den kulturinteressierten Betrachter, insbesondere den kirchenaffinen, mag das steinerne Zeugnis einer großen Vergangenheit mit Wehmut erfüllen und in ihm zugleich die Frage nach dem Heute aufwerfen. Ist die Zeit über Kirche und Klöster hinweggegangen? Haben sie der Welt heute, wie es scheint, nichts mehr zu sagen? Warum erinnert man sich an sie nur noch im Blick auf Worte und Werke der Vergangenheit (und nicht alle waren gut)? All das wirft Fragen auf. Kann es sein, dass wir als Kirche, als Verkünder des Wortes, pausenlos geredet, ja jedes Gespräch dominiert und es damit auch beendet haben? Da wir uns ja im Besitz der Wahrheit wähnten: Waren da Rede und Gegenrede, Widerspruch und Widerworte nicht unangebracht oder galten doch als unschicklich, wenn nicht gar als Ausdruck des Zweifels und Anfang des Unglaubens? *Roma locuta, causa finita.* Als Kirche haben wir uns nicht gerade den Ruf erworben, zuhören zu können, andere Meinungen gelten zu lassen. Wie auch? Eine Kirche, die kraft göttlicher Vollmacht das Wort verkündet, hat es schwer, sich auf ein Gespräch, den offenen Diskurs einzulassen. Bis man sie nicht mehr hören will und das Leben über sie hinweggeht.

Was ist geschehen? Warum „mag" man uns nicht mehr, wie mancherorts geklagt wird? Ist es am Ende gar im Heilsplan Gottes vorgesehen, dass wir, nachdem wir über Jahrhunderte ganze Völker belehrt haben, nun selber in die Schule des Hörens, des demütigen Zuhörens geführt werden? Dieselbe Lektion hatte schon das ob seiner Auserwählung nicht minder stolze Volk Gottes des Ersten Bundes mühsam lernen müssen: „Ich lasse in deiner Mitte übrig ein demütiges und armes Volk, das seine Zuflucht sucht beim Namen des Herrn" (Zef 3,12). Und wenn diese demütige Selbstbescheidung schon nicht ganz freiwillig erfolgt, so ist sie eben den gesellschaftlichen Veränderungen geschuldet, die uns als Kirche neu herausfordern, Gottes Gegenwart unter den Zeichen der Zeit neu zu entdecken und seinen Namen in diese unsere Welt hinein zu buchstabieren. Wenn immer weniger unserer Zeitgenossen, jedenfalls in der westlich säkularen Welt, der kirchlichen Lehre „aufs Wort" folgen und sich explizit unter den Segen Gottes stellen, dann muss uns das beunruhigen und uns danach fragen lassen, ob unser gelebter und bezeugter Glaube anschlussfähig ist für die säkularen „Pilger" unserer Zeit.[1] Es wäre allerdings fatal, wenn man aus dem „Fehl Gottes" die falschen Schlüsse zöge und sich als „Heiliger Rest" schmollend zurückzöge. Die Welt ist nicht gottlos, und es ist die Mission der Kirche, als Hermeneutin ihrer Zeit das Wirken und die Wirksamkeit des unsichtbaren Gottes zur Sprache zu bringen. Zwar mag uns bedrücken, dass die Frage nach Gott und den ewigen Wahrheiten vordergründig obsolet oder beliebig geworden ist. Doch sollte es nachdenklich stimmen, dass sich die sogenannte Säkularismusthese, der zufolge in der postmodernen Gesellschaft der Bedarf an religiöser Orientierung zurückgehe beziehungsweise sich erübrige, als unzutreffend herausgestellt hat. Der postmoderne Mensch ist vielleicht nicht weniger religiös als Generationen vor ihm; allerdings hat er es wesentlich schwerer, unter der Vielstimmigkeit, manchmal auch Kakophonie der ihn umgebenden Reize das herauszufiltern, was seinem Leben Sinn und Orientierung geben kann.

## Ende des katholischen Milieus

Früher war nicht alles besser, aber es war anders. Denn der rasante wirtschaftlich-technische Fortschritt insbesondere seit der Mitte des letzten Jahrhunderts hat zu gesellschaftlichen Veränderungen geführt und damit auch die Rahmenbedingungen für die Glaubenspraxis wie die Glaubensverkündigung in erheblichem Maß verändert. Makrosoziologen weisen auf die strukturelle und funktionale Differenzierung der Gesellschaft hin, die schon seit Beginn der Neuzeit, aber für jedermann spürbar spätestens nach dem Zweiten Weltkrieg in ihren Konsequenzen unser Leben in Westeuropa (nach dem Mauerfall auch in den postkommunistischen Ländern) reicher, aber auch komplexer und damit schwieriger gemacht hat. „An die Stelle einer gemeinsamen, alle Lebensbereiche überwölbenden Weltanschauung treten heute eine Vielzahl spezialisierter, häufig verwissenschaftlichter Sinndeutungen einzelner Lebensbereiche, die für jedermann Orientierungsschwierigkeiten und zunehmende Entscheidungskonflikte mit sich bringen."[2] Wurde diese Entwicklung hin zu einer pluralistischen Kultur und einer entsprechend dynamischen Gesellschaft bis zur Mitte des letzten Jahrhundert noch durch eine relativ homogene katholische Kultur aufgefangen, so hat die kulturelle und religiöse Vermischung in der Bevölkerung aufgrund von Flucht und Vertreibung und die gleichzeitig einsetzende ökumenische Annäherung die sozialen Distanzen zwischen Katholiken und Protestanten abgebaut, die bis dahin einen Schutzwall um das katholische Milieu gebildet hatten. Mit der Einführung des Fernsehens in den 60er-Jahren hatte sich der religiös und kulturell weithin homogenen Gesellschaft das Fenster zu einer bis dato unbekannten Welt geöffnet, mittels derer man fremder Weltsichten, Lebensformen und Lebenseinstellungen ansichtig wurde. Die Beschleunigung der internationalen und dann globalen Verflechtung von Wissenschaft und Wirtschaft und die heute praktisch unbegrenzten weltweiten Kommunikations- und Reisemöglichkeiten haben dann völlig neue Rahmenbedingungen geschaffen, in denen der Mensch sich zurechtfinden, sprich seine Identität angesichts wechselnder ausdifferenzierter Rollenidentitäten je neu definieren muss. Angesichts unübersehbarer Wahlmöglichkeiten spricht Ulrich Beck gar vom „kollektiven Zwang zum Subjektivismus". All dies zusammengenommen hat zu einer Entwertung von Tradition, zur Relativierung fester Bindungen und zur sogenannten Individualisierung der Gesellschaft beigetragen. „Der soziale, wirtschaftliche, wissenschaftliche und kulturelle Wandel ist zur alltäglichen Erfahrung geworden, sodass Menschen heute ihr Leben nicht mehr in den alten Ordnungskategorien verstehen und an den bewährten Maßstäben ausrichten können und wollen. Sie erfahren sich mehr und mehr auf sich selbst als letzte Entscheidungsinstanz zurückgeworfen. Toleranz, Selbstverwirklichung, Lernen heißen denn auch die zentralen Parolen in einer sich als pluralistisch verstehenden Kultur und dynamisch gewordenen Gesellschaft."[3] Vor diesem Hintergrund ist nachvollziehbar, dass der Einzelne, auf sich selbst und sein je neu und weiter zu entwerfendes Selbstkonzept zurückgeworfen, sehr viel schwerer auch zu einer religiösen, in sich konsistenten und stabilen Identität findet. Wenn es also das in sich geschlossene (katholische) Milieu nicht mehr gibt, das in der Abfolge der Generationen die Glaubensinitiation (mit weitreichenden Konsequenzen für die Weitergabe des Glaubens) und die lebenslange Stabilisierung der Glaubensidentität gewährleistete: muss die Kirche, müssen die Christen demzufolge also vor der gesellschaftlichen Entwicklung kapitulieren? Just in einer Zeit, als in den 60er-Jahren im OECD-Raum ein epochaler Stimmungsumschwung erfolgte und sich eine ganze Generation gegen alles Althergebrachte wandte, mit ehrwürdigen Traditionen brach und sich gegen Autoritäten auflehnte – mithin genau jene Stabilisatoren der katholischen Glaubensgemeinschaft –, fand die Kirche den Mut, sich in einer Art Generalversammlung mit den Strömungen der Zeit auseinanderzusetzen und die eigene Lehre und Glaubenspraxis im Horizont der (Post-)Moderne neu zu durchdenken.

## Kirche im Dialog mit der Welt

Es ist dem großen Konzilspapst Paul VI. zu verdanken, dass er als Leitkategorien für die Beratungen des Zweiten Vatikanischen Konzils die beiden Leitworte „Dialog" und „Dienst" vorgab, die zur evangeliumsgemäßen Neuausrichtung der Kirche in einer pluralistischen und individualisierten Gesellschaft führen sollten, wenn auch unter Geburtswehen und gegen nostalgische Restaurationsfantasien. Nach Jahrhunderten, in denen die Kirche, darin dem göttlichen Auftrag verpflichtet, unentwegt das Heil verkündet und die Völker belehrt hat (als *Mater et Magistra*), bekam sie im Hören auf die Zeichen der Zeit gewissermaßen eine zweite Chance: mit der „Entdeckung" des Dialogs. Schon in seiner programmatischen Antrittsenzyklika *Ecclesiam suam* (6. August 1964) betonte Papst Paul VI., dass die Kirche – *sacramentum mundi* – ihrem Wesen nach dialogisch ist, und unterstrich, „wie sehr es einerseits für die Rettung der menschlichen Gesellschaft wichtig ist und wie sehr es andererseits der Kirche am Herzen liegt, dass beide sich kennenlernen und sich lieben" (ES 5). Das ist das große Thema der Pastoralkonstitution *Gaudium et spes*: „Die Kirche in der Welt von heute". In ihr macht sich das Konzil das dialogische Kirchenverständnis des Papstes zu eigen, demzufolge „die Kirche [...] kraft ihrer Sendung, die ganze Welt mit der Botschaft zu erleuchten und alle Menschen aller Nationen, Rassen und Kulturen in einem Geist zu vereinigen, zum Zeichen jener Brüderlichkeit [wird], die einen aufrichtigen Dialog ermöglicht und gedeihen lässt" (GS 92).

Es lässt sich erahnen, was für ein epochaler Kulturwandel sich mit diesem Konzil binnen weniger Jahre Bahn gebrochen hat: von einer oftmals belehrenden (und kontrollierenden) zu einer hörenden Kirche, die sich demütig in den Dialog mit jedem Menschen guten Willens begibt, im Dienst an der Gesellschaft. Dass Papst Paul VI. es dabei keineswegs bei zeitlosen Betrachtungen belässt, sondern dezidiert und konkret auch eine dialogische Haltung einfordert, macht er schon gleich zu Beginn seines Pontifikats deutlich: „Noch bevor man spricht, muss man auf die Stimme, ja sogar auf das Herz des Menschen hören; man muss ihn verstehen und soweit wie möglich achten und, wo er es verdient, ihm auch willfährig sein" (ES 63). Ein gewagtes Konzept, das auch unter den Konzilsvätern nicht nur auf Zustimmung stieß, das sich aber konsequent an der Maßgabe des Evangeliums orientiert, das man auf dem Hintergrund der gesellschaftlichen Veränderungen besser und tiefer versteht. So konnte Papst Paul VI. in seiner Schlussansprache auf dem Konzil in eindringlichen Worten zusammenfassen, was das Konzil im Letzten beseelt und geeint hat: „Vielleicht noch nie hat die Kirche so sehr das Verlangen verspürt, die sie umgebende Welt kennenzulernen, sich ihr zu nähern, sie zu verstehen, zu durchdringen, ihr zu dienen, ihr die Botschaft des Evangeliums zu bringen, gleichsam um ihr nachzugehen in ihrer raschen und fortwährenden Wandlung."[4]

Kirche im Dialog mit der Welt. Das klingt gut, setzt aber voraus, dass „die Welt" auch mit der Kirche in einen Dialog eintreten, sie hören will. Leider gibt es auch da so etwas wie „verbrannte Erde": dass man der Kirche ihre Wandlung nicht abnimmt und sich ihr auch dann nicht wieder zuwendet, wenn diese glaubhaft versichert, sie habe sich vom belehrend „erhobenen Zeigefinger" zum „hörenden Herzen" (Papst Benedikt XVI.)[5] bekehrt. Man denke an den verfestigten Laizismus in Frankreich, den militanten Säkularismus in Irland oder die der Kirche gegenüber praktizierte Gleichgültigkeit in den Niederlanden – alle drei einstmals große „katholische" Nationen. Als Erklärung mag das „Modell für das Verständnis kollektiver Stimmungsumschwünge" von Albert Hirschmann dienen, der „im Nachvollzug von Enttäuschungserfahrungen den Königsweg zur Erklärung von Stimmungen" findet: „Kollektiv werden Stimmungen, und zwar Enttäuschungen in Bezug auf eine der wesentlichen Erfahrungsdimensionen des modernen Menschen."[6] Wenn man an die Enttäuschung breitester Kreise über die als restriktiv empfundene Haltung der Kirche zur Empfängnisverhütung denkt (*Humanae Vitae*), über die desaströsen Missbrauchsfälle ausgerechnet durch geistliche Autoritätspersonen oder über den verschwenderischen Umgang kirchlicher Würdenträger mit Geld und irdischen Gütern, dann kann man erahnen, dass die Abwendung breiter Kreise von der Kirche und ihrer Glaubens- und Morallehre tief sitzt und es Generationen brauchen dürfte, um verlorenes Vertrauen wiederzugewinnen. Nimmt man hinzu, was Paul F. Lazarsfeld den „bandwaggon effect" nennt: dass man lieber der Kapelle an der Spitze des Umzugs nachläuft[7], will sagen: lieber bei der Gewinnermehrheit ist, als Gefahr läuft, zu der Verliererminderheit zu gehören (Elisabeth Noelle-Neumann erkennt darin „den Grund für das Ausbreiten von Stimmungsdominanzen in der Isolationsangst des Einzelnen"[8]), dann kann man erahnen, dass ein Stimmungsumschwung so schnell nicht zu erwarten ist. Im Gegenteil: Wenn jenes Wahlverhalten einer Gesellschaft (die Abwendung von der Kirche) sich über Generationen verfestigt, braucht es gewöhnlich lange, bis sich Einzelne aufgrund neuer Angebote, Erfahrungen und Entwicklungen umentscheiden.

## Dienst und Zeugenschaft

Ist die Kirche damit mit ihrem zwar späten (zu späten?), aber ernsthaft und redlich gemeinten Dialogangebot letztlich gescheitert? Ist „die Welt" sich selbst genug, sodass sie es offensichtlich nicht nötig hat, sich mit der Kirche, ihren Worten und Werten auseinanderzusetzen? Nachdenkliche und weitsichtige Systemtheoretiker weisen zwar darauf hin, dass der Staat und die Gesellschaft von Voraussetzungen leben, die sie selbst nicht geschaffen haben (Böckenförde), aber das muss sich deshalb noch nicht unmittelbar auf die religiöse Neigung und die Legitimation ethischen Verhaltens des „Normalbürgers" auswirken. Hier kommt vielleicht das zweite Stichwort ins Spiel, das Papst Paul VI. aufgegriffen und als eine Wesensdimension des Christentums der Kirche wiedergeschenkt hat: „Dienst". Wenn Worte nicht mehr gehört werden: die Sprache der Liebe wird auch heute verstanden. Ein Franziskus und das selbstlose Wirken der Franziskanischen Gemeinschaft durch die Jahrhunderte sprechen auch heute. Eine Mutter Teresa und ihre Schwestern, die die Sterbenden aus den Straßen von Kalkutta geholt und ihnen ihre Würde zurückgegeben haben, rühren auch heute. Die stille Präsenz der Kleinen Schwestern und Brüder an den verlassensten Orten dieser Welt, immer „am letzten Platz", in der Nachfolge von Charles de Foucauld, findet auch heute Resonanz. „Glaubhaft ist nur die Liebe" (Hans Urs von Balthasar). Die Sprache der dienenden Kirche – gewissermaßen die kleine (vielleicht auch die große) Schwester der lehrenden Kirche –, ist auch heute weithin vernehmbar.

Es waren Menschen wie Wilhelm Emmanuel Freiherr von Ketteler, Adolph Kolping, Pauline von Malinckrodt, um nur einige zu nennen, die sich von der Not der Menschen ihrer Zeit haben anfragen lassen und aus christlicher Verantwortung gehandelt haben. Daraus entstand konkrete Hilfe im Einzelfall, daraus erwuchsen aber auch strukturelle Lösungen und sozialethische Initiativen, die die Wirtschaft und Politik einer Region, eines Landes nachhaltig verändert und zur Humanisierung der Gesellschaft beigetragen haben. Die aus christlichem Engagement entwickelten und praktizierten Prinzipien der Katholische Soziallehre wie Personalität und Gemeinwohlverpflichtung, Solidarität und Subsidiarität, Würde der Arbeit und Wert der Familie ... haben unsere Gesellschaft von innen heraus reformiert und mit dem Geist des Christlichen beseelt, bis hinein ins Grundgesetz oder in die Soziale Marktwirtschaft, auch ohne darauf das „Copyright" zu erheben.

„Die Welt", so resümierte wiederum Papst Paul VI., „hört nicht so sehr auf Lehrer als auf Zeugen, und wenn auf Lehrer, dann auf solche, die auch Zeugen sind" (*Evangelii nuntiandi*, 41). Ein solcher Zeuge ist unserer Zeit mit Wilfried Hagemann geschenkt: jemand, der im besten Sinn des Wortes „neugierig" ist; der marianisch Anteil nehmen will am Geschick der Menschen und die Gabe hat, Wirklichkeit im Licht des Evangeliums zu deuten und zur Sprache zu bringen, unaufdringlich und warmherzig. Es gibt eine Zeit, in der es richtig und nötig ist, das Wort der Wahrheit zu lehren. Aber dem „Wort des Lebens", so Paul VI., muss das „Zeugnis des Lebens" vorausgehen, wie auch das verkündigte Wort durch das Lebenszeugnis bekräftigt werden muss. Lehren und Lernen, Verkündigen und Leben: Dialog und Dienst – es ist die Synthese, in der der Glaube der Kirche sprechend wird und seine Attraktivität auch heute und morgen nicht verloren hat.

1 Vgl. Danièle Hervieu-Léger, Le pèlerin et le converti. La religion en mouvement, Paris 1999.
2 „Dialog statt Dialogverweigerung": Diskussionsbeitrag der Kommission 8, „Pastorale Grundfragen" des Zentralkomitees der Deutschen Katholiken, Bad Godesberg 1993.
3 Ebd.
4 Schlussansprache vom 7.12.1965. Der Papst geht darin unmittelbar auf die Bedenken der Kritiker ein und fährt fort: „Und das so sehr, dass einige befürchteten, das Konzil habe sich zum Schaden der Treue, die der Tradition gebührt, allzu sehr bestimmen lassen von ‚einem toleranten und übermäßigen Relativismus gegenüber der äußeren Welt, der ständig fortschreitenden Geschichte, der kulturellen Modeströmung'." Doch er hält dagegen, dass in der Kirche „die Idee des Dienstes [...] eine zentrale Stellung eingenommen" hat und man auf dem Konzil zur Erkenntnis gelangt sei, dass, „um Gott zu kennen, man den Menschen kennen muss".
5 Papst Benedikt XVI. vor dem Deutschen Bundestag am 22.9.2011.
6 Zitiert nach: Heinz Bude, Das Gefühl der Welt, München 2016, 67.
7 Ebd., 67, Anm. 70.
8 Ebd., 61.

Rita Waschbüsch

# Leben ist ein Geschenk

Als bei dem Bestattungsrequiem für Kardinal Lehmann im März dieses Jahres der Leichenzug in den Mainzer Dom einzog, bemerkte eine neben mir im dicht gefüllten Seitenschiff stehende Frau unter den würdevoll vorbeischreitenden Bischöfen, Prälaten, Bannerträgern usw. offenbar Herrn Dr. Hagemann. In unverkennbar pfälzischer Lautfärbung flüsterte sie mir ins Ohr: „Dän Große dort kenne ich. Denne hädde se aach zum Bischof mache kenne, der versteht die normale Leit. Ich hanne mol in de Akademie geheert."

## Aus dem Geist des Konzils

Meinerseits konnte ich da nur zustimmend nicken, weil ich „denne" ja seit etlichen Jahren und aus unterschiedlichen Zusammenhängen und Gremien kenne. Was mir an ihm zuerst auffiel, war seine freundliche, oft fröhliche Art, mit Menschen umzugehen. Schnell war zu erkennen, dass dies nicht im Widerspruch zu tiefer Nachdenklichkeit, Frömmigkeit, klarer Urteilsfähigkeit und Klugheit steht, sondern daraus erwächst. Wilfried Hagemann ist ein begnadeter Kommunikator aus Menschenfreundlichkeit und der Überzeugung, dass Menschen nur in Beziehung untereinander etwas zustande bringen. Seine häufigen Bezugnahmen auf das Zweite Vatikanische Konzil weisen darauf hin, wie sehr er die Öffnung der Kirche hin zu den Menschen mitträgt und sich seinerseits dafür einsetzt, dass sie die Schätze des Glaubens auch erfahren können. Das Konzil hat zwei Gruppen gestärkt und ermutigt: die Bischöfe in ihrer Eigenverantwortung als Hirten ihrer jeweiligen Ortskirchen und die christlichen Laien, Männer und Frauen in ihrem Auftrag zur Mitgestaltung ihres gesellschaftlichen Umfeldes und der Kirche. Diese Richtungsangaben des Konzils für die Kirche hielt und hält Dr. Hagemann, trotz des nachkonziliaren Gegenwindes aus manchen Teilen der Kurie, immer hoch. Zur Vollendung seines 80. Lebensjahres will ich Herrn Dr. Hagemann ganz herzlich gratulieren, Glück und Segen wünschen und danken für gutes Miteinander und viel Unterstützung über Jahre im Zentralkomitee der deutschen Katholiken (ZdK), wo auch immer sich unsere Wege gekreuzt haben. Weil ich gewiss bin, dass er die Gründung des Schwangerenberatungs- und Hilfsvereins donum vitae 1999 durch katholische Laien aus dem ZdK mit Sympathie und seinem Gebet begleitet hat, widme ich die nachfolgenden Gedanken dem Jubilar.

**Einsatz der Laien in der Gesellschaft**

Zwanzig Jahre nach dem Konzil beriet Papst Johannes Paul II. im Jahr 1987 in der siebten ordentlichen Synode mit Bischöfen aus der ganzen Welt die nachkonziliare Entwicklung in Bezug auf die Laien. Die Ergebnisse hat er in seinem nachsynodalen Apostolischen Schreiben „Christifideles Laici" zusammengefasst. Er schreibt dort mehrfach von der „Neuheit des Christlichen". Diese ist in der Taufe begründet und ist „Fundament und Rechtsgrund für die Gleichheit aller Getauften in Christus, für die Gleichheit aller Glieder des Volkes Gottes". Von ihr her muss der „Ort der Laien in der Kirche definiert und durch den Weltcharakter der Laien charakterisiert werden". Der Papst betont in diesem Zusammenhang auch die Teilhabe am Glaubenssinn des Gottesvolkes und die Bedeutung ihres Weltdienstes. Diesen Weltdienst präzisiert er in einem umfangreichen Aufgabenkatalog für das gesellschaftspolitische Wirken der Laien und ihrer Zusammenschlüsse. Er nennt als deren Felder z. B. Medien, Politik, Wirtschaft, Kunst und Kultur. Weltdienst ist für ihn nicht eine Art Ergänzung des geistlichen Lebens oder eine Art Geschäftigkeit, welche die Frömmigkeit eher behindert: Der Weg der Laien wird durch die „Einbezogenheit in den weltlichen Bereich" und durch die „Teilnahme an den irdischen Tätigkeiten" bestimmt. Der Papst bedauert, dass sich viele Christen „oft von ihrer Verantwortung im Beruf, in der Gesellschaft, in der Welt der Wirtschaft, der Kultur und der Politik dispensieren".

Bei den Aufgaben steht für ihn obenan, die unverletzliche Würde eines jeden Menschen neu zu entdecken und bewusst zu machen. Es folgt die Aufforderung zur Förderung und Verteidigung der Menschenrechte und zur Ehrfurcht vor dem unantastbaren Recht auf Leben. Zur Verwirklichung des gemeinsamen Weltdienstes sieht er die Notwendigkeit von freien Initiativen und Zusammenschlüssen der Christen. Diese machen Kirche in der Gesellschaft präsent und übersetzen gesellschaftliches Leben in die Kirche. Sie sind zwar Kirche, handeln aber nicht im Namen des kirchlichen Amtes. So kann auch dort noch christliches Zeugnis gegeben werden, wo das kirchliche Amt nicht handelt oder nicht handeln kann. Ausdrücklich sollen die Christen auch in nichtkirchlichen Gruppen und Initiativen präsent sein und mit allen Gutwilligen für eine menschenwürdige Gesellschaft zusammenarbeiten. So weit „Christifideles Laici".

## Werdendes Leben schützen

Über das Wie der Laienarbeit gab es in der jüngeren Kirchengeschichte in Deutschland immer auch schon einmal Meinungsverschiedenheiten oder gar Streit zwischen Vertretern des Amtes und Laien, manchmal aber auch quer durch die Gruppen (z. B. zu Gewerkschaften, Caritas, Frauenverbänden, Schulfragen). Angesichts des Wirbels, den die Gründung von donum vitae ausgelöst hat, wäre eine gründliche Relektüre und ein Bedenken des Papstschreibens sicher hilfreich gewesen. Am Beispiel donum vitae wird erfahrbar, dass freie Laieninitiativen von Christen Chancen bieten und auch in stark säkularisierten Gesellschaften beispielsweise Zeugnis für den Wert und die Würde des menschlichen Lebens geben. Am 24. September 1999, einen Tag, nachdem die katholischen Bischöfe den von Rom erzwungenen Ausstieg ihrer mehr als dreihundert kirchlich getragenen Schwangerenberatungsstellen von Caritas und Sozialdienst katholischer Frauen aus dem staatlich geordneten System bekanntgaben, wurde in Fulda donum vitae gegründet. Um die entstandene Lücke zu schließen, taten sich viele in Kirche und Gesellschaft engagierte Katholiken zusammen. Es ging darum, auch weiterhin und besonders Frauen in schweren Schwangerschaftskonflikten zu erreichen und ihnen ein Hilfsangebot aus christlichem Verständnis vom Leben machen zu können.

Nach der Wiedervereinigung nahm der Deutsche Bundestag die Neuordnung des Abtreibungsrechts vor. An die Stelle des sehr liberalen DDR-Rechts und der westdeutschen Indikationsregelung trat nach langem Ringen als Kompromiss eine Beratungsregelung, die vor einem eventuellen straffreien Schwangerschaftsabbruch zwingend eine Beratung in einer staatlich anerkannten Beratungsstelle vorschreibt. Diese muss das Ziel haben, das werdende Leben zu schützen und der Mutter eine Perspektive für ein Leben mit dem Kind aufzuzeigen. Sie ist ergebnisoffen, d. h. die beratene Frau entscheidet alleine, ob sie die angebotenen Hilfen annimmt oder das Ungeborene abtreibt. Jede Beratungsstelle ist verpflichtet, der Frau auf Wunsch eine Bestätigung der stattgefundenen Beratung auszustellen. Diese Bestätigung wurde zum „Schein des Anstoßes", weil sie dem abtreibenden Arzt vorgelegt werden muss. Darin sehen Kritiker eine Mitwirkung am Abbruch.

## Gekämpft und verloren

Die deutschen Bischöfe, außer dem damaligen Fuldaer Erzbischof Dyba, hatten sich 1995 nach intensiver interner Beratung und Abwägung trotz des geforderten Nachweises für den Verbleib im staatlichen Beratungsnetz entschieden. Sie waren der Überzeugung, die Beteiligung der Kirche an der verpflichtenden Beratung diene am ehesten dem Ziel des Lebensschutzes. Dass man im Vatikan die Chance für das Leben, die in der Beratungspflicht liegt, nicht erkannte, sondern 1999 dem von einer Minderheit aus Deutschland immer wieder lancierten Vorwurf erlag, mit ihrer Beteiligung am staatlichen Beratungssystem „verdunkelten" die Bischöfe das kirchliche Zeugnis vom Leben, wurde zur bitterer Niederlage für diese. Ihr von Rom erzwungener Ausstieg aus dem staatlichen Beratungssystem war für sehr viele Katholiken eine herbe Enttäuschung und führte zu großem Vertrauensverlust. Die Laien hatten sich jahrelang Seite an Seite mit ihren Bischöfen, mit vielen kirchlichen Verbänden und auch gemeinsam mit evangelischen Christen in der harten Auseinandersetzung um die gesetzliche Neuordnung des § 218 gegen alle Relativierungsversuche und den Abbau des Lebensschutzes gewehrt. Nicht zuletzt war es auch ihr politischer Einsatz, der dazu beigetragen hatte, dass – trotz erkennbarer Mängel im jetzt geltendem Recht – die darin festgeschriebene Beratungspflicht eine segensreiche Wirkung für oft verzweifelte Frauen entfalten kann. Im europäischen Vergleich gibt es keine besseren Regelungen. Der enttäuschte Satz des damaligen Vorsitzenden der Bischofskonferenz, Kardinal Lehmann, nach dem Ende der kirchlichen Konfliktberatung: „Wir haben gekämpft und haben verloren", spiegelte auch die Gefühle vieler katholischer Politiker wieder, die sich im Stich gelassen sahen, als in den Bundesländern reihenweise die kirchlichen Träger ihre Konfliktberatung aufgaben. Er markiert das Ende jahrzehntelangen erfolgreichen kirchlichen Einsatzes für Frauen in ganz besonderen Krisensituationen. Es ehrt die Bischöfe, dass sie die Caritas- und SKF-Beratungsstellen wenigstens für die allgemeine Schwangerenhilfe erhalten haben.

### Samariter statt schlechte Verwalter

Der Vorgang wurde dann aber doch zur positiven Herausforderung. Was die Bischöfe nicht mehr tun durften, Laien tun es inzwischen aus ihrer christlichen Weltverantwortung heraus weiter. Genau, wie Johannes Paul II. es gefordert hat! Nicht gegen irgendwen oder irgendetwas, sondern für das Leben entstanden ab dem Jahr 2000 in schneller Folge Landes-, Regional- und Ortsverbände des bürgerlichen Vereins donum vitae. Das grundsatzethische Gebot „Du sollst nicht töten" sollte weiterhin bestmöglich mit dem handlungsethischen „Hilf und begleite, damit Schwangerschaftsabbruch nicht als Ausweg erscheinen muss". Die Unruhe und Enttäuschung vieler Katholiken wegen des Ausstiegs wandelte sich damals zu einer Welle tatkräftigen Engagements und großer Spendenbereitschaft. Dies schuf das personelle und finanzielle Fundament für ein Netz von Beratungsstellen, in denen Haupt- und Ehrenamtliche mit Einsatzfreude und Kompetenz eine verlässliche Lobby für Frauen in Notsituationen und ihre ungeborenen und geborenen Kinder sind. Das Wohlwollen und die Hilfsbereitschaft bei vielen in Ämtern und Behörden, wenn es um die Finessen der Bürokratie ging, half ebenfalls sehr. Ein Wagnis war das Ganze dennoch. Zunächst ohne längerfristige finanzielle Rückendeckung, etwa durch einen etablierten Verband, durch Kirchensteuer oder Großspender und trotz behördlicher Anerkennung noch ohne verbindliche staatliche Förderzusagen, war der Sprung auf das noch arg wacklige Boot donum vitae eine katholische Laienmutprobe. Es war aber der Mut, den das Evangelium macht: Sollen Christen doch Sauerteig sein, der alles zum Guten durchdringt, Licht auf dem Berge, damit die Wege heller und begehbarer werden, Samariter statt schlechte Verwalter der ihnen anvertrauten Schätze. Die Mitglieder von donum vitae nutzen so auch ihr bürgerliches Recht, an der Gestaltung der Verhältnisse mitzuwirken.

## Hilfe an über 200 Orten

Im Rückblick erscheint das Wagnis als gelungen. Dennoch gab und gibt es Stolpersteine. Bis heute unterstellen einerseits Gegner mangelnde Liberalität und bezweifeln die Ergebnisoffenheit der Beratung, andere wiederum wittern Verrat an der Kirche und sehen in den bei der Konfliktberatung ausgehändigten Beratungsbestätigungen Tötungslizenzen. Ebenfalls leisten die Bundesländer, zu deren Pflichtaufgaben laut Gesetz die Bereitstellung eines flächendeckenden und weltanschaulich pluralen Angebotes an Schwangerenberatung gehört, keine kostendeckenden Beiträge für die ja von ihnen genehmigten Beratungsstellen. Durchschnittlich sind das nur rund 80 % der Personal- und Sachkosten. Bis heute erhält donum vitae für seine Klientel in den meisten Diözesen keinen Zugang zu den caritativen Hilfsgeldern der Bischofsfonds für Schwangere. Auf Drängen von Kardinal Meisner fasste die Bischofskonferenz 2006 einen Abgrenzungsbeschluss gegenüber donum vitae als einem Verein „außerhalb der katholischen Kirche", der abwegig und kränkend war. Es spricht für die Redlichkeit und Weitsicht von Kardinal Marx, dem Vorsitzenden der Bischofskonferenz, dass er Ende 2017 mit einem Brief an den Präsidenten des Zentralkomitees der deutschen Katholiken dieses innerkirchliche Trauerspiel, bei dem sich die wenigsten Bischöfe wohlfühlten, durch anerkennende und lobende Worte für die Arbeit von donum vitae öffentlich beendet hat.

Über Stolpersteine kann man springen. Als gelungenen katholischen Freilandversuch hat man den Verein bezeichnet. Inzwischen hat der Acker in nördlichen Regionen teilweise auch ökumenische Einfärbungen bekommen. Während fast zwanzig Jahren des Bestehens ist er ein weiterwachsendes Beispiel christlicher Mitmenschlichkeit geworden. An über 200 Orten, von Kiel bis Passau und von Dresden bis Saarbrücken bieten bestqualifizierte Fachfrauen und -männer Hilfe für ein gelingendes Leben an. Die Aufgabenbereiche sind größer geworden. Zu den klassischen Feldern von Schwangeren- und Schwangerenkonfliktberatung sowie Sexualerziehung und Prävention für junge Leute sind neue hinzugekommen. Spezielle Beratung vor und nach Pränataldiagnostik, Beratung geistig behinderter junger Menschen, frühe Hilfen für junge Mütter, Kinderwunschberatung und Onlineberatung finden viel Zuspruch. 2017 startete auch ein Pilotprojekt „Hingehende Beratung" für Flüchtlingsfrauen.

Leben ist ein Geschenk – ein *donum vitae*. Damit es auch in schwierigen Lebenssituationen von Menschen als solches empfunden und angenommen werden kann, dafür braucht es Mitmenschen.

Friedrich Kronenberg

# Hochwürden, Funktionär oder …?
## Wilfried Hagemann – Rektor im Generalsekretariat des ZdK

Fast ein Jahrzehnt war Dr. Wilfried Hagemann Rektor im Generalsekretariat des Zentralkomitees der deutschen Katholiken (ZdK). Von 1987 bis 1995 war er mein priesterlicher Partner in der Erfüllung meiner Aufgaben als Generalsekretär des ZdK. Wir waren herausgefordert, in der Wahrnehmung unserer Verantwortung für das Laienapostolat in Deutschland gleichsam mit einer Stimme zu sprechen. Jeder behielt seine eigene Stimme, denn die gemeinsame Stimme war ein Duett. Aber dass dieses Duett möglich war, verdankten wir nicht den Statuten oder der Geschäftsordnung, sondern vor allem der einladenden Dialogfähigkeit und der geistlichen Offenheit von Wilfried Hagemann.

**Er ist ein Mann der Tat.**

Als er zu Beginn des Jahres 2018 nach einem Besuch unserer Familie in der Eifel nach Bayern zurückfuhr, rief er mich an und bestellte mir Grüße von Kardinal Lehmann. Ich war überrascht. Da seine Fahrt über Mainz führte, hatte er spontan einen Besuch bei dem schwer kranken Kardinal gemacht. Vierzehn Tage vor dessen Tod hat er ihn nochmals besucht und ihm Trost vermittelt sowie seine Verbundenheit bezeugt. Als Vertreter des gemeinsamen Weihejahrgangs stand er schließlich beim Requiem im Mainzer Dom mit am Altar. Seine Anteilnahme bestand nicht nur aus Worten, sie bestand auch aus Taten. Fünfzig Jahre früher, 1968, entschloss Hagemann sich, am Essener Katholikentag teilzunehmen. Es war die Zeit nach dem II. Vatikanischen Konzil, der Veröffentlichung der Enzyklika *Humanae Vitae*, die Zeit der 68er-Generation, die es auch in der Kirche gab. Er nahm am Katholikentag teil, der unter dem Leitwort „Mitten in dieser Welt" stand, und lernte dort nicht nur auf breitester Ebene die entschlossene Bereitschaft zum Engagement, das II. Vatikanische Konzil „einzudeutschen" kennen, er lernte dort auch den jungen Klaus Hemmerle, seinen damaligen Vorgänger im Amt des Rektors im ZdK kennen, mit dem ihn später eine lebenslange Freundschaft verband. Er nahm nicht nur teil, er wurde selbst tätig. Bei den folgenden Katholikentagen war er mit eigenen Aktivitäten beteiligt.

**Er ist ein Mann des Wortes.**

Schon beim nächsten Katholikentag 1970 in Trier, dessen Thema „Gemeinde des Herrn" war, hielt er in dem Forum „Gemeinde Gottes – aus Menschen für Menschen" ein vielfach beachtetes Referat: „Der Priester in der Gemeinde: Hochwürden, Funktionär oder …?". So sehr die Formulierung dieses Themas zeitbedingt war, viele seiner Sätze sind auch heute von bedrängender Aktualität, insbesondere wenn es um das Fundament priesterlicher Existenz geht. Ich zitiere: „Wenn Christus alle menschlichen Bewegungen und Erschütterungen in sein eigenes Leben und Sterben hineingenommen hat, dann passt das Bild einer unveränderlichen und unbeweglichen statuarisch ebenmäßigen Kirche nicht zu ihm, und dann passt auch das Priesterbild, das unangefochten und unbeleckt aus dem Schächtelchen einer ewig gleichen Schultheologie herausspringt, auch nicht zu ihm … Der Priester – daran kann doch kein Zweifel bestehen – ist zunächst und zuerst einmal: ein Christ. Christ unter den anderen Christen, wie sie berufen zum Glauben, Hoffen und Lieben, wie sie berufen zum Vertrauen auf Gottes Erbarmen und zum Zeugnis für dieses Erbarmen, zum Zeugnis, das vor allem Reden und Verkünden Zeugnis des Liebens sein muss … Im Christsein weiß Menschsein sich eingelöst und beschenkt mit seiner eigenen Endlichkeit und seiner eigenen Unendlichkeit. Der Christ ruft allen Menschen zu: Menschsein ist möglich, gebt nicht auf! Das bedeutet für den Priester schon recht Wichtiges: Er muss, weil er Christ ist, zuerst und zunächst Mensch sein. Er muss es gerade um Jesu willen … Wenn der Priester zuerst Christ ist, dann ist er auf alle Fälle Zeuge des Erbarmens, Zeuge der Treue Gottes ... Der Christ ist Priester der Hoffnung, der Hoffnung für den Menschen, die aber gerade darum Hoffnung ist, weil sie nicht nur auf den Menschen hofft ..."

Mit Klaus Hemmerle stellt er schließlich fest, „der Priester ist einer unter *allen*, aber er ist es so, dass er einer *unter* allen ist". Welch ein Priesterbild – in Worte gefasst in einer immer noch weithin klerikal verfassten Kirche, die sich dank des letzten Konzils trotzdem als Volk Gottes versteht! Bei den folgenden Katholikentagen in Mönchengladbach, Freiburg, Berlin, Düsseldorf und Aachen hat Dr. Hagemann die Verantwortung für „Das Gebet zur Sache" übernommen. Hier wurden jeweils die Diskussionen des Tages abends ins Gebet genommen, um die Gespräche geistlich zu bedenken und zu vertiefen. So blieb es nicht nur bei Taten und Worten, es wurde gemeinschaftlich nach Vertiefung, ja nach Verankerung im Glauben gesucht. „Menschsein ist möglich, gebt nicht auf!"[1]

## Er ist ein Mann der Gemeinschaft.

Warum diese Ausführungen, bevor ich zu seiner Aufgabe als Rektor im Generalsekretariat des ZdK komme? Um die Formulierungen des zitierten Trierer Referats aufzugreifen, der Rektor im ZdK musste viel mehr sein als „Hochwürden oder Funktionär". Wir brauchten jemand als geistlichen Weggefährten, als theologischen Dialogpartner und als priesterlichen Partner in unserem Engagement für das Laienapostolat in Deutschland. Wilfried Hagemann war geradezu der Inbegriff der Person, die wir suchten. Er brauchte sich nicht einzuarbeiten, er war bereits mittendrin.

Mitarbeiterinnen und Mitarbeiter des Generalsekretariats erlebten ihn als priesterlichen Gemeindeleiter unserer kleinen Hausgemeinschaft. Er war für jeden da, und zwar nicht nur für dienstliche Belange. In der Planung und Durchführung unserer Aktivitäten als kirchliche Laienorganisation war er nicht nur der Mann mit theologischem Sachverstand, sondern gleichzeitig der Partner, der unser Tun mit pastoraler Sensibilität und Verantwortung begleitete. Unsere Hausgemeinschaft war ein christlich tief begründetes und zugleich der heutigen Welt offen zugewandtes Team. Es war ein Stück Kirche. So wirkten wir innerhalb des Zentralkomitees, in seinen Gremien, Arbeits- und Gesprächskreisen, in seinen Veranstaltungen und Aktionen. Wir waren alle gute Funktionäre im kirchlichen Dienste des Zentralkomitees, wir verkörperten gleichzeitig aber auch das Menschsein und das Christsein im Sendungsauftrag der Kirche, wie es Wilfried Hagemann in seinem Trierer Referat umschrieben hatte, und brachten uns so – im Selbstverständnis unserer Teilhabe am gemeinsamen Priestertum – mit unserem Rektor in unser gemeinsames Kirche-Sein ein. So etwas geht nur mit einem priesterlichen Partner wie er in Wilfried Hagemann leibt und lebt. Wenn man so will: In diesem Verständnis war er für uns auch „Hochwürden". Danke!

Natürlich hatte der Rektor über seine Aufgaben im Team hinaus auch weitere Aufgaben, die ihn ganz forderten. Über die Aufgaben bei Katholikentagen, Kirchentagen, Kongressen und Veranstaltungen hinaus war er in besonderer Weise für die Kommission *Pastorale Fragen*, für den Gesprächskreis *Juden und Christen* sowie für den Arbeitskreis *Geistliche Gemeinschaften* verantwortlich. Letzteres war besonders deswegen wichtig, weil sich das Zentralkomitee nach dem Konzil über die bisherigen Verbände und Räte auch für die Geistlichen Gemeinschaften geöffnet hatte, und da war es sehr hilfreich, wenn der Verantwortliche hierfür als Fokolarpriester auch aus einer Geistlichen Gemeinschaft kommt. Auch der Gesprächskreis *Juden und Christen*, der nach dem Trierer Katholikentag gegründet wurde, war für die Laienarbeit in Deutschland von besonderer Bedeutung. Angesichts der Verbrechen des Holocausts in Nazi-Deutschland sowie des Antisemitismus vergangener Jahrzehnte, der aber bis heute immer wieder neu hervorbricht, waren die Gespräche zwischen Juden und Christen dringend erforderlich. Sie waren außerordentlich fruchtbar und sind inzwischen unverzichtbar. Kurzum, für uns war der Begriff Funktionär keineswegs negativ besetzt: Er war auch ein guter Funktionär. Danke!

Ich habe schon erwähnt: Wilfried Hagemann war nicht nur in dienstlichen Belangen präsent, sondern weit darüber hinaus. Als zum Beispiel in meiner Familie eines unserer Kinder geistliche Orientierung suchte, konnten meine Frau und ich die Teilnahme an einem Kurs von Dr. Hagemann in der Heimvolkshochschule Stapelfeld vermitteln. Oder als ein zweites Kind die

Diagnose „Schwarzer Hautkrebs" bekam und sich in jungen Jahren auf seinen Tod vorbereiten musste, da war Wilfried Hagemann geistlicher Wegbegleiter und priesterlicher Gefährte bei allen Fragen, die sich in einer solchen Lage dem sterbenden Menschen stellen. Gemeinsam haben wir am Totenbett die Eucharistie gefeiert.[2] Oder als das dritte Kind sich auf Eheschließung und Familiengründung vorbereitete, da war es Wilfried Hagemann, der diesen Prozess begleitete und am Altar besiegelte. Diese familiäre Wegbegleitung hat dazu geführt, dass Wilfried zu einem engen Freund der ganzen Familie wurde, bis auf den heutigen Tag.

**Er ist unterwegs –
handelnd, sprechend und Gemeinschaft stiftend.**

Eine Würdigung der Tätigkeit Hagemanns im ZdK lässt sich nicht abschließen, ohne eine bestimmte Frage zu erwähnen, die regelmäßig an ihn gerichtet wurde, wenn er von einer Dienstreise zurückkam und über diese berichtete: „Und wen hast du sonst noch getroffen?" Diese Frage hatte es in sich! Mal war es eine Stewardess, mit der er einen kirchlichen Trauungstermin für ihre eheliche Partnerschaft vereinbart hatte, mal war es ein amerikanischer Geschäftsmann, mit dem er sich zu einem ausführlichen Gesprächstermin verabredet hatte …, die Reihe ließe sich fortsetzen. Fast immer hatte er neben der Erledigung dienstlicher Obliegenheiten auch als Priester, als theologischer Gesprächspartner oder als Seelsorger gewirkt. Bis heute ist Wilfried Hagemann unterwegs – handelnd, sprechend und Gemeinschaft stiftend. So ist er Christ, so ist er Mensch, so ist er Zeuge des Erbarmens, der Treue Gottes. So ist er im Sinne von Klaus Hemmerle Priester als „einer unter *allen*", aber so, „dass er einer *unter* allen ist".

---

1 Vgl. Gemeinde des Herrn. 83. Deutscher Katholikentag, Paderborn 1970, S. 115ff.
2 Wilfried Hagemann, Diagnose Krebs. Eltern reflektieren den Tod ihrer Tochter, in: das prisma: Trauer und Abschied, Heft 2/1997, 9. Jg., S. 32-37.

Marc Röbel
# Philosophische Emmaus-Wege
Die Katholische Akademie Stapelfeld als Raum des Fragens

## Mit Wilfried Hagemann durch die Nacht

Ein Euphoriker ist ein Mensch, der sich durch Kleinigkeiten begeistern lässt – und der seinerseits andere spielend leicht in einen Strudel der Begeisterung hineinziehen kann. Das mag in ganz alltäglichen Situationen mitunter zu verblüffenden Konstellationen führen. Dazu ein Beispiel: In einer deutschen Universitätsstadt im Westfälischen fährt ein katholischer Priester spätabends mit heißem Reifen der Verkehrspolizei direkt in die Arme. Als einer der Polizisten ihn zur Rede stellen will, muss er feststellen: Der Autofahrer, der da im Auftrag seines Herrn unterwegs ist, zeigt sich mehr als einsichtig. Der Beamte wird sogar freudig begrüßt und mit dem Ausruf willkommen geheißen: „Toll, dass sie Ihre Aufgabe so ernst nehmen! Dafür muss ich Ihnen einfach danken." Der Polizist bedankt sich anschließend seinerseits für das gute, aufbauende Gespräch. In Stapelfeld hält sich bis heute hartnäckig ein Gerücht: Dieser bemerkenswerte Geistliche sei der frühere Pfarrer der hiesigen Heilig-Kreuz-Kirche und Rektor der Heimvolkshochschule gewesen, Dr. Wilfried Hagemann. Dort hat man ihn in den Jahren 1974–1987 nämlich als überaus begeisterungsfähig erlebt. Man könnte ihn oberflächlich betrachtet vielleicht sogar einen Euphoriker nennen. Wilfried Hagemann ist ein global vernetzter Begeisterer, und er begegnet den Menschen mit einer Zugewandtheit, der sie sich kaum entziehen können. Doch die Begeisterung, die Wilfried Hagemann dazu inspiriert hat, in Stapelfeld ein Zentrum der Erwachsenenbildung mit aufzubauen und nachhaltig zu prägen, ist gerade nicht einer harmlosen Euphorie entsprungen. Wenn wir uns als Bildungseinrichtung im Oldenburger Münsterland seit 2006 Katholische Akademie nennen, dann ist das „Catholicum" im Sinne Hagemanns als weltoffenes Christsein zu verstehen. Er hat sich den Fragen, die gesellschaftlich in der Luft lagen oder die sich existenziell als Lebensthemen gemeldet haben, in seinen Stapelfelder Jahren immer verpflichtet gefühlt. Dieses Erbe wirkt bis heute nach. Wir möchten die Kirche als eine Weggemeinschaft erlebbar werden lassen, zu der nicht nur Insider gehören, sondern auch und gerade die Suchenden und Fragenden.

Von Erich Kästner, der nicht nur ein vielgelesener Kinderbuchautor, sondern auch ein ironischer Gegenwartsdiagnostiker war, stammt das humorvoll-selbstkritische Gedicht „Herr Kästner, wo bleibt das Positive?". Bei Hagemann muss man auf das Positive nicht lange warten. Seine Gedanken sind durchdrungen von einer tiefgründigen Zuversicht, die aber nicht nur eine euphorische ist, sondern eine österliche. Uns Seminaristen im Münsteraner Priesterseminar hat er bei Recollectiones oder auch bei Exerzitien-Vorträgen nicht verheimlicht, dass auch sein persönliches Ostern durch den Karfreitag hindurchgegangen ist. Uns hat seinerzeit beeindruckt, dass hier ein Verantwortlicher in der Priesterausbildung nicht verklärt über den Dingen schwebt, sondern dass zu seiner eigenen Glaubensbiografie auch dunkle Nächte gehören. Und es war wichtig zu hören, dass er wie die Emmausjünger auf seinem Frage-Weg nicht allein geblieben ist.

Klaus Hemmerle war ein wichtiger Weggefährte auf seinem Weg nach Emmaus. Das fragende, zuhörende und auch die zweifelnde Stille aushaltende „Einander" kann zum Lebensgeschenk werden. Die Nachterfahrungen sind ein wichtiger Hintergrund seines theologischen Nachdenkens geblieben. Kurz nach meiner Einführung als Geistlicher Direktor der Akademie und Pfarrer seiner früheren Gemeinde hielt Wilfried Hagemann in unserem Haus einen Pfingstvortrag für eine große Gruppe von Familien, die zur Fokolar-Bewegung gehören. Als eine Erfahrung des Geistes beschrieb er dabei die Begegnung mit der „dunklen Nacht". Die klassischen Unterscheidungen der Nacht-Erfahrungen, die er bei den Mystikern, aber auch bei Chiara Lubich gefunden hatte, wusste er dabei im Anschluss an Joseph Ratzinger um eine weitere Bestimmung zu ergänzen: die kulturelle, kollektive Nacht des Geistes, die unsere Gesellschaft heute erleidet. Das zeigt sich u. a. daran, dass die Strahlkraft des Evangeliums immer weniger Menschen wirklich einleuchtet und die Dienste der Verkündigung und Pastoral der Kirchen von vielen ihrer Mitglieder nur noch als gelegentliche Serviceleistung in Anspruch genommen werden. Man könnte mit etwas schwarzem Humor von einem „fortlaufenden Erfolg" der Kirchen sprechen. Das beklagen nicht nur Pfarrer beim sonntäglichen Blick auf leere Kirchenbänke. Auch Mitarbeiter in kirchlichen Bildungseinrichtungen bekommen regelmäßig von Kursteilnehmern zu hören: „Die Kirche gibt Antworten auf Fragen, die niemand gestellt hat." Und so haben oft genug auch explizit religiöse Bildungsangebote den besagten „fortlaufenden Erfolg". Doch das Interesse an einer Auseinandersetzung mit existenziellen Lebensfragen ist geblieben, vielleicht sogar gewachsen. Es gibt einen Gesprächsbedarf über jene Lebensfragen, an denen niemand vorbeikommt. Es gibt Fragen, die Gläubige und Nicht-Glaubende verbindet. In unserer Katholischen Akademie in Stapelfeld versuchen wir den Gesprächsfaden nicht abreißen zu lassen, den Wilfried Hagemann in seinen Kursen und Seminaren „eingefädelt" hat. Exemplarisch verdeutlichen möchte ich dies an den Kurs- und Vortragsangeboten des Fachbereichs Philosophie, den ich selbst verantworte.

## Philosophieren in Stapelfeld

Den einen ist die Philosophie nicht „fromm" genug. Den anderen ist sie zu schwer. Philosophie, so wird von manchen gewitzelt, sei doch die Kunst, das Unbegreifliche in das Unverständliche zu übersetzen. Hermann Krings, ein zeitgenössischer Philosoph, hat sich mit diesen Vorbehalten humorvoll auseinandergesetzt: „Philosophie ist das, was kein Mensch versteht, es sei denn, er ist Philosoph. Wer aber ist Philosoph? Prinzipiell jeder!" Um eine Philosophie, die „prinzipiell jeder" versteht, weil ihre Fragen uns in unserem Menschsein angehen, dreht es sich in Stapelfeld.[1] Am Anfang gab es „Philosophische Kamingespräche" mit bis zu fünfzig Gästen. „Sartres Weihnachtswünsche" standen im Mittelpunkt der ersten Veranstaltung. Inzwischen füllt sich das „Forum", die große Aula der Akademie, nicht selten mit über hundert Interessierten, die sich durch eine Mischung aus Vortrag und Diskussion zum Philosophieren anstiften lassen. Es gibt zweifellos ein Bildungsinteresse, das viele Menschen nach Stapelfeld führt, aber es gibt offensichtlich auch ein Interesse hinter diesem Interesse. In einer Abendreihe ging es vordergründig um ein Straßenviertel mit Philosophennamen in der nahe gelegenen Kreisstadt Cloppenburg. Ein gedanklicher Spaziergang durch die Kant- oder Hegelstraße bot Ausflüge in die Grundlagen der deutschen Philosophie und des neuzeitlichen Denkens insgesamt. Und nicht wenige waren überrascht, dass sie seit Langem schon unbewusst mit Gedanken und Lebensfragen eines Denkers wie Hegel oder Nietzsche umgehen, deren Texte sie bis dahin vielleicht nie gelesen haben.

Zu den besprochenen „Cloppenburger Philosophen" gehörten so unterschiedliche intellektuelle Temperamente wie der pessimistische Schopenhauer oder Leibniz, der Verteidiger der „denkbar besten Welt". Beide kamen mit ihren unterschiedlichen Philosophien und Biografien zu Wort, sodass auch einem breiteren Publikum deutlich wurde, was innerhalb der Fachphilosophie eine Binsenweisheit ist: dass das Denken vom Denkenden nicht abgelöst werden kann; dass die jeweilige Philosophie auch beeinflusst wird von der Zeitsituation und den Lebensumständen des Philosophierenden. So standen sich in dieser Reihe Martin Heidegger und Peter Wust als Philosophen des 20. Jahrhunderts gegenüber, die im Blick auf das nationalsozialistische Deutschland, aber auch das christliche Abendland sehr unterschiedliche Positionen vertreten haben.

Ein wichtiges Ziel dieser Angebote besteht darin, Menschen einzuladen, nach den Prämissen ihrer eigenen Philosophie zu fragen: Wer und was hat meine Sicht auf die Welt, den Menschen, die Religion geprägt? Welche bewussten und unbewussten philosophischen Vorannahmen fließen in meine alltägliche Weltdeutung immer schon ein? Mehrtägige Seminarangebote bieten die Gelegenheit, die philosophischen Fragen noch stärker mit den eigenen Lebensfragen ins Gespräch zu bringen. Ein Wort des rumänischen Philosophen Emile M. Cioran inspirierte zu dem Thema: „Jede Familie hat ihre Philosophie." Welchen Einfluss hat die „Philosophie", die ich zu Hause mitbekommen habe, auf mein heutiges Denken? In anderen Seminaren wird die eigene Denkgeschichte mit großen Gestalten der Philosophiegeschichte verbunden. Wer oder was hat die Geschichte meines Denkens geprägt?

Unterhaltsam und reizvoll ist ein Stapelfelder Philosophieabend immer dann, wenn im Auditorium unterschiedliche Prämissen aufeinandertreffen. Es ist ein buntes Publikum, das sich da zum gemeinsamen Philosophieren versammelt: Die Studentin sitzt neben der Seniorin, der Zahnarzt verteidigt seine philosophischen Gedanken gegenüber einem Juristen, der wiederum von einem Landwirt unterstützt wird. Atheisten und aktive Christen diskutieren darüber, ob die Materie wirklich die erste und letzte Wirklichkeit ist und welche Konsequenzen dies für unser Selbst- und Weltverständnis hat. Und auch diejenigen, die nicht alle komplexen Gedankenfäden auf Anhieb entwirren können, spüren: Es macht einen Unterschied, in welchem philosophischen Horizont wir über Geist, Freiheit und Liebe nachdenken. In seiner Autobiografie „Über Gott und die Welt" verdeutlicht Robert Spaemann dies an einem köstlichen Bonmot: „‚Was schreibst du einem guten Freund, der seinen liebsten Menschen verloren hat?', so habe ich einmal Odo Marquard gefragt und er antwortete: ‚Den Brief schreibt meine Frau.' Es ist wahrscheinlich die schönste Antwort, die jemand geben kann, der darauf beharrt, ein Skeptiker zu sein."[2] Da die Gretchenfrage nach Religion und Glaube, nach Sinn oder Unsinn der kirchlichen Verkündigung immer wieder aufkam, wurde daraus mit der Zeit ein eigenes Format, die sogenannten „Un-Glaubensgespräche", ausdrücklich formuliert als ein Angebot für „alle, die nicht mehr oder schon wieder glauben".

**Die Kunst des Fragens**

Die Kunst, durch solche Veranstaltungen zu führen, besteht darin, die unterschiedlichen Prämissen der Teilnehmenden aufzunehmen und sie im Rahmen einer Kultur des Dialogs auch untereinander ins Gespräch zu bringen. Selbst den anwesenden Atheisten geht dabei mitunter auf, dass es nicht nur kirchliche Dogmen gibt, sondern auch die Dogmen des je eigenen Denkens, die zu der festen inneren Überzeugung verführen: „Ich bin ganz meiner Meinung!" Und auch diejenigen Christen, die sich im Licht der Offenbarung und der kirchlichen Tradition im festen *Besitz* der Wahrheit wähnen, können bei dieser Gelegenheit die *Kunst des Fragens* neu einüben. Das bedeutet nicht, dass es keine Antworten gibt, oder dass die Antworten des Glaubens irrelevant wären. Die Tatsache, dass sich in Stapelfeld seit Hagemanns Zeiten Priester zu Anwälten des philosophischen und urmenschlichen Fragens machen, provoziert gegen Ende einer Veranstaltung in der Regel auch zu der Nach-Frage: „Und was denken Sie selbst darüber?" Und so kommt ein katholischer Pfarrer manchmal doch in die glückliche Lage, auf eine Frage zu antworten, die auch wirklich jemand gestellt hat. Denn auf die Antworten kommt es an und nicht etwa darauf, sich in der eigenen Dunkelheit einzurichten.

Ein anderes Kursformat nennt sich „Philosophische Lese-Lust". Rund zwanzig Teilnehmende, die vorab das jeweils angekündigte Buch auch gelesen und durchgearbeitet haben, kommen zu diesen Leseabenden zusammen. An einem Abend haben wir das Buch „Es werde Licht. Die Einheit von Geist und Materie in der Quantenphysik" von Frido und Christine Mann vor dem Hintergrund der leitenden Frage besprochen: Wie lässt sich der Materialismus, der immer noch die Hintergrundphilosophie vieler Zeitgenossen bis in die naturwissenschaftlichen Institute hinein beeinflusst, durch ein neues Denken überwinden? Gibt es Berührungspunkte zwischen einer quantenphysikalischen Deutung der Wirklichkeit und einer christlichen Vorstellung von „Geist" oder „Liebe"? Am Ende der gemeinsamen quantenphysikalischen Meditation stand die für manche überraschende Einsicht, dass Beziehungen die Tiefenstruktur der Wirklichkeit ausmachen – eine Erkenntnis, zu der Wilfried Hagemann vor dem Hintergrund seiner Fokolar-Spiritualität zweifellos vieles eingefallen wäre.

## Männer auf der Schwelle – zwischen Denken und Glauben

Auffällig an diesen philosophischen Veranstaltungen ist die große Anzahl der männlichen Teilnehmer. Diese Erfahrung führte für einige Jahre zu einem speziellen Angebot: Wandertouren für Männer – mit einem gewissen philosophischen Touch. Eine Informationsveranstaltung für eine geplante Wanderung auf dem Schwarzwaldweg ergab folgendes Bild: Achtzehn Männer aus unterschiedlichen Berufsgruppen: Landwirte und Lehrer, Tiermediziner, Sozialarbeiter und Psychotherapeuten, kaufmännische Angestellte, Metzgermeister, Banker und ein Bewährungshelfer. Ein buntes Bild; beruflich, aber auch konfessionell und spirituell. Hier traf der hochengagierte Kirchenprovisor auf den Agnostiker, der vor Jahrzehnten seinen Kirchenaustritt erklärt hatte. Männer auf der Schwelle.

Die Türschwelle der Akademie zu überschreiten war das eine; ihre skeptischen Vorbehalte gegenüber kirchlichen Angeboten das andere. Katholische

Kirche – damit war für viele nur noch die lästige Pflicht verbunden, die Schwiegermutter zur Sonntagsmesse zu fahren oder die kleine Tochter zum Kindermusical der Gemeinde. So unterschiedlich diese Männer im Blick auf die persönlichen Lebenshintergründe auch waren – in einem Punkt war man(n) sich einig: Diese Woche sollte nicht zu „fromm" werden, aber auch nicht zu betulich. Bei diesen Männern war der „strenge Richter aller Sünder" aus vergangenen Zeiten ebenso abgemeldet wie eine weichgespülte Wohlfühl-Spiritualität. Es gäbe an dieser Stelle viel darüber zu berichten, wie eine solche Wanderwoche dennoch zu einem spirituellen „Selbstläufer" werden kann: auf Höhenwanderwegen und bei Wildwasserromantik; durch physische Grenzerfahrungen, durch die freiwilligen und unfreiwilligen Zeiten der Stille: Bei manchen steilen Aufstiegen ist jeder-man(n) irgendwann fast automatisch ganz bei sich selbst.

Die einwöchige Wanderung führte nicht nur über den Schluchtensteig, sondern gewissermaßen auch durch philosophisches Gelände. Ganz in der Nähe des Zielortes Todtmoos liegt Todtnauberg. Dort hatte der Philosoph Martin Heidegger seine berühmte „Hütte" gebaut. Dieser Umstand war zugleich die Inspiration für die inhaltliche Gestaltung der Tour: Die Idee war, Heidegger und andere Grenzgänger des Denkens mit auf diesen Weg zu nehmen; sie in Impulsen und Gesprächen miteinander zu entdecken. Auch wer von den Teilnehmern den Namen Heidegger bis dahin nur aus Kreuzworträtseln kannte, konnte sich mit einer Erfahrung dieses berühmten Meisterdenkers vielleicht schon von Anfang an identifizieren: Der Philosoph aus dem Schwarzwald hatte sich im Laufe seines Lebens zunehmend von seinen christlich-katholischen Wurzeln gelöst. Dafür war er mit seinem Hauptwerk „Sein und Zeit" zu einer Art Exerzitienmeister der Moderne geworden. Er wurde es auch während dieser Wanderung. Impulse aus seinem berühmtesten Buch wurden für die Wanderer ein Weckruf in das „eigentliche" Leben, in die Existenz: *Lebst* du noch (in der „Uneigentlichkeit" des „Man" vor dich hin) oder *existierst* du schon?

Ein anderer Wegbegleiter war der Existenzphilosoph Karl Jaspers. Er selbst war zwar von Hause aus protestantischer Christ, wollte aber als Philosoph den Glauben und den Unglauben in der „Schwebe" halten. Er blieb der Religion gegenüber bei aller Wertschätzung auf Sicherheitsabstand, was einige der

Männer besonders gut nachvollziehen konnten. Dennoch, so der aus Oldenburg stammende Philosoph, gibt es Herausforderungen, vor die gläubige wie ungläubige Zeitgenossen gleichermaßen gestellt werden. Jaspers nannte sie „Grenzsituationen": Erfahrungen wie Leid, Krankheit, Schuld oder Tod, denen man(n) so gerne ausweichen möchte. Doch was unser Menschsein wirklich trägt, zeigt sich nach Jaspers erst in solchen Situationen. Aber nicht nur nach Jaspers! Auch in der Männerrunde wurde es an einem Abend sehr still, als ein Teilnehmer seine eigene „Grenzsituation" schilderte: den Besuch in der Arztpraxis und den Augenblick, als ihm ein höchst besorgter Arzt die Krebsdiagnose mitteilte; die eigene Sprachlosigkeit und die seiner Familie und Freunde; die Auf- und Abstiege der Therapie; die bange Frage, ob die Krankheit je wieder ausbricht; vor allem aber die Frage, wie man(n) dennoch jetzt weiterleben soll. Und was ist das überhaupt, „Leben"? Es sollte während dieser Woche nicht das letzte Gespräch dieser Art bleiben.

Neugierig wurde die Gruppe auch, als von Peter Wust die Rede war, dem „Philosophen von Münster". Sein Hauptwerk trägt den Titel „Ungewißheit und Wagnis". Darin analysiert Wust die Brüchigkeit und Ungesichertheit des menschlichen Daseins. Kurz vor dem Ausbruch des Zweiten Weltkriegs erkrankte der Philosoph an Oberkieferkrebs. Der Kiefer musste entfernt werden, sodass Wust nicht mehr sprechen konnte. Zur Verblüffung der Wandergruppe schrieb ausgerechnet dieser Mann kurz vor seinem Tod auf ein Täfelchen: „Ich befinde mich in absoluter Sicherheit!" Ein solches Wort lässt aufhorchen, fordert heraus, lässt nach den eigenen Gewissheiten und Ungewissheiten fragen. Männer auf der Schwelle. Ihnen war auch der französische Existenzphilosoph Gabriel Marcel hochsympathisch, der Jahre nach seiner Konversion über sich selbst gesagt hat, er habe sich auch nach seiner Konversion immer als Philosoph der Schwelle betrachtet; als einen, der sich den Suchenden und Fragenden sehr viel näher gefühlt habe als denen, die ihren eigenen Glauben für unfehlbar halten.

Männer auf der Schwelle treffen Philosophen der Schwelle. Was ist das Ergebnis einer solchen Begegnung? Ein neuer Zugang zum Glauben, zur Kirchlichkeit? Vielleicht. Bestimmt aber ist für etliche Teilnehmer die Schwelle zu den Angeboten der Akademie erheblich niedriger geworden. Viele von ihnen sind mittlerweile Stammgäste im Fachbereich Philosophie. Das bedeutet nicht, dass alle den „Zauberschlüssel des Gebetes" für sich neu entdeckt haben, wie Peter Wust das einmal von sich gesagt hat. Aber die Philosophie kann angesichts zerbrechender Orientierungsrahmen gerade heute für nachdenkliche Männer (und Frauen) zu einer denkerischen und existenziellen Herausforderung werden. Sie ermutigt dazu, die „radikalen Fragen" zu stellen, wie dies der Philosoph und Theologe Paul Tillich einmal ausgedrückt hat, also Fragen, die an die Wurzel gehen. Von „radix", dem lateinischen Wort für Wurzel, leitet sich auch unser Radieschen ab. Das mag jetzt ein wenig wie Küchenphilosophie klingen, aber meine Erfahrung ist: Man(n) könnte in unserer Kirche durchaus mehr existenzielle Schärfe und Radikalität im Denken, Suchen und Fragen vertragen: Woher kommen wir? Wohin gehen wir? Worin liegt der Sinn? Was geschieht mit uns, wenn wir sterben? Auf diese radikalen Fragen kommt es letztlich an. Doch der hier geschildete philosophische Emmaus-Weg ist etwas anderes als ein reiner Reflexionsgang. Die Frage nach der Wahrheit braucht nicht nur Denker, sondern Zeugen. Auch darüber habe ich bei Wilfried Hagemann, dem Mann des Dialogs, vieles gelernt. Einen besonders sperrigen Dialog mit dem Christentum hat Friedrich Nietzsche geführt. Ihm war der Mann aus Nazareth durchaus nicht unsympathisch, aber dessen Projekt hielt er für gescheitert: Es gab nur einen einzigen Christen und der starb am Kreuz, so Nietzsche sinngemäß. Von ihm ist auch das Bonmot überliefert, die christliche Botschaft könnte um vieles überzeugender wirken – wenn die Gesichter der Christen nur etwas erlöster aussähen. Manchmal frage ich mich: Was wäre aus Nietzsche geworden, wenn er mit Hagemann durch die Nacht gefahren wäre?

---

1 Die nachfolgende Darstellung greift auf frühere Beiträge zurück: Vgl. M. Röbel, Philosophie als katechetische Nulldiät? Erfahrungen mit einem Bildungsangebot in der Katholischen Akademie Stapelfeld, in: Unsere Seelsorge. Das Themenheft der Hauptabteilung Seelsorge im Bischöflichen Generalvikariat Münster, Glaubenskommunikation mit Erwachsenen. Zugänge öffnen, Dezember 2012, 20-21; vgl. ders., Männliche Denk-Wege: Mit Heidegger & Co. auf Wandertour, in: Unsere Seelsorge. Das Themenheft der Hauptabteilung Seelsorge im Bischöflichen Generalvikariat Münster, Dezember 2014, 20-22.
2 R. Spaemann, Über Gott und die Welt. Eine Autobiographie in Gesprächen, Stuttgart 2012, 132.

## Zu den Autoren (alphabetische Reihenfolge)

DR. MATTHÄUS APPESBACHER ist emeritierter Domkapitular und ehemaliger Bischofsvikar aus Salzburg. Gut 30 Jahre lang leitete er das katechetische Amt der Erzdiözese, über zehn Jahre lang war er für die Orden und spirituellen Bewegungen zuständig.

DR. GERHARD BAUER ist ehemaliger Spiritual des Augsburger Priesterseminars und war lange Zeit als Priesterseelsorger und in der geistlichen Begleitung tätig. Im Zentralkomitee der deutschen Katholiken (ZdK) hatte er den Vorsitz im Arbeitskreis für geistliche Gemeinschaften bis 1986. Er lebt in Ottmaring (Friedberg) und engagiert sich am dortigen Zentrum für Spiritualität.

DR. HUBERTUS BLAUMEISER lebt in Rocca di Papa bei Rom und war von 2007 bis 2014 Leiter des internationalen Zentrums der Priesterfokolare. Heute engagiert er sich insbesondere als Mitglied des Studienzentrums der Fokolar-Bewegung im Bereich Ekklesiologie und Pastoral. Zudem fungiert er als Leiter der kirchlichen Zeitschrift "gen's".

DR. TONJA DEISTER aus Weinheim arbeitet als Psychoonkologin in einem Krankenhaus und als Psychotherapeutin in eigener Praxis. Sie ist verheiratet mit dem Theologen und Psychologen Dr. Bernhard Deister; gemeinsam haben sie drei Kinder.

WEIHBISCHOF DR. CHRISTOPH HEGGE promovierte in Kirchenrecht an der Gregoriana in Rom. Im Jahr 2010 ernannte ihn Papst Benedikt XVI. zum Weihbischof von Münster. Christoph Hegge ist als Regionalbischof für die Bistumsregion Borken/Steinfurt zuständig. Gleichzeitig ist er stellvertretender Vorsitzender der Kommission für Wissenschaft und Kultur der Deutschen Bischofskonferenz und Mitglied deren Jugendkommission.

MATTHIAS HEMBROCK wurde im Jahr 1988 in Münster zum Priester geweiht. Seit 2015 ist er als Pfarrer in Bocholt tätig und gleichzeitig engagiert er sich als Verantwortlicher der Fokolarpriester in Deutschland, Österreich und der Schweiz.

DR. CHRISTIAN HENNECKE war acht Jahre lang verantwortlich für die Priesterausbildung des Bistums Hildesheim. Seit 2015 leitet er die Hauptabteilung Pastoral im Generalvikariat seines Bistums und setzt sich mit den neuen pastoralen Herausforderungen der katholischen Kirche auseinander. Nicht nur die Deutung der neuen Situation, sondern auch die Entwicklung neuer pastoraler Konzepte gehört zu seinen Aufgaben. Christian Hennecke ist Autor zahlreicher Bücher, gerade zum Thema neuer pastoraler Entwicklungen.

PRÄLAT DR. PETER KLASVOGT ist Direktor des Sozialinstituts Kommende Dortmund und der Katholischen Akademie Schwerte. Im Jahr 2012 wurde er von Papst Benedikt XVI. zum Konsultor des Päpstlichen Rates für Gerechtigkeit und Frieden berufen. 2017 erhielt Peter Klasvogt den Konstanzer Konzilspreis 2017 für Europäische Begegnungen und Dialog.

PROFESSOR DR. BERNHARD KÖRNER war Universitätsprofessor für Dogmatik an der Katholisch-Theologischen Fakultät der Karl-Franzens-Universität Graz. Zu seinen Forschungsschwerpunkten gehören u. a. die Theologie von Klaus Hemmerle und Hans Urs von Balthasar.

DR. FRIEDRICH KRONENBERG arbeitete von 1966 bis 1999 als Generalsekretär des Zentralkomitees der deutschen Katholiken (ZdK) in Bonn-Bad Godesberg. Als Mitglied der CDU gehörte er von 1983 bis 1990 als Abgeordneter dem Deutschen Bundestag an. Dort wirkte er zunächst im Ausschuss für Wirtschaft und später im Ausschuss für wirtschaftliche Zusammenarbeit mit.

MARIANNE REISER gehört zum Pfarreiteam der Pfarrei Maria-Lourdes in Zürich-Seebach. Sie ist verheiratet und Mutter von vier Kindern. In besonderer Weise engagiert sie sich seit dem Jahr 2002 im Pfarreiteam für die Lokale Kirchenentwicklung.

PFARRER DR. MARC RÖBEL studierte in Münster und Freiburg Theologie und promovierte an der Theologischen Fakultät Trier. Seit dem Jahr 1998 ist er als Priester des Bistums Münster tätig. Neun Jahre später begann er seine Aufgabe als Geistlicher Direktor der Katholischen Akademie Stapelfeld und Pfarrer der Heilig-Kreuz-Kirche.

SR. M. ANCILLA RÖTTGER OSC trat im Jahr 1976 in den Klarissenkonvent am Dom in Münster ein, wo sie bis heute lebt. Im Kloster verrichtet die Äbtissin wie alle ihre Mitschwestern die notwendigen Arbeiten im Haus. Darüber hinaus spielt Schwester Ancilla Flöte und Orgel, hält Vorträge im Radio und schreibt geistliche Bücher.

DR. HANS SCHALK, Redemptorist aus München, war jahrelang in der Ausbildung für Religionslehrer in Gars am Inn tätig. Er ist u. a. ausgebildet in Gestaltarbeit, Supervision sowie Systemischer Strukturaufstellung und tätig in Geistlicher Begleitung und Lebensberatung. Zudem arbeitet er als Schriftleiter der Zeitschrift „charismen".

JÖRG SCHLÜTER, evangelischer Christ, wurde durch die CVJM-Arbeit kirchlich geprägt. Er studierte Theologie über den zweiten Bildungsweg am Missionsseminar in Hermannsburg. Lange Zeit arbeitete er als Pfarrer im Kreis Cloppenburg, in Stuhr bei Bremen und in Vechta. Im Herbst 2011 wurde er emeritiert. Seit 1973 ist er mit Dorothea Schlüter-Grotjahn verheiratet; sie haben sechs Kinder und mehrere Enkel.

PROF. DR. FRANZ SEDLMEIER ist seit dem Jahr 2000 Professor für Alttestamentliche Wissenschaft an der Katholisch-Theologischen Fakultät der Universität Augsburg. Neben seiner wissenschaftlichen Arbeit nimmt er sich Zeit für vielfältige Dienste in der Seelsorge, der Erwachsenenbildung und für Bibelwochenenden. Seine Forschungsschwerpunkte sind u. a. Ezechiel, die Psalmen und das Buch Ijob.

PROF. DR. MATTHIAS SELLMANN ist Professor für Pastoraltheologie an der Ruhr-Universität Bochum. Gleichzeitig leitet er als Direktor das „Zentrum für angewandte Pastoralforschung", eine Vermittlungsstelle zwischen den Entscheidungsfeldern der Pastoral und der Grundlagenreflexion der öffentlichen und gemeinnützigen Theologie. Seine Forschungsschwerpunkte liegen in den Querschnitten von gesellschaftlichen Herausforderungen und dementsprechend formatierter Kirchenentwicklungsforschung.

PFARRER MEINOLF WACKER ist Pastor im Pastoralverbund Kamen-Kaiserau direkt am Autobahnkreuz Kamen. Die Jugendarbeit wurde zu einem zentralen Element seiner pastoralen Arbeit, zunächst in seiner Tätigkeit als Rektor des Jugendhauses Hardehausen und Jugendseelsorger der Erzdiözese Paderborn. Angestoßen von einem Hirtenwort Kardinal Lehmanns entstand in den Neunzigerjahren der „bosnische Friedensweg". Mittlerweile führt er mit Hunderten von Jugendlichen Begegnungs- und Aufbaucamps vor allem in verschiedenen Ländern Osteuropas durch.

RITA WASCHBÜSCH war von 1979 bis 1994 Mitglied des saarländischen Landtags. Die CDU-Politikerin war zunächst als Sozialministerin tätig und danach als Vizepräsidentin des Landtags. Ende 1988 wurde sie als erste Frau zur Vorsitzenden des Zentralkomitees der deutschen Katholiken gewählt; ihr Amt hatte sie bis zum Jahr 1997 inne. Sie ist Gründungsmitglied und Bundesvorsitzende der Schwangerenkonfliktberatung donum vitae.

## Wilfried Hagemann – Lebenslauf

| | |
|---|---|
| 1938 | Geboren am 30. August in Duderstadt |
| 1952 | Umzug nach Wilhelmshaven |
| 1957 | Abitur; im Sommersemester Studium der Theologie in Münster; im Oktober Eintritt ins Germanicum-Hungaricum und Studium an der Gregoriana |
| 1958/59 | Aufenthalt im Sanatorium in Montana/Schweiz (Tbc) |
| 1963 | 10. Oktober: Priesterweihe |
| 1964 | Lizentiat in Theologie; Eintritt in die Priestergemeinschaft der Fokolare |
| 1967 | 8. Dezember: Promotion zum Dr. theol (mit summa cum laude, für die beste Arbeit an allen römischen Fakultäten Goldmedaille von Paul VI.) |
| 1968 | Tod der Mutter; 1. März bis 1. September: Kaplan in Hl. Geist/Oldenburg einer (Arbeiterpfarrei) und Religionslehrer am Gymnasium; Teilnahme am Katholikentag Essen – erste Begegnung mit Klaus Hemmerle; ab 1. September Spiritual am Collegium Borromaeum in Münster als Nachfolger von Johannes Bours |
| 1971 | Verantwortlicher für die Fokolarpriester in Westdeutschland |
| 1972 | Berufung in die Würzburger Synode |
| 1974–86 | Gründungsrektor der Heimvolkshochschule Stapelfeld (heute Katholische Akademie Stapelfeld); Pfarrer der kath. Kirchengemeinde Hl. Kreuz |

| | |
|---|---|
| 1974 | Mitarbeit beim Katholikentag Mönchengladbach („Gebet zur Sache"); seitdem verantwortlich für das „Gebet zur Sache" bei den Katholikentagen: Freiburg (1978), Berlin (1980), Düsseldorf (1982) und Aachen (1986) |
| 1980 | Katholikentag Berlin, Begleitung von 680 Personen aus dem Oldenburger Land |
| 1981 | Verantwortlicher für die Fokolarpriester von Nord-West-Deutschland |
| 1987 | Wechsel zum ZdK nach Bonn-Bad Godesberg (bis 1995) |
| 1988–96 | Berater in der Ökumene-Kommission der Deutschen Bischofskonferenz |
| 1993/94 | Begleitung von Bischof Klaus Hemmerle auf seinem letzten Lebensabschnitt |
| 1994 | Tod von Bischof Klaus Hemmerle; Beginn der Dokumentation des Lebens von Bischof Klaus Hemmerle in Vorbereitung auf die Biografien im Auftrag von Chiara Lubich; Tod des Vaters |
| 1996 | Regens des Priesterseminars Münster; Leiter der Priesterfortbildung; Mitglied im Beirat der Regentenkonferenz |
| 1996–2006 | Berater in der Kommission IV der Deutschen Bischofskonferenz für Geistliche Berufe und Kirchliche Dienste |
| 2004 | Geistlicher Rektor des neuen Exerzitienhauses Gertrudenstift in Rheine-Bentlage |
| 2009 | Emeritierung und Verabschiedung in Münster; Umzug nach Augsburg, Leitung des Zentrums für Spiritualität (ZSP) in Ottmaring/Friedberg |

| | |
|---|---|
| ab 2009 | Mitarbeit bei den von der Fokolar-Bewegung durchgeführten internationalen Bischofstreffen |
| 2013 | Umzug nach Ottmaring, in die Nähe des dortigen Ökumenischen Lebenszentrums, Leben in geistlicher Gemeinschaft mit den Priestern vom „Haus Paul" |
| 2018 | Sommer: Umzug nach Bocholt im Bistum Münster |

Aus dem Programm des Verlags Neue Stadt

## Wilfried Hagemann
## FREUNDSCHAFT MIT CHRISTUS

Wie der Glaube lebendig wird

Eine lebendige Beziehung zu Jesus ist für Christen heute vielleicht wichtiger denn je. Diese kleine Glaubens- und Lebensschule zeigt, wie man das Angebot der »Freundschaft mit Jesus« ergreifen und vertiefen kann.
Ein Buch voller Erfahrung, Frucht vieler persönlicher Erlebnisse und Gespräche.
128 S., kart., ISBN 978-3-87996-939-5

## Klaus Hemmerle
## LEBEN AUS DER EUCHARISTIE
### Ein Lesebuch. Hg. von Wilfried Hagemann

Ein »Geheimnis des Glaubens« ist die Eucharistie, das »Herrenmahl«. Wie kostbar sie ist, das erschließt sich nicht von selbst. Bei Klaus Hemmerle finden sich überraschende Zugänge aus unterschiedlichen Perspektiven. Für das eigene Leben.
Für die Kirche unserer Zeit.
Für eine Welt auf der Suche nach etwas, was trägt.
128 S., kart., ISBN 978-3-7346-1043-1

## Klaus Hemmerle
## GERUFEN UND VERSCHENKT
### Theologische Meditationen über die priesterliche Berufung
### Mit einem Nachwort von Wilfried Hagemann

Theologische Meditationen über Ruf und Berufung, über Standort und Lebensstil des Priesters, eingebettet in die Rückbesinnung auf das Entscheidende: auf Gottes Ruf und Gottes Anliegen. Somit wird dieses Buch zu einer »Weg-Weisung« für eine überzeugte und überzeugende christliche Existenz – nicht nur für Geistliche.
240 S., geb., ISBN 978-3-87996-966-1

www.neuestadt.com